C·H·Beck
PAPERBACK

Das Gemälde als eigenständige Gattung wurde im frühen 15. Jahrhundert gleichzeitig in den Niederlanden und in Italien erfunden. Im Süden war es mathematisch konstruiert nach den Regeln der Zentralperspektive, im Norden gab es die unmittelbare Wahrnehmung wieder. Dort, in Italien, sollte es eine Fabel erzählen, hier, in den Niederlanden, sollte es der Beschreibung der Dinge dienen. Es wurde erfunden als ein Spiegel der Welt, von Malern wie Jan van Eyck, Robert Campin und Rogier van der Weyden. Auf einer kleinen symbolischen Fläche wurde die Welt als ganze präsent, und diese Bestimmung des Gemäldes prägte seine gesamte weitere Geschichte. Hans Belting öffnet einem die Augen für die fundamentale Revolution, die das neue Gemälde damals bedeutete, und verfolgt dessen Entstehung an den Staffeleibildern und den großen Altären der Zeit. Sein viel gerühmter Text wird hier erstmals in einer Leseausgabe zugänglich gemacht.

Hans Belting leitete von 2004 bis 2007 das Internationale Forschungszentrum für Kulturwissenschaften in Wien. Zuvor lehrte er an den Universitäten in Heidelberg und München sowie an der Hochschule für Gestaltung in Karlsruhe, die er 1992 mitbegründete. 2003 hatte er den Europäischen Lehrstuhl am Collège de France in Paris inne. Er ist Mitglied des Ordens pour le Mérite für Wissenschaften und Künste. Seine Bücher wurden in zehn Sprachen übersetzt. Bei C.H.Beck sind von ihm u.a. erschienen: *Bild und Kult* ([7]2011), *Das Ende der Kunstgeschichte* ([2]2002), *Das echte Bild* ([2]2006), *Florenz und Bagdad* ([4]2012) und *Faces. Eine Geschichte des Gesichts* ([3]2019).

Hans Belting

Spiegel der Welt

Die Erfindung des Gemäldes in den Niederlanden

Verlag C.H.Beck

Der Text dieses Buches wurde erstmals veröffentlicht in:
Hans Belting und Christiane Kruse, Die Erfindung des
Gemäldes. Das erste Jahrhundert der niederländischen Malerei,
München: Hirmer, 1994.

Die ersten beiden Auflagen dieser Ausgabe erschienen
2010 und 2013 in der Beck'schen Reihe.

3. Auflage in C.H.Beck Paperback. 2019

Satz, Druck u. Bindung: Druckerei C.H.Beck, Nördlingen
Umschlagentwurf: malsyteufel, willich
Umschlagabbildung: Jan van Eyck, Rolin-Madonna, Detail, Paris, Louvre,
© Bridgeman Art Library
Printed in Germany
ISBN 978 3 406 75183 7

www.chbeck.de

Inhalt

1 Die Erfindung des Gemäldes

Die niederländischen Maler, die im frühen 15. Jahrhundert mit dem «Wunder» ihrer Aneignung der Welt gleichsam aus dem Nichts hervortreten, bilden immer noch ein ungelöstes Rätsel der Kunstgeschichte, so viele Erklärungen man auch dafür bemüht hat. Sie wurden für ihre makellose Maltechnik ebenso gerühmt wie für ihren Realismus, der wie mit einem Zauberstab die Natur in die Malerei einführte, so wie wir sie kennen. Noch heute ist die Naturschilderung, die in den «Stilleben» der Pflanzen und in den Landschaften zu ihrem Höhepunkt findet, unübertroffen. Aber man entdeckte bald auch eine «versteckte Symbolik», welche die bloße Naturschilderung für einen religiösen Sinn öffnet. Seither sind die Anteile des «Wirklichen» und des «Symbolischen», die in diesen Bildern stecken, heftig umstritten. Doch über die Bilder selber hat man sich wenig Gedanken gemacht. Man hat sie gleichsam über den Malern und über den Formen und Inhalten ihrer Kunst als eine eigene Kategorie vergessen.

Deshalb möchte ich das Gemälde als solches zum Thema machen und die Frage danach stellen, was es denn als eine ganz eigene Gattung in ästhetischer wie symbolischer Hinsicht damals bedeutete. Es kommt dabei nicht auf den Begriff des Gemäldes an, den man ebenso gegen die Begriffe Staffelei- oder Tafelbild austauschen kann, sondern es geht um die Sache. Gemälde und Malerei sind, so sehr sie damals auch aufeinander angewiesen waren, nicht ein und dasselbe, denn schließlich pflegte man auch Wände oder Buchseiten zu bemalen, um nur diese beiden Möglichkeiten zu nennen. Die Maler waren damals mit vielen anderen Aufgaben beschäftigt, beispielsweise, wenn sie Skulpturen aus Holz und Stein farbig faßten oder Teppiche entwarfen.

Leider besitzen wir immer noch keine Begriffsgeschichte für Gemälde und Tafelbild. In den frühen Inventaren der Herzöge von Burgund wird das *tableau* in rein technischem Sinne als Bildtafel verstanden. Wollte man sich genauer ausdrücken, so sprach man von einem «gemalten Bild» (*ymaige de peincture*), um es von den Bildern der Goldschmiede und Holzschnitzer oder Steinbildhauer zu unterscheiden. Daran läßt sich ablesen, daß sich noch kein eigener Begriff herausgebildet hatte. Erst seit der Renaissance wuchs der vorhandene Begriff *tableau* in jene Bedeutung hinein, die das Produkt inzwischen, durch seinen Siegeszug, als das erste Zeugnis von Kunst, erworben hatte. Aber schon in der Frühzeit spielt der Bezug zu einer Privatperson, die das *tableau* betrachtet oder sich darin als Person vertreten sieht, eine gewisse Rolle. Deshalb werden auch die gemalten Wappenschilde der Ritterorden mit dem gleichen Begriff *tableau* bezeichnet.

Im Flämischen übertrug sich sogar der Begriff vom Wappenschild auf das Gemälde selbst, so daß die Malerei, wie im Holländischen, seither als Schilderei (*schilderye*) bezeichnet wird. Wenn ein Hubert van Eyck in der Grabinschrift gerühmt wird, «in der Schilderei sehr hoch geehrt» zu sein, wird man kaum seine Bemalung von Wappenschilden, sosehr sie zu seinem Metier gehörte, gemeint haben (S. 193). Vielmehr waren es Gemälde, mit denen er seinen Ruhm erwarb, und sie verbreiteten sich so rasch und waren, wenn sie Porträts darstellten, den Wappenschilden im Gebrauch so ähnlich, daß sie, die neu waren und in der gleichen Malerwerkstatt entstanden wie die Bilder auf den Wappenschilden, die Assoziation mit diesen, die alt eingeführt waren, schon in der Begriffsbildung nahelegten.

Der deutsche Begriff Gemälde, in welcher Schreibweise auch immer, ist ebenso alt wie *tableau* und Schild, und auch er verengte sich erst im 17. und 18. Jahrhundert auf jene Bedeutung, in welcher wir ihn kennen. Dürer benutzt den Begriff «Gemälde» mit einer Selbstverständlichkeit, welche allerdings andere Begriffe wie «Tafel» oder «Bild» nicht ausschloß, und wich in Venedig auch manchmal auf den italienischen Begriff *quadro* aus. Nicht einmal «Bildnis» war damals wirklich an das Porträt gebunden, sondern wurde oft noch mit dem allgemeinen Begriff «Bild» gleichgesetzt. Die Sprache, die meist in den Händen der Dichter und Theologen lag, brauchte eine lange Zeit, bis sie von der Entwicklung Kenntnis nahm, die sich in der Kunst vollzogen hatte. Luther ist dafür das beste Beispiel, wenn er, den die Wortbilder mehr interessierten als Malereien, den hl. Paulus als Autor einen köstlichen Maler nannte, der die Auferstehung Christi mit «Exempeln oder Gemälden» aus der Natur umschrieben habe. Aber der frühe Sprachgebrauch wird dort aufschlußreich, wo das Gemälde dazu dient, die Begriffe «Bild», in einem allgemeinen und philosophischen Sinne, ebenso wie «Gleichnis» zu veranschaulichen. Ein solches Synonym war nämlich nur dann sinnvoll, wenn man schon damals das Gemälde der Maler, mit seiner unabhängigen Existenz und seiner nur ihm eigentümlichen Mobilität, als gemaltes «Gleichnis» der Person oder auch der Welt auffassen konnte.

Aus dem Zeitalter der Kunstkammer besitzen wir ein schönes Zeugnis von H. J. C. von Grimmelshausen (1622 bis 1676), der in seinem «Abenteuerlichen Simplicissimus» (1.24) den neutralen Sammlerblick, mit seinem Desinteresse für inhaltliche und Fragen der Weltanschauung, anprangert. Der Besitzer einer Kunstkammer hatte ihn danach gefragt, welches Werk ihm denn am besten gefiele. Während er selbst sich «unter den Gemälden» für einen «Ecce Homo» oder Christus der Passion entschieden hatte, der ihn aus religiösen Gründen anrührte, gehörte das Interesse des Kunstsammlers einer «papiernen Karte, in China gemalt, darauf stunden der Chinesen Abgötter». Er zog sie, die damals eine Seltenheit war, allem anderen vor, denn «ich ästimiere die Rarität». Die Episode bringt auch den Gegensatz des Gemäldes, als europäisches Produkt, und des ostasiatischen Rollenbildes zum Ausdruck, das an ganz andere Voraussetzungen gebunden war und eine ganz andere Geschichte besitzt. Deswegen wird es auch «Karte» und nicht «Gemälde» genannt. Die Bildrolle, die in einer eigenen Bildnische aufgerollt (und anschließend wieder zusammengerollt) wurde, unterscheidet sich vom europäischen Gemälde ebenso grundsätzlich, wie sich die transparenten Schiebefenster der ostasiatischen Welt von den festen Steinwänden der europäischen Architektur unterscheiden, die es wie ein gemaltes Fenster auf ein imaginäres Draußen öffnet.

Das ist ein großes Thema, das hier nur gestreift, aber nicht ausgearbeitet werden kann. Die japanische Bildrolle, in der Gestalt der Hängerolle, steht der Buchrolle nahe und teilt mit ihr den Träger aus Pergament, Seide oder Papier ebenso wie das offene Verhältnis zwischen der Rollenform als ganzer und dem einzelnen Bild oder Text. Das europäische Gemälde ist dagegen als Bild identisch mit der Trägerform, der Tafel. Es eignet sich nur für die permanente Hängung an Wänden, die von einzelnen Türen und Fenstern unterbrochen werden, ohne daß sie die Wandgrenze auflösen. Das Gemälde an der Wand konnte also keine andere Assoziation auslösen als jene mit dem ebenso gerahmten Fenster, durch das man zwar hindurchsieht, aber den Raum nicht verläßt, in dem man sich durch die Steinwände eingeschlossen fühlt. Heute hat der Bildschirm, ein neues Fenster zur Welt, das Gemälde überholt, in dem man auch einmal «in die Ferne sehen» wollte. Die Aufnahme aus einem japanischen Hotelzimmer mag das außereuropäische Rollenbild und den zeitgenössischen Bildschirm als Alternativen des europäischen Gemäldes so anschaulich machen, daß man dessen unverwechselbare Eigenart leichter versteht (Abb. 1).

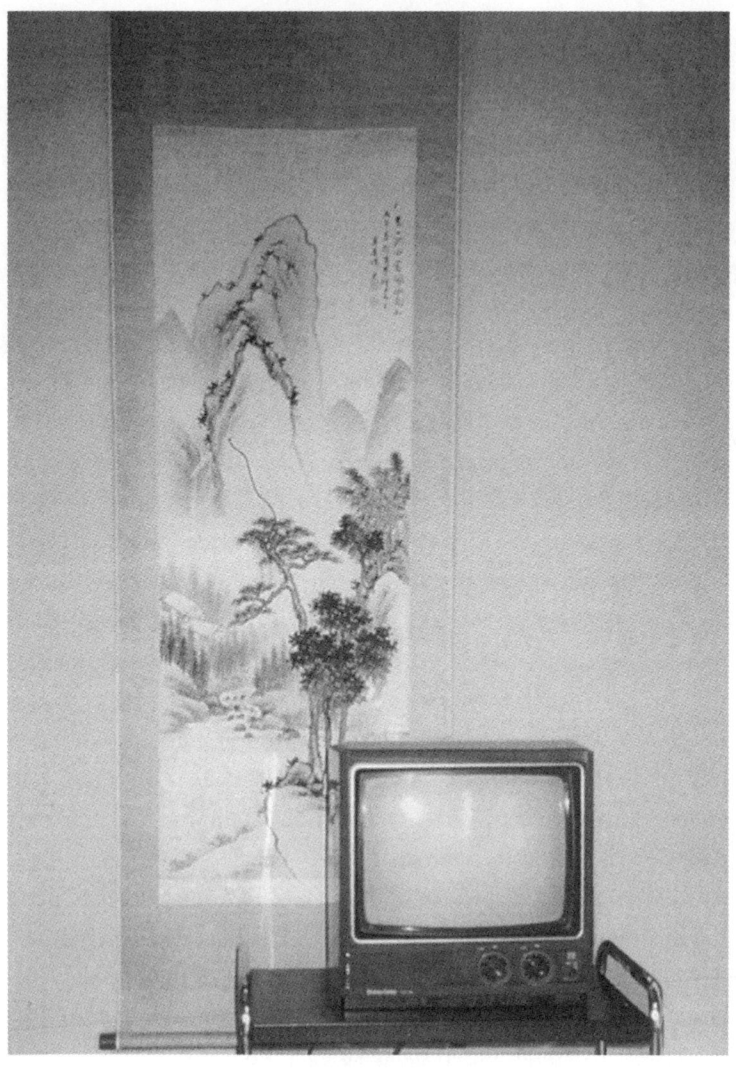

Abb. 1 Japanisches Hotelzimmer, Bildschirm und Bildrolle

«Jedes Gemälde ist eine Negation der Wand», wie Victor I. Stoichita schreibt. Aber es ist zugleich auch eine Affirmation der Wand, deren Existenz es bestätigt, wenn es sich aus ihr zu öffnen scheint. In der Metapher des «Fensters» eröffnet das Gemälde aus der Distanz den Dialog mit der Natur, die sich jenseits der Wand befindet. Im Fensterausblick der Landschaft, ebenso wie im *Trompe l'œil* der Bildnische mit Stilleben, wird der Gegensatz von «draußen» und «drinnen», der das Weltgefühl des europäischen Betrachters bis zum Konflikt geprägt hat, in eine anschauliche Gestalt gebracht. Im übrigen waren die Metaphern von Fenster und Spiegel, mit denen sich das junge Gemälde so gerne vorstellte, überraschend präzise, um die Prätention zu rechtfertigen, mit welcher sich dieses zu Wort meldete. Die Prätention lag darin, auf kleinstem Format, in einer gerahmten Bildfläche, das überhaupt größte Thema abhandeln zu wollen: die Welt, in welcher der Mensch lebt, als ganze. In einem solchen Symbol lag der Kontrast von Bild und Blick: So klein auch das Bild war, so wollte der Blick darin das Größte sehen, was es überhaupt zu sehen gab. Deshalb rechtfertigt sich das Gemälde mit dem kleinen Spiegel, der den Blick einschließt, und mit dem engen Fenstergeviert, hinter welchem die Welt in der Distanz als eine Ganzheit simuliert wird.

Man hat noch selten darüber nachgedacht, welch neue Erfahrung das autonome Gemälde begründete, das sich niemals der Umgebung des Menschen einfügt, sondern für ihn ein Fenster aufstößt oder ihm einen Spiegel entgegenhält: das Fenster der inneren Vorstellung und das Spiegelbild der Welt. Ein Spiegel repräsentiert den Blick, den die einzelne Person auf die Welt wirft – und auf sich selbst. Man kann die Welt auch ohne Spiegel sehen, aber dann ist sie unbegrenzt und bietet dem Blick keinen Halt. Erst der Spiegel faßt sie in ein unbewegtes Bild zusammen, in dem der Blick sie als Motiv fixieren kann. Zugleich ist er ein Modell für die Verwandlung des offenen Raumes, in dem wir uns selber körperlich bewegen, in die geschlossene Fläche, auf der wir einen Raum sehen können, ohne in ihm zu sein. In dieser Hinsicht ist der Spiegel ein Symbol des Subjekts, das die Welt auf sich selber bezieht, wie es in Italien die Zentralperspektive mit ihrem Zentrum im menschlichen Auge wurde. Für Leon Battista Alberti war denn auch in Italien die Sehpyramide, die er für den Maler rekonstruierte, wichtiger als der Spiegel. Dennoch vergleicht er die Malerei mit dem Wasserspiegel, auf dem Narziß sein eigenes Bild entdeckte (Über die Malerei, 1435, Buch II.26), und spricht vom Blickpunkt mit einer festen Distanz zum Motiv (II.32).

In Italien erfand man das Gemälde zur gleichen Zeit, doch lagen hier die Dinge wiederum ganz anders, was wenigstens erwähnt werden soll. Alberti handelt in seinem Lehrbuch «Über die Malerei» nicht allein vom Gemälde und bereitet dennoch dessen Theorie maßgeblich vor. Die «Definition der Malerei» ganz allgemein, die er anstrebt (I.1 und I.23), geht nicht mehr von der handwerklichen, sondern von einer optisch-wissenschaftlichen Sicht aus. Er nähert sich der Natur und ihrer Abbildung mehr begrifflich als empirisch, wenn er das Bild als eine mathematische Konstruktion nach den Regeln der Zentralperspektive versteht: als ein Sehbild, das auf einer transparent aufgefaßten Leinwand (*velum*) zum Blick die gleiche Distanz hält wie zum Motiv. Eine solche Vermessung des Bildes, und der Welt insgesamt (II.36), ist eine Berechnung des Blicks, die zur unmittelbaren Wahrnehmung des Motivs im Norden den schärfsten Kontrast bildet.

Ein ähnlich großer Unterschied tut sich im Verständnis des Bildinhalts auf. Alberti versteht das Gemälde als Erzählung einer Fabel, während es im Norden der Beschreibung der Dinge dient. Deshalb hält er «Schönheit für wichtiger als Ähnlichkeit» (III.55) und Erzählung für wichtiger als die bloße Präsenz der Welt. Erzählung wiederum erklärt sich aus der rhetorischen Tradition und kulminiert in der sogenannten *historia*, die er von der «Fabel» der Dichter ableitet (II.40 und III.53), welche immer ihre eigene Welt erfunden haben. Im Norden ist das Bild mehr Beschreibung als Deklamation. Alberti wiederum liebte die öffentliche Malerei, welche die Gemüter erregt, mehr als die private Schau und warnte deshalb auch vor «allzu kleinen Gemälden» (*minimis tabellis*), wo sich, wie er sagt, die Fehler der Maler leichter verstecken könnten. Im Norden sah die Öffentlichkeit ohnehin anders aus, aber das ist ein Thema für sich.

Die kleine, symbolische Fläche ist ein seltsames Erzeugnis der europäischen Kultur. Sie ist ebenso beweglich und, wo immer sie auch aufgehängt wird, innerhalb ihres Rahmens ebenso auf sich selbst bezogen, wie es auch der Mensch ist. In diesem Sinne repräsentiert das neue Gemälde einen ersten Entwurf des Individuums der Neuzeit. In seiner Vorgeschichte war es die Ikone einer übermenschlichen Realität gewesen, welche den Kult eines unwissenden Verehrers auf sich zog. In seiner neuen Geschichte ist es die Ikone des Menschen selber, welche die Kontrolle eines wissenden Betrachters auf sich zieht. Man könnte auch sagen, daß es zur Ikone der Welt wird, so wie sie die jeweilige Zeit verstand, und damit erklärt sich die künftige Geschichte des Gemäldes als Geschichte einer Repräsentation von Weltanschauung.

Tafelbilder waren vor der Zeit, die unser Thema ist, schon lange im Gebrauch, aber in einem sehr eingeschränkten Bereich, in dem sie anders aussahen und andere Aufgaben wahrnahmen. Ich denke nur an die großen Altartafeln der Kirchen und die wenigen Tafelbilder, die an den Höfen zirkulierten. Auch die niederländischen Maler des 15. Jahrhunderts malen für die Kirchen und für die Höfe, und sie verwenden vom Riesenformat eines Genter Altars bis zum winzigen Andachtsbild für einen privaten Besitzer jede Gestaltform, die man sich nur denken kann. Vor allem aber arbeiten sie für eine bürgerliche Kundschaft, die damals neu auf den Plan tritt, und beliefern sie mit exquisiten Produkten, in deren kleinem Format sich die Virtuosität ihres Könnens entfaltete. Solche Gemälde, die einen ungewohnten Standard an Malerei repräsentieren, waren an eine neue Bewertung von «Kunst und Handwerk» gebunden, zu welcher die Maler die Voraussetzungen selbst geschaffen haben. Die Gemälde bedurften einer Selbsteinführung, die es den neuen Besitzern erleichterte, sie sich nicht nur als einen materiellen Wert, sondern auch als einen Symbolträger anzueignen, an dem sich das Wesen des Menschen und der Welt ablesen ließ.

Es mag künstlich erscheinen, im Gemälde die Frühform des späteren Staffeleibilds – eines Hauptträgers der europäischen Kunst – aus der Masse der produzierten Malerei des 15. Jahrhunderts zu isolieren, denn auch die großen Altäre waren, technisch gesehen, nichts anderes als Gemälde. Dennoch erfordert das Gemälde, wie es hier verstanden wird, eine eigene Fragestellung, die noch der Erprobung bedarf. Es ist erst allmählich eine eigene Gattung geworden, aber schon am Anfang eine Aufgabe besonderer Art gewesen, in der sich die Physiognomie der neuen Kunst ohne Rücksicht auf die Konventionen entwickeln ließ, wie sie immer in öffentlichen Aufträgen lagen. Im Privatbild war die Chance zu einem radikal neuen Kunstentwurf gegeben, wie er bis dahin allein die Buchminiaturen in der geschützten Atmosphäre der Höfe kennzeichnet. Es wurde für die Maler zu einer großen Herausforderung, in dem kleinen, gerahmten Tableau, ohne irgendeinem offiziellen Auftrag zu folgen, das Menschenbild der Zeit in seinem widersprüchlichen Weltbezug zu gestalten. Sie waren damit als Erfinder auf sich selbst verwiesen, die sich nur mit jener neuen Idee rechtfertigen konnten, die man später «Kunst» nannte.

Jan van Eyck spielt in dieser Untersuchung eine besondere Rolle, doch soll damit nicht der Eindruck erweckt werden, er sei der alleinige Erfinder des Gemäldes gewesen, dem die anderen Maler nur mehr wie Epigonen folgten. Vielmehr lag die Aufgabe, aus welchen Gründen auch immer, im gemeinsamen Blick seiner Zeit. Nur mußte die Idee des Gemäldes noch Profil gewinnen, und hierbei tritt Jans Beitrag markant in Erscheinung. Deshalb eignen sich seine Werke dazu, über das Gemälde und seine Konzeption Aufschluß zu gewinnen und an ihnen auch die Leistungen der Nachfolger zu messen, die das Konzept des Gemäldes in einem ständigen Experiment weiterentwickelten.

In der Generation um 1430 tritt es in einer Fülle von Aufgaben und Gestaltungen hervor, die uns erstaunen lassen, wenn man nur eine Generation zurückgeht und die Dinge in der Zeit um 1400 vergleicht. Wir sind daran gewöhnt, die spätere Generation als Geburtsstunde des Realismus und die frühere als den letzten Höhepunkt eines höfischen Idealismus zu verstehen. Aber dazwischen liegt auch die «Entstehung des Gemäldes», das unser Thema ist. Tafelbilder gab es schon vorher, aber sie waren eine Randerscheinung und besaßen noch keine eigene, autonome Gestalt, mit der sie sich von anderen Kunstgattungen unterschieden hätten. Die Ikone, auch in der Ausformung als Andachtsbild, war lange schon eingebürgert, das Porträt als Serienprodukt aus der höfischen Kultur erst viel später hinzugekommen. Daneben fehlte jede weitere Rolle, bis das neue Gemälde viele Rollen übernahm, die bisher brachgelegen hatten.

2 Die höfische Vorgeschichte

Man könnte also, ohne stark zu übertreiben, von der «Vorgeschichte» und der «Entstehung» des Gemäldes sprechen, wenn man die Schwelle zur Zeit um 1430 in den Blick nimmt. Vorher und nachher machen die Maler von dem gleichen Medium einen so verschiedenen Gebrauch, daß man erst nachher von dem Gemälde als einer selbständigen Gattung von Malerei mit einem eigenen Konzept sprechen kann. Dabei behalten die beiden Funktionen, die aus der Vergangenheit übernommen sind, das Andachtsbild und das Porträt, noch eine Weile ihre Bedeutung, aber die gemalten Ergebnisse sehen anders aus. Sie zeigen an, daß sich die Künstler einen neuen Begriff von dem machten, was sie da taten. Die Kunstsammlung ist damals noch in weiter Ferne, aber das bürgerliche Publikum nimmt seine Andachtsbilder und seine Porträts schon mit der Erwartung in Besitz, die Kunst eines Malers zu entdecken, der sich auf den Weg gemacht hat, die Geheimnisse der sichtbaren Welt durch Abbildung zu erforschen.

In der Generation vorher, im höfischen Stil der «Internationalen Gotik», ist die Ästhetik einer feudalen Kultur noch ungebrochen gültig. Die Künstler malen Wandbilder, fassen Skulpturen und entwerfen Teppiche. Die Juwelenkunst und das illuminierte Buch waren die Lieblinge der Fürsten, die damit prunken und sich dennoch auf ihre Frömmigkeit berufen konnten. Das Buch sah in der Zeit vor der Gutenberg-Ära ebenso anders aus wie das Gemälde vor der Zeit der Kunstsammlung. Es war als Sammelobjekt sogar mehr geschätzt als das Gemälde und unendlich viel kostbarer und kostspieliger als dieses, war es doch auf das teure Pergament und routinierte Schreiber, und mit seinen Miniaturen auch auf Maler angewiesen, die die privaten Wünsche eines Mäzens erfüllen konnten, ohne an die Konventionen des öffentlichen Bildes gebunden zu sein.

Das Bilderbuch war in diesem Milieu so beliebt geworden, daß seine Texte manchmal zur Nebensache wurden. Sie waren ohnehin nur Stoff der Erinnerung und dienten den gleichen Gebeten, zu denen auch die Bilder einluden. Man las weniger, als daß man die Gebete rezitierte, die in den Texten aufgeschrieben waren. Die Bilder stellten gerade diejenigen Heiligen, an die man sich wenden wollte, und die Themen, von welchen die Gebete handelten, vor Augen. Das «Stundenbuch», das man in den täglichen Stunden des Gebets zur Hand nahm, war dem Tafelbild, dem die Texte fehlten, in mancher Hinsicht überlegen (Abb. 2, 3). Deshalb ahmt das Gemälde damals das Buch zuweilen nach. Es glich ihm in der Gestalt und nahm auch in der Form von Bildinschriften die Gebete auf, die in den Büchern standen.

Sein zweiter Konkurrent war die «Schatzkunst» der Goldschmiede, die im Materialwert herausragte und damals auch die Ästhetik bestimmte. Wiederum versuchte das Gemälde zunächst, sich als Ersatz des anderen Mediums einzuführen und diesem zum Verwechseln zu ähneln, wobei nicht verborgen bleiben konnte, daß es nur einen «billigen» Ersatz bieten wollte. Ein Rundbild im Louvre, das der Hofmaler Malouel um 1400 für den Fürsten von Burgund malte, führt uns in diese Zeit ein, in der das Gemälde noch an die Maßstäbe einer höfischen Kultur gebunden war (Abb. 5).

Dieser Tondo war trotz seiner Größe nicht zur Hängung an einer Wand, sondern dafür bestimmt, vom Besitzer oder seinen Dienern in Händen gehalten zu werden, während er betete. Ein Lederetui schützte ihn auf den Reisen, und auf der ebenfalls bemalten Rückseite repräsentiert er den Fürsten im Wappen. Das Thema der Vorderseite ist der «Christ de pitié», von dem der Fürst mehrere Exemplare aus Gold und Silber besaß, in einer originellen Variante: Der verstorbene Mensch Jesus wird uns von seinem himmlischen Vater als Gottessohn vorgestellt und zugleich von seinen irdischen Jüngern, Maria und Johannes, verehrt. Das Wappen vertritt, statt eines Porträts, den Stand des Besitzers, wie das Bild mit dem Passionsthema seine persönliche Frömmigkeit unterstreicht. Der Fürst trug das Andachtsbild ebenso mit sich wie seine Stundenbücher. Inventare der Zeit beschreiben Tafelbilder «in der Form eines Buchs», also in einer verschließbaren Form als Diptychon oder Doppelbild, die dem doppelseitigen Buch im Aussehen glich.

Die Gestalt des Tondos im Louvre ist dagegen auf ein Gebilde der Schatzkunst bezogen. Runde Broschen mit der gleichen Thematik der Passion Christi waren gang und gäbe, wie ein vor etwa 20 Jahren erworbenes Pariser «Weiß-Email» der damaligen Zeit im Metropolitan Museum in New York beweisen mag (Abb. 4). Auf dem Email führen die Engel den Helden des Bildes wie ein Motiv der höfischen Heraldik vor und fassen ihn in Vorhänge ein, die mit der Gestalt des Objekts verschmelzen. Auf dem gemalten Tondo tragen sie die Hauptfigur, die als Leichnam des Gottmenschen ein theologisches Paradox ist, gleichsam für den Betrachter heran und übergeben ihn seiner Mutter Maria, die ihn mit den gleichen Gefühlen in Empfang nimmt, die vom Betrachter erwartet wurden. Die leuchtenden Farben wiederholen die Skala einer Emailarbeit. Die Rundform stimmt mit der Gestalt eines Anhängers überein, den der Fromme an seinem Gewand tragen konnte.

Die Gestaltnähe von Gemälde und Metallarbeit wird von einem exquisiten Rundbild aus der gleichen Zeit bestätigt, das die Walters Art Gallery in Baltimore besitzt (Abb. 6). Wer es einmal in die Hand genommen hat, fühlt sich sofort an ein kost-

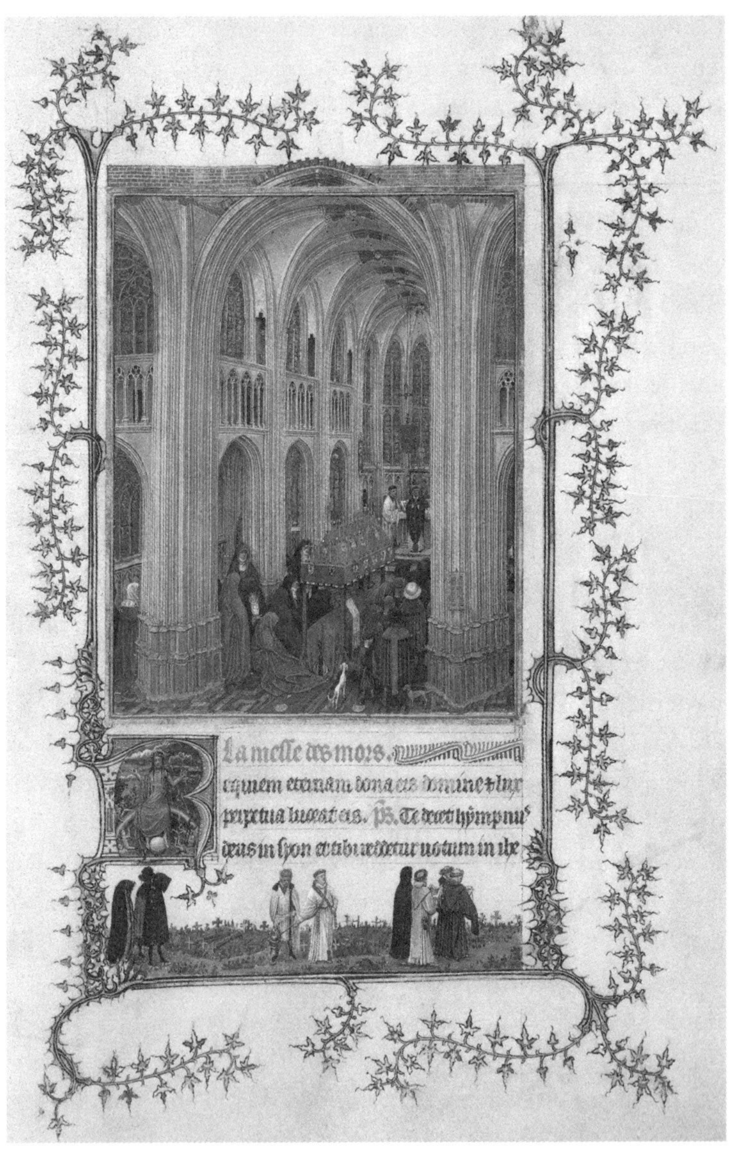

Abb. 2 Jan van Eyck, Turin-Mailänder Stundenbuch, Totenmesse, fol. 116r, Turin, Museo Civico

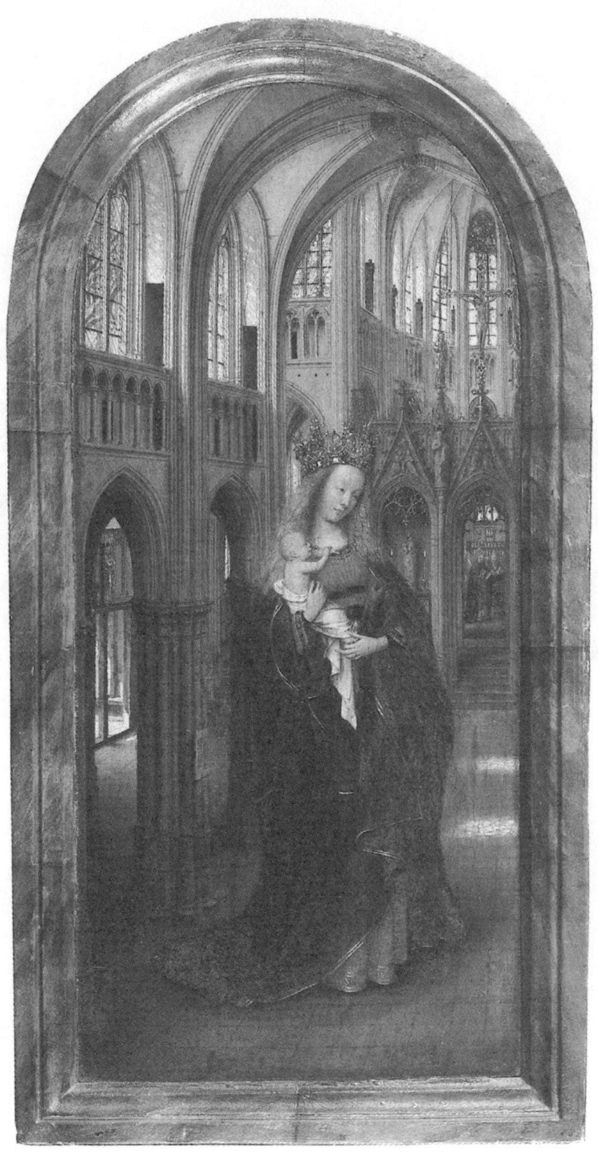

Abb. 3 Jan van Eyck, Madonna in der Kirche, Berlin, Staatliche Museen, Gemäldegalerie

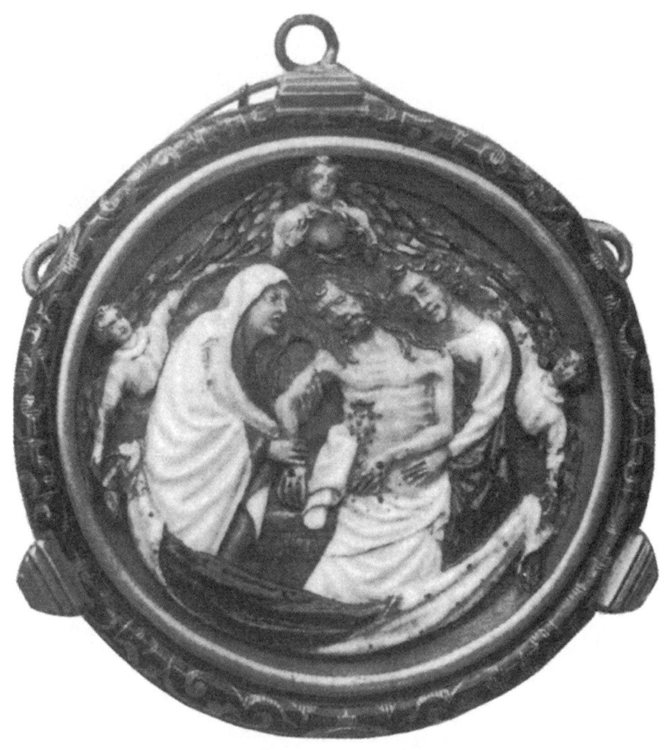

Abb. 4 Amulett aus Pariser Goldemail (um 1400), New York, Metropolitan Museum of Art

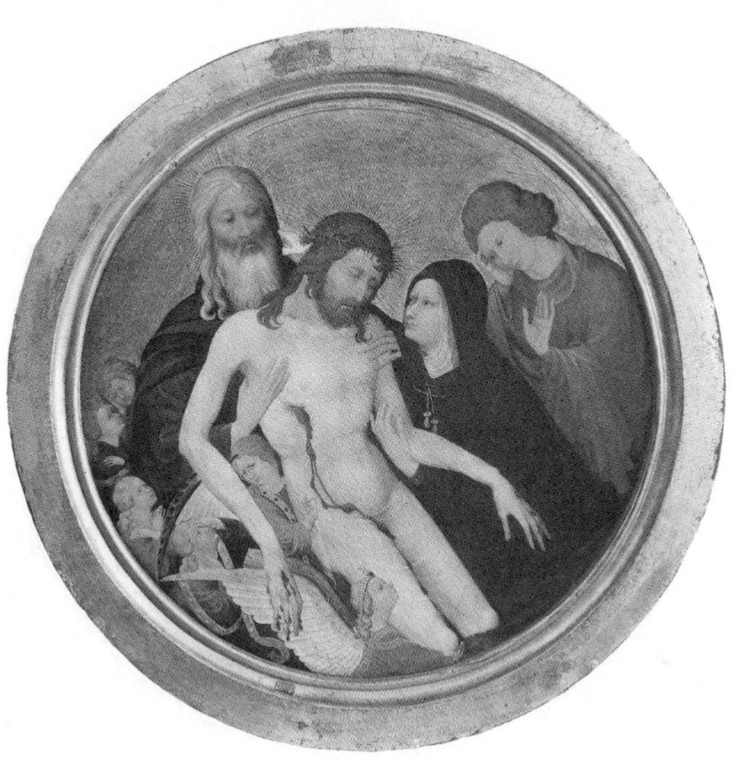

Abb. 5 Jean Malouel, Großer Tondo:
Pietà, Paris, Louvre

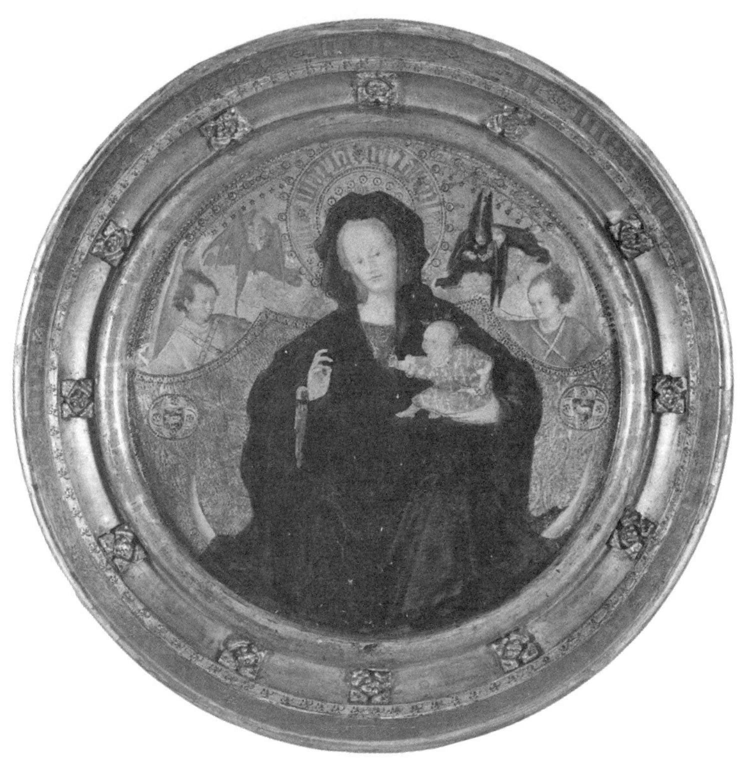

Abb. 6 Tondo mit Maria und Kind, Baltimore, Walters Art Gallery

bares Gerät erinnert, dessen Umriß es wiederholt und dessen Metallfläche es sich in der durchgängigen Vergoldung von Binnenfeld und Rahmung so anpaßt, als wollte es ein gemalter Ersatz sein. Die gewöhnliche Trennung von Bild und Rahmen entfällt hier ganz, und der gebogene Rahmen mit der Devise «Je suis bien» (Ich bin gut) gleicht einem umgekehrten Schalenrand. Die kleinen Rosetten im Rahmen sind ein Zitat von zeitgenössischen Metallgeräten. Das «Ave Maria» im Nimbus Mariens bindet die Tafel an eine geläufige Gebetspraxis. Wie an einem Fürstenhof erscheint das Wappen des Titelinhabers, das Lamm Gottes, auf dem Vorhang mehrfach im heraldischen Rapport. Das Kind langt mit einer winzigen Schreibfeder nach einem noch winzigeren Tintenfaß in der Hand Mariens, um die himmlische Antwort auf das Bittgesuch aufzuschreiben, das der Besitzer des Bildes im Geiste an das Bild gerichtet hatte. Der Betrachter, der mit den gemalten Personen einen Dialog führte, ist in das Bild einbezogen, ohne selbst dargestellt zu sein: Auf der doppelten Buchseite eines kostbaren Stundenbuches war er, wie es der Herzog von Berry liebte, selbst in einem eigenen Bild vertreten gewesen.[1] In der Prachtausgabe der *Très belles Heures*, die der Herzog besessen hat, schreibt das Jesuskind ebenso wie im Tondo die Antwort an den Betrachter auf der anderen Buchseite auf, bringt aber dabei noch das Kunststück fertig, zugleich an der Brust der Mutter zu saugen und damit den Fürsten an das erotische Motiv einer kleinen Elfenbeinstatuette zu erinnern, die damals wohl in seinem Besitz war.[2]

Der gemalte Tondo in Baltimore ist im tiefen Blau von Mariens Mantel, das mit dem Gold zusammenklingt, an die Ästhetik der Schatzkunst gebunden. Was wir heute als «Kunstgewerbe» abwerten, stand damals in der Hierarchie der Medien hoch über der Tafelmalerei. Andachtsbilder waren selten gemalt und häufiger als Prunkstücke der Juwelenkunst gefertigt, die einem aristokratischen Geschmack entgegenkamen und sich als

Geschenkartikel bewährt hatten. Der Herzog von Berry liebte kostbare Steine und ließ Stundenbücher anfertigen, die in Aufwand, investierter Arbeitszeit und Materialwert mit den Werken der Metallkunst wetteiferten. In diesem Milieu war das Gemälde auf eine bescheidene Rolle beschränkt.

Philippe Verdier hat auf eine heute ganz verschwundene, damals aber beliebte Gattung in den Inventaren der Herzöge hingewiesen, die einen silbernen Spiegel auf der einen Seite mit einem Marienbild auf der anderen Seite verbanden. Beide Seiten waren mit Perlen eingefaßt, und das Andachtsbild war meist eine Metallarbeit oder imitierte eine solche in gemalter Vergoldung. Man mag an höfische Brautspiegel denken, die als doppelte Spiegel fungierten, wenn sie auf der Gegenseite die himmlische Braut (und Mutter) im mystischen Spiegel einer materialisierten Vision vorzeigten. Schon hier waren Spiegel und Bild, deren Gleichung für die Ästhetik des Gemäldes von erster Bedeutung werden sollte, wie zwei Seiten einer Münze eng aufeinander bezogen, aber die Schatzkunst war beiden übergeordnet, denn sie schuf das gravierte oder in Metall getriebene Bild ebenso wie diese Art Spiegel, zumindest seinen kostbaren Rahmen.

Ein prachtvolles Diptychon aus der Sammlung des Malers Carrand, das heute im Bargello in Florenz hängt, ist in seiner widersprüchlichen Verbindung von alten und neuen Zügen das typische Produkt einer Übergangszeit, in der die alte Materialästhetik der Goldarbeiten noch vorherrscht, aber sich bereits die neue Kunst einer autonomen Malerei ankündigt (Abb. 7). In dieser Mischung hat es die Interpreten verwirrt, die ihren Begriff von neuzeitlicher Tafelmalerei darauf anwenden wollten und damit gescheitert sind. Erwin Panofsky kritisierte es in seinem Standardwerk über niederländische Malerei aus dem Jahre 1953 dafür, daß es «im Stil merkwürdig, in der Ikonographie abnorm und in der Gestalt bizarr» sei. Da dieser dreifache Verstoß gegen eine Norm, die ihm lieb war, für ein französisches Werk blanke

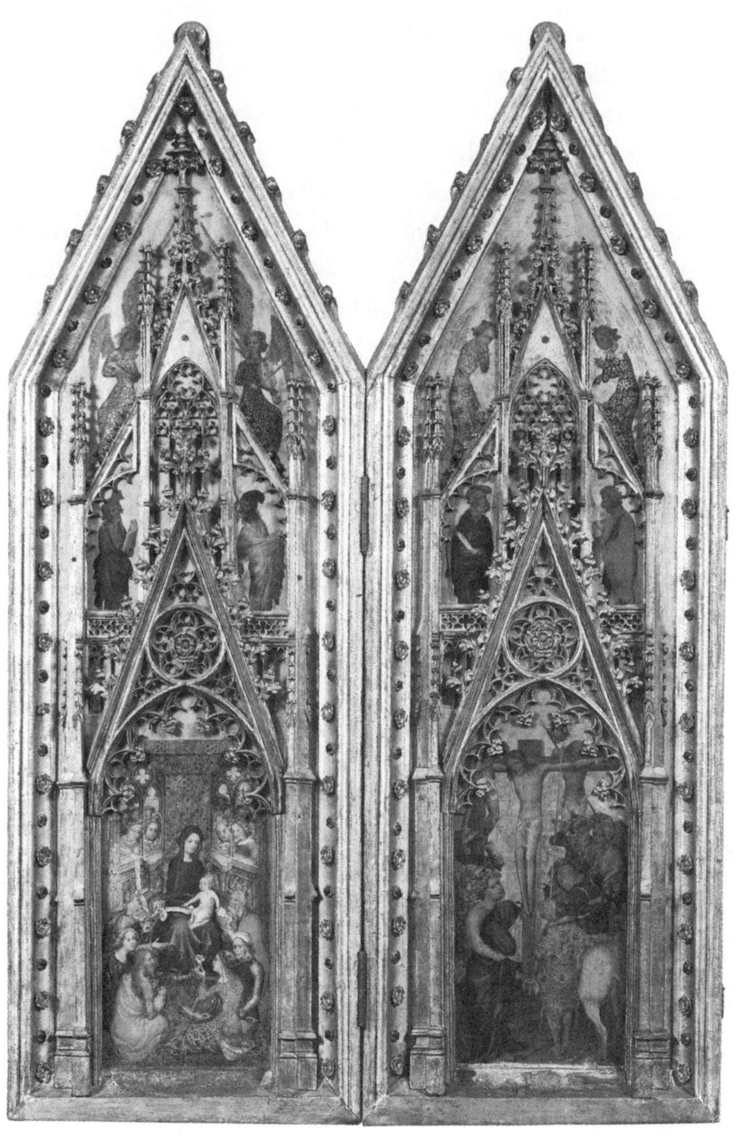

Abb. 7 Carrand Diptychon, Florenz, Bargello

«Häresie» war, verbannte er die Tafel in die spanische Provinz der frankoflämischen Malerei, um sich nicht mehr um sie kümmern zu müssen. Seither ist es eine Zeitlang still um das Werk geblieben, weil ein solches Verdikt die Kollegen abgeschreckt hat. Fachleute neigen oft dazu, für «häretisch» zu erklären, was sie nicht klassifizieren können, und verbannen solch ein widerstrebendes Werk in das Exil. Erst 1989 hat Albert Châtelet, übrigens ohne Kenntnis meiner gleichzeitigen Veröffentlichung, zur frühen Einschätzung der Tafeln als einer Pariser Arbeit aus dem späten 14. Jahrhundert zurückgefunden.

Wenn man genauer hinsieht, ist das Diptychon ein typisches Beispiel seiner Gattung, von der sich Panofsky aber noch keinen Begriff gebildet hatte. Was ihn am Stil befremdete, ist die ungewöhnlich hohe Qualität. Was er an der Ikonographie bemängelte, ist die Originalität einer neuen Bildvorstellung. Was ihn an der Gestalt verwirrte, ist der Typus eines fürstlichen Hausaltärchens, das im Gegensatz zum privaten Andachtsbild als Gattung heute selten belegt ist. Eine ebenso steile Giebelform, wie sie die 90 cm hohe Doppeltafel in Florenz aufweist, erscheint an allen Altarbildern, die in einem Krönungsbuch des 14. Jahrhunderts vom Pariser Hof abgebildet sind.[3] Baldachine aus Architektur und Maßwerkformen, die man in dieser flächigen Aufblendung damals *tabernacles dorés enlevés* nannte, schmükken auch die großen Flügelaltäre, die Jacques de Baerze im letzten Jahrzehnt des 14. Jahrhunderts für die herzogliche Kartause im burgundischen Champmol angefertigt hat. Die sogenannten Tabernakel-Altärchen, in denen man eine Madonnenstatue einschloß, erweitern den Blick auf den Kontext, dem unser Werk nahestand. In einem Inventar des Herzogs von Berry wird 1401 ein «tableaux faiz à pignons» erwähnt, das vielleicht mit dem erhaltenen Hausaltärchen identisch war.

Die größte Schwierigkeit bereitete den Interpreten die Unentschiedenheit zwischen Bild und Schrein, auf der das Werk beharrt. Die Antithese von Bild und Rahmen, die spätere Gemälde aufweisen, ist hier noch unbekannt. Hinter dem äußeren Rahmen öffnet sich kein Bild wie ein Fenster, sondern liegt eine vergoldete Fläche, die ihrerseits erst den inneren Rahmen für das Bild einführt. Eine transparente Struktur von Architekturformen, die an eine Kirchenfassade erinnert, liegt wie ein Gitter der Tafel auf und umgibt das Doppelbild wie ein Gehäuse. Oben musizieren Engel und debattieren Propheten, die an die frühen Miniaturen des Bildhauers Beauneveu erinnern, zwischen den Strebepfeilern des vorgeblendeten Gehäuses. Unten öffnet sich eine Art Portal auf die erzählende Darstellung, die im Goldgrund mit den Außenfeldern verbunden ist. Die Rosetten in den Kehlen des Rahmens erinnern, ebenso wie auf dem Tondo von Baltimore, an Metallarbeiten, und die Farben verweisen, ganz ähnlich wie dort, auf das Aussehen von Emails. Es kann also keine «Häresie» geben, wo es noch keine Norm gab, die einem solchen Verfahren entgegenstand. Die Ästhetik des neuzeitlichen Gemäldes ist für dieses Werk noch nicht verbindlich gewesen. Es besteht gleichsam aus «mixed media» und führt sich zu gutem Teil als die Fiktion eines kostbaren Metallschreins ein, der dann plötzlich gemalte Bilder enthält.

Diese stechen an Originalität alles aus, was in den Jahren vor 1400 mit ihnen verglichen werden kann, als der höfische Idealismus erst seinem Höhepunkt entgegenstrebte. Der himmlische Hof Mariens, den die linke Tafel darstellt, ist aber schon um 1400 in der niederrheinisch-westfälischen Malerei als Modell zitiert, so daß man das Werk in die Zeit davor datieren kann. Maria sitzt im Zentrum einer Gruppe, wie sie für die «heilige Sippe» beliebt war, auf einem Baldachinthron, durch dessen offene Seitenwangen die Engel hereinschauen. Der Möbeldekor stellt die Magieranbetung und die Darbringung des Jesuskindes im Tempel dar und nimmt damit eine Verfahrensweise der Zeit Jan van Eycks vorweg, die darin bestand, biblische Nebenszenen gleichsam als

Schmuck von Möbeln zu verstecken. Der große Teppich, auf dem die himmlische Hofgesellschaft sitzt, breitet sich über die untere Rahmenschräge aus, als handelte es sich um eine Türschwelle.

Eine uns schon bekannte Pointe liegt in der Geste des Jesuskindes, das mit spitzem Finger auf einem langen Spruchband die Antwort aufschreibt, die es dem Bittsteller zukommen lassen will, und damit den privaten Betrachter einbezieht, dem das Werk gehörte. Der himmlische «Antwortdienst» war für jemanden bestimmt, der *im* Bild selbst nicht in Erscheinung tritt, sondern damals *vor* dem Bild kniete. Auf Diptychen und in Stundenbüchern war dieser Dialog das eigentliche Thema. Hier ist er im Bild nur impliziert, insofern nämlich, als das Bild für einen stillen Dialog mit dem Betrachter eingerichtet ist.

Die Kreuzigung auf der anderen Tafel ist in den Raumsprüngen ihrer kühnen Komposition, die an einen exzentrischen Betrachterstandpunkt gebunden ist, in ihrer Zeit ein Unikum. Von rechts bewegt sich eine Gruppe mit dem blinden Longinus, der sich vom Pferderücken herab auf einen Knappen stützt, schräg in die Bildtiefe hinein. Die beiden Schächer sind im rechten Winkel vor und hinter dem Kruzifixus so postiert, daß wir sie nur im Ausschnitt sehen. Johannes umfängt Maria, auf deren Rücken wir schauen, in einem Blickwinkel, wie wir ihn nur von der dramatischen Inszenierung der kleinen Klagefiguren auf Sluters Grabmal des burgundischen Herzogs in der Kartause von Champmol bei Dijon kennen. Sogar die *Pleurant*-Pose Marias, von der wir nur den einhüllenden Mantel sehen, ist den Erfindungen des burgundischen Bildhauers, der aus den Niederlanden kam, nahe verwandt. Ein Skelett, wie es in den Transi-Gräbern der Zeit zum Topos wurde, liegt auf der «Schwelle» des Bildes, dort, wo sonst der Schädel Adams seinen Platz hat. Überall sind die Motive neu erfunden und kühn verändert.

Es liegt also nicht an der mangelnden Fähigkeit zur Innovation, wenn der gleiche Maler dann doch in der Gestalt seines

Werks einer früheren Ästhetik folgt, deren Tage damals schon gezählt waren. Ein Gegenstück dazu ist das kleine Privataltärchen im Museum Boymans-van-Beuningen in Rotterdam, das diesmal die Gestalt eines öffentlichen Flügelaltars im kleinen Format wiederholt. Die Malerei imitiert hier sowohl Metall in den Außenrahmen wie auch Marmor in den inneren Rahmenprofilen. Aber sie verdichtet sich nirgends zu einem selbständigen Bild, das sich von seiner Umgebung absondern würde, gleich, ob sie die Krönung Mariens nacherzählt oder die Apostel in Nischen aneinanderreiht. Überall bleiben die Figuren vor dem durchgehenden Goldgrund ähnlich auf ihre Rahmenarchitekturen geöffnet, wie es in den *Arts de luxe* üblich war, welche die Goldschmiede für die Höfe und die Kirchenschätze schufen. Der Dekor und die Bilder folgen aufeinander in einem durchlässigen Rhythmus der Flächenfüllung.

3 Das Porträt im Konflikt zwischen Hof und Bürgertum

Wir stehen mit den höfischen Werken gleichsam am Vorabend jener Revolution, die in der Generation van Eycks das Gesicht der Kunst von Grund auf verändert hat. Aus ihr ist das neuzeitliche Gemälde hervorgegangen, das sich als ein ästhetisches Produkt ganz eigener Art einführt. Es hat als Tafelbild zwar schon vorher existiert, wird aber nun so neu aufgefaßt, daß es sich nicht mehr gleicht. Man hat über diesen Vorgang, der sich wie jede radikale Neuerung einer vollständigen Erklärung letztlich entzieht, viel gerätselt, aber bis heute keine Interpretation entwickelt, die das Gemälde als eine eigene Gattung von Malerei wirklich ernst nimmt. Einig ist man sich nur darüber, daß es ein gemaltes Fenster darstellt, von dem schon der Florentiner Leon Battista Alberti damals in seinem Traktat «Über die Malerei» spricht: wohlgemerkt mit dem Blick auf italienische Gemälde. Der Bilderrahmen ist – gerade in den Niederlanden – gleichsam ein Fensterrahmen, der die Welt des Betrachters, der davor steht, von der Welt des Bildes, die dahinter liegt, trennt: Gerade deshalb ist er vielfach auch in seiner Gestalt einem wirklichen Fenstergewände, wie es die Architekten damals entwarfen, nachempfunden. Aber diese Beobachtung hat noch nicht ihre volle Bedeutung bewiesen, wenn sie nicht zu der Frage führt, welche Welt es denn ist, auf welche sich der Bilderrahmen öffnet. Diese Frage wird im Mittelpunkt der folgenden Überlegungen stehen.

Das neue Gemälde tritt auch mit einem neuen Thema auf: dem Porträt des Bürgers oder, ganz allgemein, des Menschen als solchem. Das Porträt hatte bis dahin allein im höfischen Bereich eine Rolle gespielt, wo es aber andere Aufgaben zu erfüllen hatte. Es war hier nur das Glied in einer Serie, welche meist die dynastische Abfolge vom Vater auf den Sohn oder die Koexistenz von verschiedenen Herrscherhäusern repräsentierte. Die Bilder stellten eher Amtsträger als unverwechselbare Personen dar und waren deshalb auf ein allgemeines Ideal des Fürsten bezogen. Die Brautbilder, die man damals für die Prinzen herstellte, garantierten keineswegs die Ähnlichkeit, die einen Bräutigam heute interessieren könnte. Sie vertraten aber schon ganz offiziell die Rechte einer Person, noch bevor die Maler in der Lage waren, diese Person auch überzeugend darzustellen. In dieser Rolle besaß das Porträt einen eigenen Rechtsstatus, an den man anknüpfen konnte, als man es in den bürgerlichen Raum einführte: Hier verkörperte es fortan eine private Person, ohne noch an Amt und Stand gebunden zu sein.

Martin Warnke hat in seinem Buch über den Hofkünstler die Mechanismen der raschen Herstellung und des leichten Transports beschrieben, durch die das gemalte Porträt zu einem beliebten Gegenstand des Geschenkaustauschs und der Repräsentation der Höfe wurde. Es diente einem diplomatischen Zweck, für den das *Idealbild* eines Fürsten wichtiger war als das *Realbild* seiner Physiognomie. Im Bürgertum wurde dieses Gemälde, wofür Warnke keine zwingenden Gründe anführen kann, in eigenen Gebrauch genommen und das Produkt umgedeutet, so daß es neuen Zwecken dienen konnte. Es ist in dieser Funktion nicht mehr das, was es bisher war, und es sieht auch anders aus.

Wir wissen wenig über die Hintergründe dieses erstaunlichen Vorganges, doch möchte ich die These aufstellen, daß der burgundische Hof dabei eine wichtige Rolle spielte. Er residierte schließlich immer wieder in den Städten Flanderns und Brabants, in denen er mit dem mächtigen Bürgertum in Konflikt geriet. Jan van Eyck, der bedeutendste Erfinder des bürgerlichen Porträts, war zugleich Hofmaler, dem auch weiterhin die Aufgabe zufiel, die Porträts der Fürsten zu malen – eine Aufgabe, in der ihn Rogier van der Weyden später ablöste. Wir besitzen zwar heute kein Fürstenporträt mehr von seiner Hand, aber solche von hohen Würdenträgern am Hof und solche von Hofbeamten wie Nicolas Rolin (Abb. 28), die aus dem Bürgertum aufgestiegen waren. Wenn der «Mann mit dem roten Turban» ein Selbstporträt Jans ist (Abb. 10), dann wählte der Hofmaler auch für sich selbst die gleiche Gattung, in der eine alte und eine neue Aufgabe, das höfische und das bürgerliche Porträt, plötzlich nebeneinander existierten und miteinander rivalisierten. Das bürgerliche Porträt ist, so meine ich, in einer Umgebung entstanden, in der es das höfische Porträt vorfand und sich davon programmatisch unterscheiden wollte.

Ein Kronzeuge dieses komplexen Sachverhaltes ist das Porträt, das Jan van Eyck von Baudoin de Lannoy, dem Gouverneur der Kanzleistadt Lille, gemalt hat (Abb. 8). Der «Stotterer» gehörte wie seine beiden Brüder seit der ersten Stunde zu den damals 25 Rittern des Ordens vom Goldenen Vlies, dessen Kette er trägt. Der vier Jahre ältere Hue de Lannoy saß bei der Ordensversammlung im Jahr 1445 gemeinsam mit dem Herzog von Orléans zu seiten des burgundischen Herzogs. Bei dieser Gelegenheit beschreibt ihn Olivier de la Marche in seinen Memoiren als «einen der berühmten, weisen und heldenhaften (preud'hommes) Rittergestalten seiner Zeit», über den er deswegen des längeren schreibe, weil Hue es «durch seine edlen Tugenden und hohen Standesvorstellungen» verdiene. Das Porträt des Bruders, das mehr als zehn Jahre zuvor entstanden ist, drückte für jeden zeitgenössischen Betrachter schon im Kostüm und in den Standesabzeichen so vollständig die höfische Welt aus, daß die realistische Wiedergabe seiner Physiognomie, das Markenzeichen des neugeschaffenen Porträts, um so mehr als Absage an alte Normen der Personenschilderung auffallen mußte.

Der burgundische Herzog wird es kaum dem bescheidenen Maler Jean de Maisoncelle allein überlassen haben, Bilder zu malen, die «sein Porträt und seine Physiognomie repräsentierten» (*representant le pourtraicture et semblance*), wie wir es in einem Auftrag aus dem Jahre 1436 erfahren: Der Auftrag war für die herzogliche Kartause in Champmol bestimmt, wo das Porträt «neben zwei ähnlichen Tafelbildern» aufgehängt wurde, welche die unmittelbaren Vorfahren des Herzogs darstellten. Immerhin wissen wir von einem Porträtauftrag, den Jan van Eyck anläßlich der Brautwerbung des Jahres 1428/29 in Portugal erhielt. Die burgundischen Gesandten ließen die Prinzessin «von diesem ausgezeichneten Meister in der Kunst der Malerei (*en art de peinture*) ganz nach dem Leben» (*bien au vif*) malen und sandten anschließend das Leinwand-Porträt, das heute nur noch in einer Nachzeichnung überliefert ist, an den Hof voraus, wo es vielleicht der Ferntrauung diente.

Man braucht nicht viel Phantasie zu haben, um sich die Genese des bürgerlichen Porträts, als einer Alternative des höfischen Porträts, in unmittelbarer Umgebung des Hofes vorzustellen. Schließlich war auch Robert Campin, der andere Erfinder dieser Gattung, als Maler von Tournai ein Nachbar der Kanzleistadt Lille gewesen. Im Stiftungswesen war die Abbildung von Bürgern, allerdings in einem größeren Bildzusammenhang, keine Seltenheit mehr. Nur die selbständige Porträttafel trat jetzt eine Rolle an, die bisher allein den Personen von Stand vorbehalten gewesen war. Gerade am Hof konnte eine Person bürgerlicher Herkunft sich zunächst im Porträt noch damit rechtfertigen, daß sie eine Funktion am Hof innehatte. Der radikale Realismus, mit dem die neue Malerei jetzt auftrat, war nicht die Ursache des bürgerlichen Porträts, sondern dort Mittel zum Zweck, wo alle Embleme von

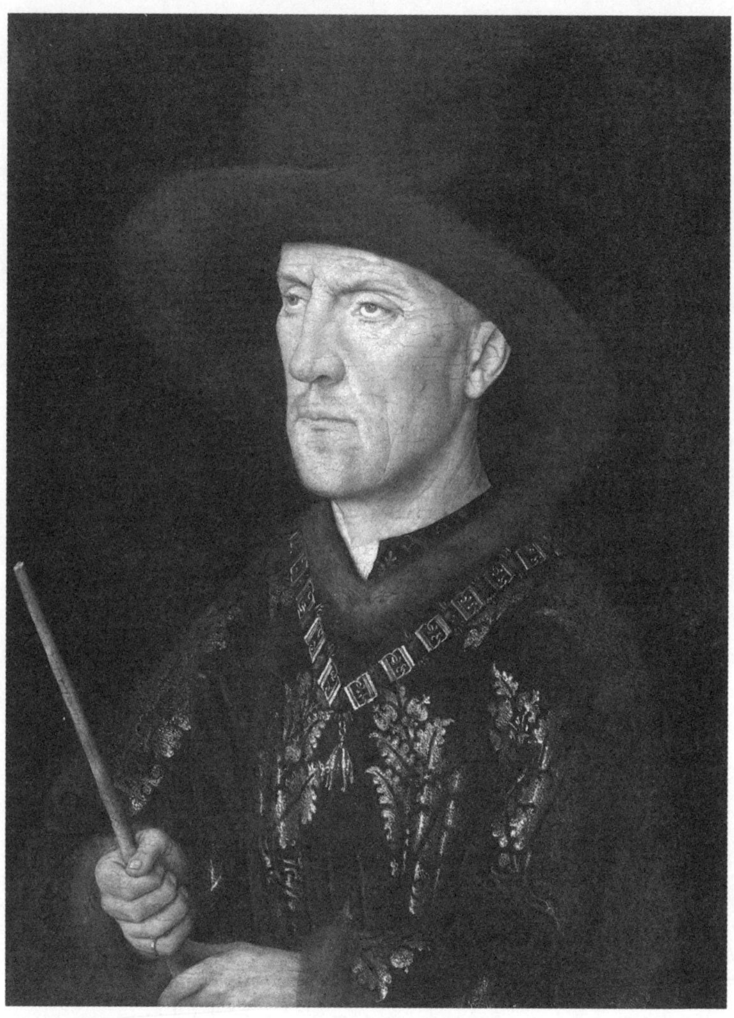

Abb. 8 Jan van Eyck, Baudouin de Lannoy,
Berlin, Staatliche Museen, Gemäldegalerie

Stand und Rang fortfielen. Die Malerei beglaubigte die *Realität* der dargestellten Person mit dem *Realismus* ihrer empirischen Wiedergabe. Dieser Realismus wirkte bald auch auf die Fürstenporträts zurück und blieb damit nicht die Eigenschaft einer besonderen Porträtart, sondern veränderte die Gattung insgesamt.

Wir besitzen die frühen Fürstenporträts vom burgundischen Hof nur in unzulänglichen Kopien, die dennoch die Langlebigkeit des Bildnisgebrauchs beweisen: Man wiederholte lustlos noch lange Zeit die Originale, auch wenn ihre Form inzwischen vollständig veraltet war. Ein gewisser Ersatz für das, was verlorenging, ist das Bildnis Ludwigs II. von Anjou, eines Neffen des Herzogs Johann Ohnefurcht, aus dem zweiten Jahrzehnt des 15. Jahrhunderts, auch wenn diese Arbeit auf Papier nur der eigentlichen Bildnistafel vorausging oder als Hilfsmittel für eine Zweitausfertigung bestimmt war (Abb. 9). Das Blatt behält noch den herkömmlichen Profiltypus bei, der immer an Münzen und Medaillen erinnern sollte. Aber der Maler gibt, innerhalb dieses Schemas, jeden Schematismus der Darstellung auf und sucht nach einer physiognomischen Wahrheit, die wie ein Sprengsatz in diesem Schema eingeschlossen bleibt. Mit einer feinen Einfühlung, die sich auf die Linienführung überträgt, ist das bleiche, nachdenkliche Gesicht festgehalten, auch wenn es sich gegen die Pracht der Kleidung und die rote Kopfbedeckung noch kaum durchsetzen kann.

Schon innerhalb des höfischen Porträts hatte sich also eine Entwicklung angebahnt, die dann im bürgerlichen Porträt zum Durchbruch kam. Dieser Durchbruch lag in der Hand einzelner Maler, unter denen uns Robert Campin mit einem frühen Versuch der neuen Gattung vertraut macht, in dem noch nicht alle Ziele des künftigen Standards erreicht sind. Es handelt sich um das sogenannte Bildnis eines fetten Mannes, das kaum zehn Jahre nach dem Porträt des Fürsten Ludwig entstanden sein dürfte und übrigens in zwei nahezu identischen Fassungen ausgeführt wurde, die wohl für den Familiengebrauch bestimmt waren.[4] Der fettleibige

Mann, den man mit dem burgundischen Hofbeamten Robert de Masmines (gest. 1430) identifizieren wollte, gewinnt eine neuartige Präsenz im Bilde, nachdem der alte Profiltypus aufgegeben wurde. Eine solche Präsenz, die sich direkt an den Betrachter wendet, war bisher allein den Heiligen vorbehalten, weil sie allein über ein eigenständiges Bild verfügten. Nun wird eine ähnliche Präsenz auf alle Personen übertragen, die das neue Recht auf ein eigenes Bild erwarben. Der Verismus in diesem porengenau wiedergegebenen Gesicht schreckt selbst vor der Häßlichkeit nicht zurück, wenn sie ein bestimmtes Individuum charakterisieren soll. Das Duplikat des vergänglichen Körpers ist bildwürdig geworden, weil es die Person in ihrer singulären Ausprägung wiedergibt.

Das Bildnis besitzt bei Campin noch eine Versuchsform, die auch offenläßt, an welchem Ort wir uns den abgebildeten Mann vorstellen sollen. Die helle Fläche im Hintergrund weist ihm noch nicht den Raum zu, wie er zu einem Körper gehört. Auch die Wiedergabe des Körpers selbst unterliegt noch einer gewissen Hemmung. Der Kopf besteht eigentlich nur aus dem wulstigen Gesicht, das der Maler mit einem geradezu bildhauerischen Sinn modelliert hat. Wir wissen aus den Quellen, daß Campin für die farbigen Fassungen von Statuen berühmt war, die wir uns denn auch lebensecht vorstellen müssen. Wenn man sich diesen Zusammenhang bewußt macht, wirkt das Gesicht wie eine naturgetreue Maske, aus der dann das Leben in der unruhigen Augenpartie herausbricht.

Jan van Eyck vermittelt dagegen schon in seinen ersten Porträts den Eindruck einer lebenden Person, die er ganz als Maler auffaßt (Abb. 8, 10, 11, 16, 17).[5] Das Licht haftet nicht mehr allein am Körper, um ihm Relief zu geben, sondern verwandelt das Bild durch seine gedämpfte Helligkeit und durch seinen stillen Fluß in einen atmosphärischen Bildraum, in dem die Person gleichsam zu atmen scheint. Das Gesicht ist jetzt von vorn beleuchtet und auf eine

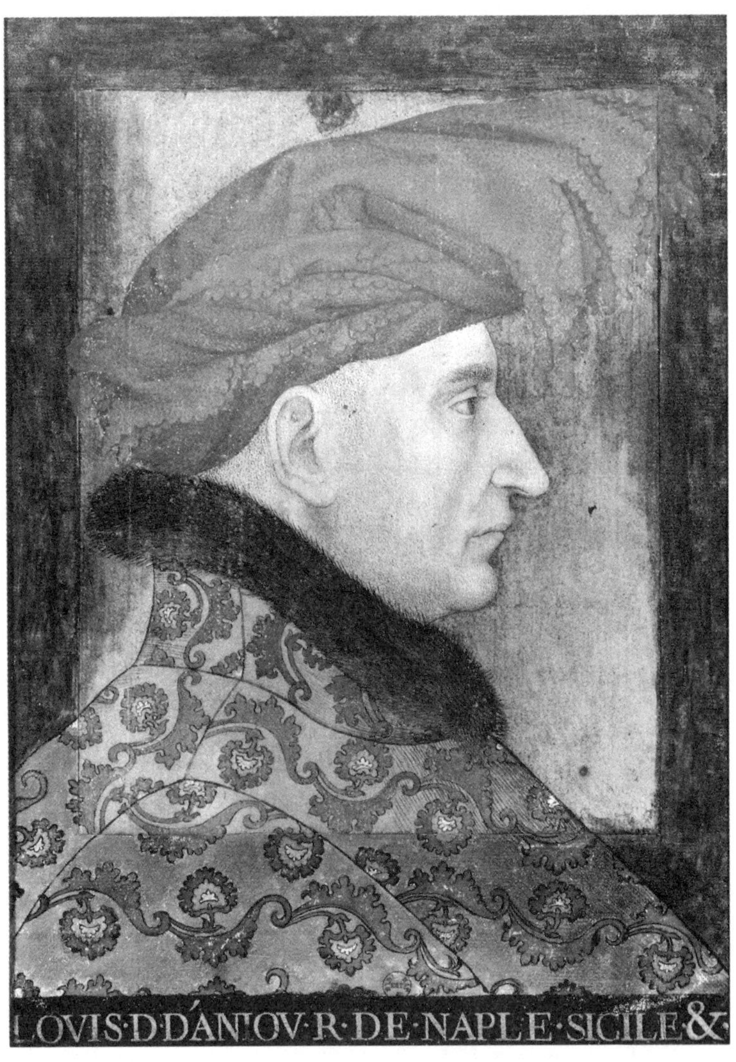

Abb. 9 Umkreis der Brüder Limburg, Ludwig II. von Anjou, Paris, Bibliothèque Nationale

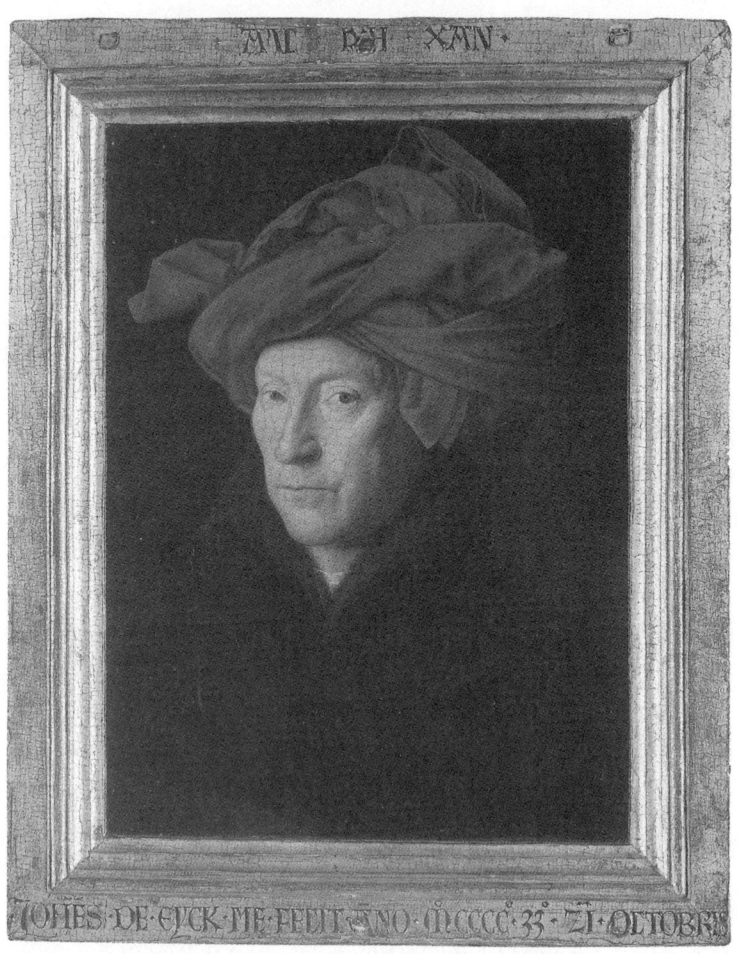

Abb. 10 Jan van Eyck, Mann mit Turban,
London, National Gallery

magische Weise beseelt, die in dem aktiven und zugleich zurückhaltenden Blick kulminiert. Die Präsenz der Person ist an einen Ort gebunden, den der Maler erst erfinden mußte. Es ist, statt eines einzelnen Orts, der Ort aller Orte: die Welt in der Metapher des dunklen Innenraums, aus dessen Fenster uns die Person erblickt.

Schaut man auf höfische Porträts aus der vorausgehenden Generation zurück, so vertreten sie jene zeitlose Idealität, die in dem perfekten Umriß der Figur zur reinsten Wirkung gelangt. Ein Frauenbildnis, das sich heute in Washington befindet, repräsentiert das Frauenideal höfischer Herkunft, vergleichbar dem Mannequin unserer Illustrierten, am «Beispiel» eines gegebenen Individuums, das aber nur seine Rolle ausübt.[6] Die Pracht des Kostüms gehört dazu ebenso wie die Charakterisierung durch einen pointierenden Stil. Typus und Stil bestätigen sich hier gegenseitig als Norm.

Das einzige Frauenbildnis aus der Hand Jan van Eycks ist unter ganz anderen Voraussetzungen entstanden.[7] Der Blickkontakt mit dem Betrachter scheint die Modellsituation bei einer Live-Sitzung zu wiederholen. Die Frau mit dem spröden Ausdruck und den Falten am Kinn ist nach der lateinischen Inschrift auf dem steinähnlichen Rahmenfenster die Ehefrau des Künstlers, die von sich selbst sagt: «Mein Ehemann Jan hat mich am 17. Juni des Jahres 1439», also ein Jahr vor seinem Tod, (im Bild) «vollendet». Der Maler hat von seiner Frau ein privates Bildnis geschaffen, für das er keinen Auftrag besaß. Nicht besser könnte bewiesen werden, wie persönlich der Maler diese neue Aufgabe verstanden hat – so persönlich, daß er es nicht nur fremden Menschen überlassen wollte, im Bildnis der neuen Art weiterzuleben.

Deshalb ist es auch durchaus möglich, in dem Londoner «Mann mit dem Turban» ein Selbstporträt des Künstlers zu sehen (Abb. 10). Warum sollte denn sonst der Name des Modells fehlen in der Inschrift, die sich hier im originalen Wortlaut erhalten hat? Der Mann, der uns den gleichen Blick zuwendet wie Jans Ehefrau, sieht sich also selbst im Spiegel, an dessen Stelle das Gemälde tritt.

Mit dem Körper, der hier überzeugend ins Bild gesetzt ist, scheint sich der Mann vorzubeugen, um uns anzublicken. Der Kontrast zwischen dem weichen, schon ermüdeten Gesicht und dem hart gebundenen Turban, mit seiner bildhauerischen Eleganz, gewinnt hier eine geradezu demonstrative Note. Das Licht, das in dem dunklen Raumgrund gestaltlos bleibt, reagiert auf die Gesichtshaut und den Stoff des Turbans ganz verschieden. Es symbolisiert das Raumkontinuum zwischen dem Ort, an dem unser Körper existiert, und dem Ort, den der Körper im Bild einnimmt.

Das Porträt neuer Art war schon voll entwickelt, als Jan van Eyck die Stifterporträts von Joos Vijd und seiner Ehefrau im größeren Zusammenhang eines Altars, wo das Ehepaar den alten Bildort der Stifter besetzt, mit der gleichen unvorstellbaren Detailgenauigkeit in Angriff nahm (Abb. 48, 49). Das aufwendige Verfahren, den Porträt-Realismus auf ganzfigurige Stifterbilder in großem Format anzuwenden, entspricht ganz dem außergewöhnlichen Charakter des Genter Altars, der alle vergleichbaren Aufträge des Hofes in den Schatten stellte. Man muß ihn einmal in diesem Spannungsfeld von Hof und Bürgertum sehen, um seinen demonstrativen Charakter nachempfinden zu können. Der Vater des Stifters, ein Gefolgsmann der Grafen von Flandern aus dem niederen Adel, war mit dem Hof persönlich in Konflikt geraten. Der Stifter selbst übte im Patriziat der Stadt wichtige Funktionen aus, in denen er immer wieder zu den Streitfragen mit dem Hof Stellung beziehen mußte.

Das Bürgertum wollte mit einem solchen Werk seinen neuerworbenen kulturellen Rang unter Beweis stellen. Jedermann verstand den Anspruch, der in diesem Werk lag, auch wenn es sich als eine religiöse Stiftung gewohnter Art einführte. Schließlich stand der Künstler, ein angesehener Bürger von Brügge, bei dem Herzog als Hofmaler in Diensten, ohne je am Hof einen Auftrag in diesen Dimensionen erhalten zu haben.

Die Herausforderung des Hofes, die im Genter Altar lag, wurde von dem mächtigen Kanzler Rolin wiederholt, als er bei Rogier, dem berühmten Stadtmaler von Brüssel, einen ähnlichen Mehrflügelaltar in Auftrag gab. Der Weltgerichtsaltar, der im neugegründeten Hospital in Beaune die Hauptattraktion wurde,[8] führt dem Betrachter, ähnlich wie sein Vorbild in Gent, auf den Außenflügeln das Stifterehepaar in ganzer Figur vor Augen. Rolin, der sich schon von Jan van Eyck hatte porträtieren lassen, wendet sich nach dessen Tode wiederum an den ersten Maler der Zeit, der ihn nun in einem höheren Lebensalter und einer anderen Porträtauffassung im Bilde festhält. Der Auftraggeber, ein mächtiger Hofbeamter, reizt mit einem solchen Werk gleichsam den Spielraum aus, der ihm als einer Person bürgerlicher Herkunft im Angesicht des Fürstenhauses gesetzt war.

Aufträge wie die beiden genannten Altäre gaben sich die Maske einer außergewöhnlichen Stiftung an die Kirche, deren erklärter Sinn in der Sicherung des Seelenheiles bestand. Der unerklärte und dennoch offenkundige Sinn lag in dem Prestige, das der Auftraggeber dabei gemeinsam mit dem Künstler erwarb. Die Selbstdarstellung, die sich das Fürstenhaus leisten konnte, bediente sich bei den Bürgern der Maske eines religiösen Akts, der schließlich jedermann offenstand. Selbst in der radikalsten Kritik des Hofes, die in dieser Zeit gemalt wurde, wählte die Stadt Löwen in ihren Rathausbildern die Maske einer alten, historischen Begebenheit. Dieric Bouts übernahm es, in den «Gerechtigkeitsbildern» ein ungerechtes Urteil anzuprangern, das einmal von einem alten Kaiserhof ausgegangen war.[9] Die Hofbeamten und die städtischen Notare vertreten jetzt auf den beiden Tafeln die beiden Domänen der fürstlichen und der kommunalen Verwaltung, die oft genug miteinander im Streit lagen.

Es ist diese konfliktgeladene Symbiose von Hof und Stadt, in der das neue Porträt den offenen Wettbewerb mit den höfischen

Kunstgattungen aufnahm. Immer wieder beharrt es auf seinen urkundenhaften Eigenschaften und auf der Rolle zweier Rechtsträger, des Modells und des Malers, welcher das Produkt wie ein Notar firmiert. Damit ist eine empfindliche Stelle im bürgerlichen Selbstbewußtsein bezeichnet, das oft genug verletzt wurde, wenn der Landesherr einer Stadt wieder einmal die Gerichtsbarkeit und das Urkundenwesen entzog, um sie zu bestrafen. Die Stadt wiederum erklärte «jeden, der gegen ihre Privilegien verstieß, für des Todes schuldig», wie wir bei Philippe de Commynes lesen. Der Rechtsstatus, den die Porträts so nachdrücklich vertreten, gilt also letztlich der Person, die durch das Bild vertreten wird und das Recht auf ein eigenes Bild reklamiert.

Die Koexistenz des höfischen und bürgerlichen Porträts drückte sich bald aber nicht mehr im Kontrast zweier Bildgattungen aus, die offen gegeneinander zeugten. Das bürgerliche Porträt, das schließlich einen neuen Standard in der Erfassung der menschlichen Natur vertrat, zog bald das höfische Porträt in seinen Bann, so daß man beide nur mehr in sekundären Eigenschaften, aber nicht mehr im Realismus der Personenschilderung unterscheiden konnte. Auch die internationale Prominenz wollte, wenn sie in Flandern Station machte, von diesem unvorstellbar perfekten Spiegel der eigenen Physiognomie Gebrauch machen, ohne auf die Idee zu kommen, wie Bürger auszusehen, wenn sie sich nach der neuen Auffassung darstellen ließ.

Ein bekanntes Beispiel dafür ist das Eycksche Porträt eines Kirchenfürsten, in dem man wohl immer noch den Kardinal Nicolò Albergati sehen darf, der 1431 zum erstenmal in Brügge weilte und beim Frieden von Arras im Sommer 1435 eine diplomatische Schlüsselrolle spielte (Abb. 11). Man wüßte gerne mehr über die Gründe und die Hintergründe dieses Porträtauftrags, der anläßlich eines Besuchs des Kardinals in Flandern zustande kam, und würde gerne erfahren, ob der Kirchenfürst selber nach einem solchen Porträt verlangte oder ob man es zur Erinnerung

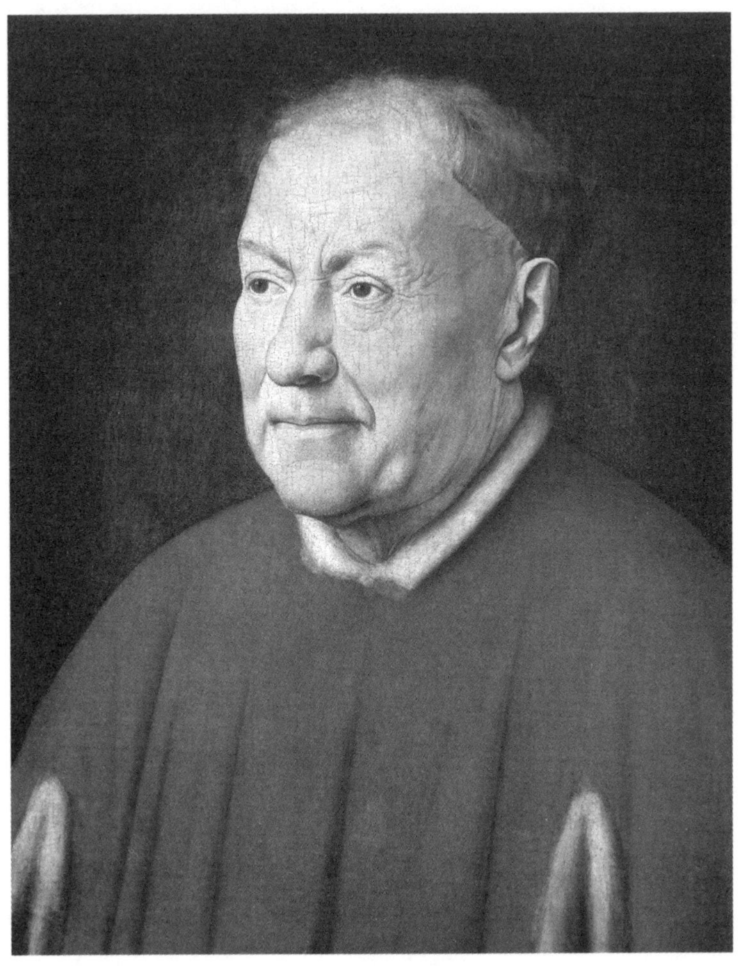

Abb. 11 Jan van Eyck, Kardinal Albergati,
Wien, Kunsthistorisches Museum

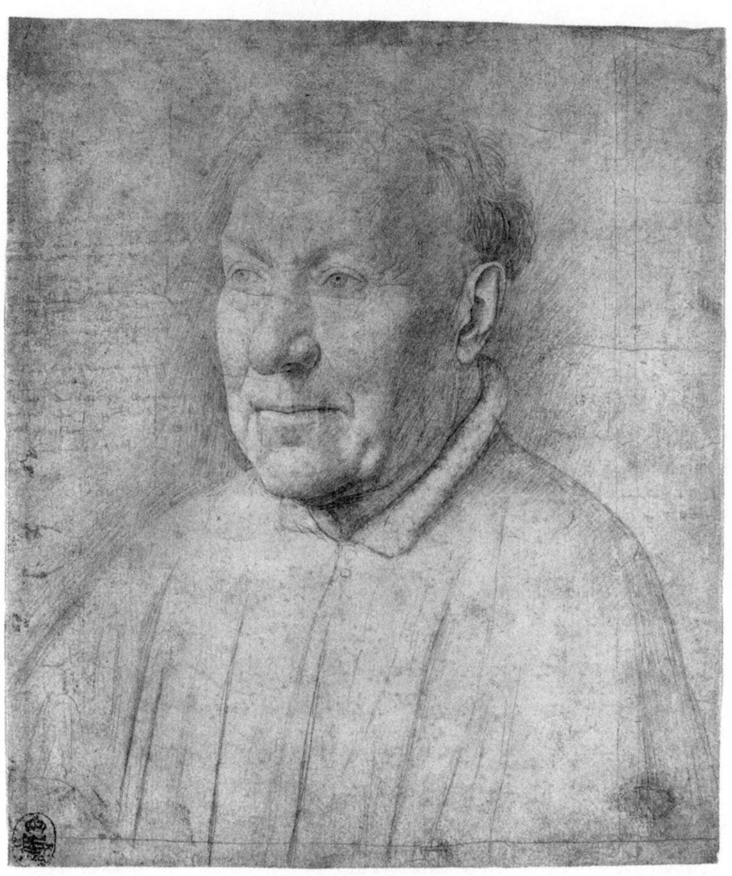

Abb. 12 Jan van Eyck, Silberstiftzeichnung des Kardinals Albergati, Dresden, Staatliche Kunstsammlungen, Kupferstich-Kabinett

an dieses Ereignis und vielleicht als Geschenk für Albergati bei dem berühmten Maler bestellte: Angeblich stand auf dem verlorengegangenen Rahmen einst das Datum 1438. Der greise Kleriker blickt mit ähnlich abwesenden Augen, die sich der Innenschau öffnen, nach oben wie der Stiftsherr van der Paele, der inmitten der Heiligen von seinem Gebetbuch aufschaut (Abb. 25). Denselben Blick besitzt auch das Porträt des Hofmanns Lannoy (Abb. 8), während der Blick auf drei anderen Porträts Jan van Eycks aus dem Bilde heraus auf den Betrachter gerichtet ist.

Der Hintergrund ist auf dem Bild Albergatis, wenn wir diesen Namen weiterhin verwenden dürfen, ähnlich dunkel und unbestimmmt, wie er auf allen Porträts des Malers erscheint. Gerade darin gibt sich eine Erinnerung an das ältere, höfische Porträt zu erkennen, das sich mit einem schwarzen Bildgrund vom Gold der Heiligenbilder unterschieden hatte. Jetzt hat sich die schwarze Fläche in einen dunklen Innenraum verwandelt, in dem wir die Person wahrnehmen. Das Licht fällt von außen auf den Körper der dargestellten Person und verliert sich in deren Umgebung, die damit eine unmeßbare Tiefe erhält. Körper und Raum, Licht und Schatten bilden miteinander eine Antithese, in der man beider Eigenart ganz anschaulich erfährt. Das Licht erreicht zwar den Körper nur im Raum, aber es reagiert auf beides so verschieden, daß sich unsere Wahrnehmung bereitwillig auf ihren Unterschied einstellt.

Die Person, die man hier erblickt, ist zwar mit ihrem Körper abwesend, aber sie ist anwesend im Bild, das man im Hause oder der Kirche aufhing. Dieses Bild trägt einen anschaulichen Widerspruch in sich, der für seine Sinngebung aber entscheidend war. Es besitzt als Holztafel einen flächigen Körper und stellt dennoch mit den Mitteln des Malers hinter dieser Oberfläche einen unbestimmt tiefen Raum dar. Es ist nun dieser Raum, in dem man die dargestellte Person wahrnimmt, und nicht die Bildfläche, auf der sie eigentlich gemalt ist. Der Widerspruch zwischen Körper und

Raum, zwischen Bildtafel und Bildeindruck, wird durch den Rahmen erläutert, der das Bild in ein Bildfenster verwandelt. Dieses Bildfenster öffnet sich auf einen Raum, in dem das Licht auf einen Körper fällt, und bringt damit die Existenz des Menschen (Körper) in der Welt (Raum) auf eine schlüssige Formel.

Im Falle des Porträts Albergati besitzen wir einen handgreiflichen Beweis dafür, wie Porträts entstanden sind, deren Person dem Maler nicht lange Modell sitzen konnte. Es wurde nämlich durch eine schöne Silberstiftzeichnung vorbereitet, die noch mehr den Eindruck einer lebendigen Person vermittelt, als es das anschließend ausgeführte Ölbild tut (Abb. 12). Wenn es noch eines Beweises bedürfte, daß der Kleriker zur durchreisenden Prominenz gehörte, so liefern ihn die vielen Farbangaben, die Jan der Zeichnung hinzugefügt hat. Sie sind erst in der Lesung von A. Lieven Dierick 1970 vollständig identifiziert worden. Mit einem unbestechlichen Detailfanatismus werden sogar die Bartstoppeln und die Warze in der Farbe beschrieben, wobei der Maler über einen erstaunlich reichen und flexiblen Wortschatz verfügt, in dem auch Abstufungen wie «braun-sanguinisch» oder «braungelb» auftauchen. So ist der «Augapfel um die Pupille herum dunkelgelb und (diese) an der Grenze zum Weißen ringsum bläulich». Auch die Farbe dient also dem beschreibenden Realismus, mit dem das Aussehen des greisen Prälaten – ebenso, wie es bei bürgerlichen Aufträgen üblich geworden war – festgehalten wird. Der Standesunterschied tritt dort, wo es um die Erfassung des Menschen geht, zurück.

Man könnte diesen Vorgang auf die einfache Formel bringen, daß die neue Kunst des Porträts bald auch dort begehrt war, wo man bisher ein anderes Porträtideal besessen hatte, nämlich in der feudalen Kultur der Höfe. Aber auch in der Literatur der Zeit läßt sich beobachten, daß die alten Klischees der Fürstenbeschreibung einem neuen, ungeschminkten Realismus weichen.

Inzwischen spricht man in der Literaturwissenschaft von der «Zerstörung der Mythen in den Memoiren des Philipp von Commynes», wie es in einem einschlägigen Buchtitel heißt. In der «Entsakralisierung der Fürsten» sei nur mehr das reine Menschenbild übriggeblieben, das dem damaligen Autor das Recht auf eine eigene, wahrheitsgetreue Beobachtung gegeben habe. Die Literatur wetteiferte mit der Malerei in einem beschreibenden Realismus, der vielleicht aus einem bürgerlichen Milieu kommt, aber nicht darauf beschränkt geblieben ist, sondern ein Ferment der neuen Weltanschauung wurde.

In der Einleitung seiner Memoiren weist der burgundische Hofmann Olivier de la Marche stolz darauf hin, daß er sich von seinen literarischen Vorgängern unterscheiden und nur das niederschreiben wolle, «was ich selbst gesehen und erfahren (*experimenté*) habe». Auf diese Weise könne der Leser leicht «die Wahrheit meines Berichts erkennen» (*cognaitre la verité de mon escript*). In diesem Verfahren verbürge er «die Wahrheit aller Dinge, die vor meinen eigenen Augen geschehen sind». Wie in der Malerei, so tritt auch hier die authentische Wahrnehmung an die Stelle der Schablonen und Begriffe. Es ist «die eigene Erinnerung» (*memoire*) und nicht die Auskunft Fremder, die ihn dazu ermuntert, «die Feder zu ergreifen und Tinte, Papier und Zeit zu verwenden, um mich zu unterhalten (*moy desannuyer*) wie auch mein Vorhaben auszuführen ... Ich spreche als Augenzeuge (*par voir*) und nicht vom Hörensagen».

In den Memoiren, die Philippe von Commynes am Ende des Jahrhunderts verfaßte, nennt er im Prolog die Fürsten «Menschen wie Du und ich, denn allein Gott ist vollkommen». Deswegen kann er nicht umhin, von ihnen «Gutes und Böses» zu berichten, ja sieht sie wegen der Macht, die ihnen zufällt, mehr gefährdet auf dem Pfade der Tugend als andere Menschen. Aber auch die Bürger kommen in diesem Blick auf die Welt schlecht weg. So bedauert er die Prinzessin Maria von Burgund, daß sie sich in der Hand der Bürger von Gent befand, welche «die wahren Feinde und Verfolger ihres Hauses» waren und alle Energie darauf setzten, «ihre Fürsten zu schwächen». So nützte es der Prinzessin auch nichts, daß sie «mit einer demütigen und einfachen Kopfbedekkung» vor ihnen erschien, um für zwei ihrer Räte um Erbarmen zu bitten. Bis in die Kleidermode hinein wurde im übrigen der Konflikt zwischen Hof und Bürgertum ausgetragen. So beschwert sich eine unzufriedene Ehefrau in der Ehesatire des Antoine de la Salle darüber, daß sie hinter den adeligen Damen zurückstehen müsse und noch nicht *à la nouvelle guise* gekleidet sei.

Wir verdanken die zeitgenössische Beschreibung eines Menschen ausgerechnet dem literarischen Lobpreis eines Fürsten, der aber so ungeschminkt in seiner *forme et physionomie* aufgezeichnet wird, daß er die idealen Merkmale des Ranges einbüßt und die realen Merkmale einer Person aus Fleisch und Blut in den Vordergrund treten. Es handelt sich dabei um die posthume Biographie, die Georges Chastellain von Herzog Philipp dem Guten, dem Mäzen Jan van Eycks, verfaßt hat. Der Autor will den Herzog in seinem «Körperbau» (*composition corporelle*) und in dem «lebhaften Gesicht» (*viveté de sa face*) «verewigen» (*perpetuer*). Er weist besonders darauf hin, daß der Fürst die «Physiognomie seiner Vorfahren» (*le visage de ses pères*) trug, und führt dann alle einzelnen Gesichtszüge in größter Akribie auf. Das «Innere seines Herzens» (*le dedans de son cœur*) wurde in seinem «Blick» (*vis*) offenbar. So war «sein Inneres mit seinem Äußeren» (*son dedans à son dehors*) identisch, und sein «Charakter» (*ses mœurs*) spiegelte sich in seiner Physiognomie, sein Mut in seinem «Aussehen» (*semblant*), womit die Ähnlichkeit von Wesen und Aussehen unterstrichen wird.

Diese Laudatio steht durchaus noch in der Tradition des Fürstenspiegels, bedient sich hier aber einer respektlos akribischen Nahsicht, die ein verändertes Menschenbild verrät. Passagenweise könnte dies auf irgendeinen älteren Mann zutreffen. Die genaue Beobachtung, die aus vielen Einzelheiten ein Gesamtbild sammelt, tritt an die Stelle von Schablonen und Begriffen. Auch bei den Literaten wächst das Interesse an dem körperlichen Aussehen, das sie mit der Persönlichkeit verbinden und deshalb aufzeichnen. Sie erzählen die Taten, was die Maler nicht können, und beschreiben das Aussehen einer Person, was die Maler besser können. Auch das literarische Porträt strebt diejenige Ähnlichkeit an, die das gemalte Porträt besitzt. Das läßt sich, in unserem Falle, an den verschiedenen Porträts des Herzogs ablesen, die Rogier van der Weyden gemalt hat. Die Physiognomie führt sich als Spiegel der Person ein, die ihr Zentrum in der Seele besitzt.

Johan Huizinga stellte seinerzeit, als Max J. Friedländer die Porträts veröffentlichte, die Rogier von seinem Herzog gemalt hat, einen Vergleich zwischen gemalten und literarischen Porträts an, die er beide nach der Wahrheit ihrer Charakterschilderung befragte, wobei die Malerei schlechter abschnitt. Wahrscheinlich müßte man die Frage aber anders stellen, da Literaten und Maler beide in den engen Grenzen einer Gattung operierten, in welcher bestimmte Aussagen möglich waren und andere nicht. Die höfische Parteinahme eines Chastellain, der manchmal zu einem anachronistischen Weltbild neigte, war Huizinga wohlbekannt. Gerade deshalb hätte ihm auffallen müssen, daß der Hofchronist sich vorsichtig jenem Realismus überließ, der in der Porträtmalerei schon lange das Wort führte. Rogier wiederum hat in seinem frühen Porträt des Herzogs demonstrativ die Standesideale betont und erst in dem späten Porträt, das wir hier in einer Replik abbilden, in der Ausarbeitung der Physiognomie den Realismus der Porträtmalerei voll ausgeschöpft (Abb. 13).

Huizingas Vergleich von Literatur und Malerei eröffnete aber keine allgemeine Debatte über das Porträt, wie sie seit langem für die italienische Renaissance geführt wird. Man beschrieb in der Folgezeit lieber den Realismus der Maler als die Idee des

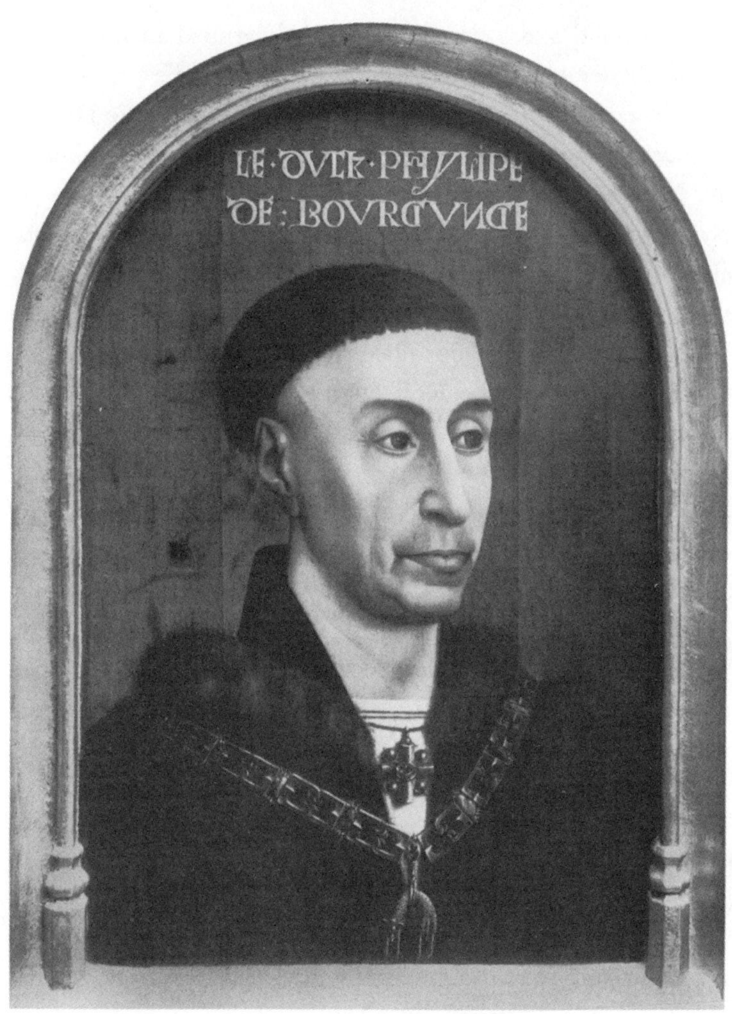

Abb. 13 Rogier van der Weyden, Philipp der Gute von Burgund, Madrid, Palacio Real

Menschenbildes, das sie entwarfen, und vermied auch den Vergleich mit der italienischen Entwicklung, weil er die Grenzen des nördlichen Porträts allzu rasch an den Tag bringt. Die Diskussion um das neuzeitliche Individuum, die seit Jakob Burckhardt die Italienforschung bewegt, läßt sich auf die Verhältnisse im Norden nicht übertragen. Hier war eine Person zunächst einmal eine Norm, so sehr sie auch die Norm in einer einmaligen Existenz verkörperte: eine sozial und religiös definierte Norm, deren höfisch-bürgerlicher Doppelbegriff nicht aufzulösen war und daher den Oberbegriff einer leib-seelischen Naturverfassung des Menschen freisetzte. Die *Person* war hier noch nicht auf die Entfaltung zu einer autonomen *Persönlichkeit* angelegt, die sich in der Einheit ihres Charakters verwirklicht. Das Rätsel des Individuums, das sich im Kräftespiel seiner Affekte spiegelt, ist ein anderes Thema als der Typus einer Person, die im Dualismus von Leib und Seele verwurzelt ist.

Die andere Auffassung des Menschen drückt sich in Italien auch in einer anderen Verfassung der Bildsprache aus, die das Porträt kennzeichnet, was hier nur gestreift werden kann. Schon bei Antonello, der am meisten von den Niederländern gelernt hat, wird das Gesicht von einer spontanen Bewegung erfaßt, die eine Stimmung und den Impuls zur Handlung ausdrückt, in der sich ein Charakter verrät. Die dargestellten Affekte führen zu einer Verzeitlichung in der Erscheinung des Porträts, die mit dem Lebensalter im nördlichen Porträt nicht gemeint ist, ja das unveränderliche Dokument des Gesichts durch mimischen Selbstausdruck potentiell verändert. Der Begriff vom Individuum, der auch in Italien letztendlich noch fehlte, wurde dort ersetzt oder umschrieben durch eine Ausdrucks- und Gestenrhetorik, die aus den antiken Typologien von Temperament und Charakter schöpfte. Im nördlichen Porträt dagegen ist es allein dem Blick vorbehalten, ein Leben auszudrücken, welches die unsichtbare Seele im sichtbaren Körper repräsentiert.

4 Bildnistafel und Wappenschild

Das bürgerliche Porträt war eine Neuerung, deren Existenzrecht zunächst noch durchgesetzt werden mußte. Deshalb wirbt es mit allen Mitteln für sich und strebt, als künstlerisches Produkt, einen Rang an, der nicht von vornherein in seinem Thema lag. Wenn es private Bilder gab, so waren sie durch ihren religiösen Inhalt abgedeckt worden. Wenn es Porträts gab, so waren sie wiederum anfänglich kein privates Thema gewesen. Worin bestand also das Bildrecht eines Porträts, wenn es ein privates, aber kein religiöses Thema besaß? Die Frage hat wohl schon damals keine Antwort gefunden, die alle Traditionalisten hätte befriedigen können. Das neue Gemälde war lange noch eine Seltenheit, die einen entsprechend hohen Begründungszwang auslöste. Die Einsetzung des Bildes in die Rechte einer Person war bislang nur im höfischen Bereich bekannt, wo die Person aber eine öffentliche Rolle vertrat. Wenn man also die Person nur auf sich selber bezog, mußte man sich sorgfältig gegen Theologen und Juristen wappnen, um das Recht der Erinnerung auch für Herrn oder Frau Jedermann in Anspruch nehmen zu können. Die unsterbliche Seele war ja eigentlich kein Motiv der Abbildung, der sterbliche Körper allein hingegen kein ausreichender Grund zur Abbildung, wenn man auf die Theologen hörte.

Im kirchlichen Bereich war das Seelenheil, das einer Fürsprache durch Gebet und Stiftungen bedurfte, der einzige Grund für eine Erinnerung, die allerdings nicht einer bürgerlichen Biographie galt. Hier wurden nur die Sünden und vor allem die religiösen Verdienste erinnert, welche die Sünden leichter machten. Selbst in diesem Bereich stellte sich also die Frage nach dem Recht der Person, in einem Bildnis erinnert zu werden, welches immer auch eine irdische, biographische Situation verewigt. Der Nachruhm war den Amtsträgern und den Humanisten vorbehalten, also an besondere Taten gebunden, die zum Gegenstand der Erinnerung wurden. Das Bildrecht anderer Personen ließ sich paradoxerweise nur dann wirklich begründen, wenn man Ursache und Wirkung umkehrte und die Gattung selbst mit einem eigenen Rechtstitel versah. Anders gesagt, erwarb jemand das Recht auf Erinnerung, der ein Bildnis besaß und vererben konnte. Deshalb war es wichtig, dem Bildnis einen Sinn zuzuschreiben, der sich von dessen Rolle am Hof unterscheiden ließ, und es als eine gemalte Urkunde zu verstehen, deren Inhalt aber keine Rechts*handlung*, sondern ein Rechts*träger* (die Person) war, der mit einem Maler darüber einen Vertrag schloß.

Das Porträt des Bürgers, als sein eigenes Thema, nimmt die gerahmte Holztafel als seinen eigenen Träger in Besitz, womit die Serienporträts der Höfe allmählich verschwinden. Das Maß der einzelnen Person verlangt nach dem Ebenmaß des Gemäldes, das genauso auf sich selbst verweist, wie es auch die Person tut. Das Porträt des Menschen ist ähnlich auf das Gemälde bezogen, ja auf das physische Gemälde angewiesen, wie die Person auf ihren Körper angewiesen ist. Es ist einleuchtend, daß eine Person in ihrem Körper existiert. Aber es bedarf einer besonderen Überlegung, daß ein Porträt nicht nur einen Körper *abbildet*, sondern auch einen Körper *besitzt*: und dieser ist das Gemälde. Der *eine* Körper, das *eine* Porträt und das *eine* Gemälde bestätigen sich wechselseitig in ihrer Existenzweise. Sie bilden, jedes für sich, eine überzeugende Einheit, die sich als ein anschauliches Symbol der Person verstehen läßt. Als Verkörperung einer Person konnte das Gemälde in eine Kirche gestiftet oder in den eigenen vier Wänden aufgehängt werden: In dem einen Falle diente es der

Fürsprache nach dem Tode, im anderen Falle der Erinnerung in der Familie, wobei diese beiden Funktionen austauschbar waren.

Die Repräsentation der Person ist für das Gemälde nur im höfischen Bereich belegt, wo aber der Wappenschild im Vordergrund stand. Er wird mit dem gleichen Begriff *tableau* bezeichnet, der sich für das Gemälde einbürgerte, sofern es nicht «ein Bild» (*ymaige*/imago) *von* jemand genannt, sondern ganz allgemein als Bildträger beschrieben wurde. Die Rolle des Wappenschilds, als Vertreter einer Person von Stand, wird anschaulich in einem Bericht geschildert, den Olivier de la Marche als Augenzeuge verfaßt hat. Es handelt sich dabei um das jährliche Ordenskapitel des Ritterordens vom Goldenen Vlies, das 1445 in Gent abgehalten wurde. Dabei hingen im Chor der Pfarrkirche Sint Jan (heute Sint Bavo) *tableaux*, welche «die Wappen, die Namen und die Devisen» der einzelnen Ordensritter trugen, und sie waren «groß und weitflächig, dabei so reich und gut gemalt, wie es nur irgend möglich ist».

Die Symmetrie von Person und Wappenschild wurde bei den Gottesdiensten augenfällig demonstriert, wenn die Ritter vor ihrem eigenen Wappenschild Aufstellung nahmen. Dabei «blieben einige Plätze leer», und gerade hier waren die Wappenschilde «vor einen schwarzen Stoff gesetzt». Auf die Frage, «wie er sich diesen Unterschied erklären sollte», antwortete der Wappenkönig dem Verfasser, das seien die Wappen der Ritter, «die seit dem letzten Ordensfest verstorben sind«. Auch einige andere Plätze waren leer geblieben, da ihre Inhaber diesmal verhindert waren, an der Jahresversammlung teilzunehmen. «Und über dem Platz des Königs von Aragon erhob sich ein reicher Baldachin (*ciel*) aus Goldstoff, als ob dieser in Person (*en personne*) zugegen wäre.» Der Platz des Herzogs von Burgund, des Ordenssouveräns, war nur dadurch ausgezeichnet, daß «das *tableau* mit seinen Wappen größer als die übrigen war». Endlich waren außerhalb des Chores an den oberen Wänden der Kirche weitere Wappenschilde aufgehängt, welche diejenigen Ritter vertraten, die schon vor dem letzten Ordensfest verstorben waren, aber nur so hoch hingen, daß «sie jeder ausführlich betrachten und identifizieren (*voir et cognaître*) konnte».

Diese Demonstration der höfischen Gesellschaft war um so wirkungsvoller, als sie inmitten einer Pfarrkirche der Bürger stattfand. In den Kirchen wetteiferten die beiden Gesellschaften in einem Ausmaße, das wir heute nur noch ahnen können. Schließlich hatte sich das Ehepaar Vijd in der gleichen Kirche, in der sich 1445 der Ritterorden versammelte, schon längst in seiner künftigen Grabkapelle in Gestalt des Genter Altars verewigt, dabei aber das Medium des Bildnisses in der Rolle des Stifterbilds gewählt, in dem die Bitte um das Seelenheil die Präsenz der Person im Gemälde rechtfertigte. An den Gräbern des Hochadels scheint aber die Heraldik über das Bildnis triumphiert zu haben, es sei denn, daß ein Hochgrab mit der skulptierten Liegefigur des Toten in Auftrag gegeben wurde, das dem Bürger in der Regel nicht zukam. Aber in der Heraldik wurden die Standards streng gehandhabt, wie wir wieder bei Olivier de la Marche erfahren, wenn er das Grab des herzoglichen Bastards Cornille in St. Gudula in Brüssel beschreibt. Als man an seinem Grab gleich drei Insignien (das Banner, die Standarte und das Familienwappen im Wimpel) anbrachte, erklärte man diese Ausnahme von der Regel mit dem Umstand, daß der Grabinhaber in der Schlacht gefallen war.

Kehren wir noch einmal zu dem Bericht über das Ordenskapitel in Gent zurück, so erfahren wir bei Olivier de la Marche auch von einer Zeremonie, bei der jeder einzelne Ritter mit Namen aufgerufen wurde und mit einer brennenden Kerze im Opfergang während der Messe an den Altar trat, wobei er auch dem Herzog seine Reverenz erwies. «Anstelle eines Abwesenden ging sein Stellvertreter (*procureur*) zum Opfer, und anstelle eines

Verstorbenen tat es der Wappenkönig des Ordens.» Die einzelne Person war also Mitglied eines Standes, in dem sie auch in ihrer Abwesenheit und selbst nach ihrem Tode durch andere Standesgenossen und durch den Wappenschild als Standesemblem vertreten werden konnte. In diesem Personenverbund war die Repräsentation durch den Ritus des Auftritts und durch das Symbol des Wappenschilds geradezu eine Versicherung der Existenz, wobei die einzelne Person zugleich eine Trägerin der Gemeinschaft war. Die stilisierte «Ordnung» am Hof stand den Bürgern immer als ein Gegenmodell vor Augen, das sie dazu herausfordern mußte, ein eigenes Zeugnis der Identität zu entwickeln.

Hierbei fand das neue Bildnis seine erwünschte Funktion. Die Bürger haben, wie wir sahen, das Bildnis nicht erfunden, aber sie haben es so anders definiert, daß seine Dynamik erst jetzt zum Vorschein kam. Wenn sie sich darstellen ließen, so konnten sie es in vielerlei Hinsicht tun, aber das *Bildnis* erfüllte seinen Sinn, eine Person zu repräsentieren, erst in der autonomen *Bildnistafel.* Erst das mobile Gemälde, das seinen Standort wechseln konnte, schöpfte die Rolle, einer Person Präsenz zu verleihen, voll aus. Dabei löste die Ähnlichkeit mit der dargestellten Person, im Falle des Bürgers, das Emblem des Standes und des Herrschaftsgebietes ab, das einem Angehörigen des Adels unterstand.

In diesem Zusammenhang lohnt es sich, darüber nachzudenken, daß Gemälde und Wappenschild im Flämischen und Holländischen auch begrifflich eng aufeinander bezogen sind. Die Malerei, als «Schilderei» *(schilderije),* verstand sich als die Kunst, Gemälde zu malen, also Bildtafeln, welche den Schilden im Gebrauch glichen und als Porträts ebenfalls eine Person vertraten. Ursprünglich gehörten die Schilde zu den Waffen, die von einer Person geführt wurden, und gaben ihr Schutz. Bald aber trugen die Schilde die Wappen und Namen von Personen von Rang, die damit ihr Recht als Amtsträger und Rangerbe im wörtlichen Sinne zur Schau trugen. Im ritterlichen Zweikampf waren die Kontrahenten allein an ihren Schilden kenntlich, auf denen sie «ihre Farben trugen». Bei feierlichen Anlässen hängte man die Schilde an der Wand auf, wie man es dann mit den Gemälden tat. Jan van Eyck setzte sein Selbstbildnis im Stifterbild van der Paele (Abb. 25) auf den Schild des hl. Georg, womit er die Gleichung von Schild und Gemälde unübersehbar zum Argument machte.[10] Alle diese Maler waren ohnehin ständig damit befaßt, Wappenschilde höchst individuell und kunstvoll zu bemalen. Robert Campin bemalte 1425 überdies kleine Tafeln, auf denen man vor dem Magistrat der Stadt den Eid ablegte. Auch das Zunftzeichen der Maler wies drei kleine Schilde in einem großen Schild auf. Leider scheinen wir über diese Zusammenhänge noch keine Untersuchungen zu haben. «Schilder» heißt im Altniederländischen zunächst «Schildmacher» im allgemeinen Sinne. Erst im 17. Jahrhundert bildeten sich neue Begriffe wie «Kunstschilderei» und Feinschilderei heraus, über welche Lydia de Pauw-de-Veen ein dickleibiges Buch verfaßt hat. Im 15. Jahrhundert ist dennoch der Zusammenhang zwischen Schild und Gemälde nicht allein durch einen gemeinsamen Begriff abgedeckt, sondern auch in der gemeinsamen Rechtsbeziehung auf eine Person evident: auf eine Person, welche entweder ein Gemälde besitzt oder von einem Gemälde dargestellt wird.

Ähnlichkeit wurde auch im höfischen Bildnis angestrebt, aber im bürgerlichen Bildnis gewann sie die erste Bedeutung, weil hier alle anderen Symbole der Identität ausfielen. Wo überpersonale Merkmale wie Rang und Amt fehlten, traten individuelle Merkmale, die an einer Person hafteten, in den Vordergrund. Ähnlichkeit schloß auch den Namen, das Lebensalter und den Beruf ein, also Indizien einer Person, die auf den Bilderrahmen geschrieben waren. Aber sie erfüllte sich erst in der Physiognomie, welche die Analogie von *pourtraiture* und *personne* auf den Begriff brachte. Sie enthielt auch jenes Element der Familienähnlichkeit, in welcher sich die bürgerliche Identität ausdrückte: das Erbe der Natur statt des Erbes von Rang und Amt. Nicole Oresme, der französische Übersetzer des Aristoteles, sprach damals in einer Paraphrase zur *Oikonomia* davon, daß «die Natur einem Menschen kein dauerndes Leben verleiht und deshalb seine Existenz in dem Aussehen (*semblant*) verewigt», das er seinen Nachkommen vererbe. Ähnlichkeit war also ein Prinzip, das unabhängig davon erhoben wurde, wie vollständig ein Maler sie einlöste. Aber sie lud dazu ein, sie im neuen Gemälde zu verwirklichen.

Es ist sinnvoll, Ähnlichkeit und Repräsentation eines Menschen zunächst einmal zu unterscheiden. Ähnlichkeit war eine Bedingung des bürgerlichen Bildnisses, aber Repräsentation war die Aufgabe, die Stellvertretung einer Person, selbst über deren Tod hinaus, zu übernehmen. Die Repräsentation der Person gilt ebenso für das höfische wie für das bürgerliche Bildnis, doch unterscheiden sie sich voneinander in der Kennzeichnung der Person. Die Interaktion der beiden Welten, die sich im Widerspruch und in der Nachahmung begegneten, diktierte das Gesetz der Entwicklung. Die Bürger ahmten den Adel in der Einführung von Wappen nach, und der Adel usurpierte die Demonstration von Ähnlichkeit im physiognomischen Sinne und im Spiegel des Lebensalters auch für sich selbst. In den Bildnissen, die Rogier van der Weyden vom Hochadel malte, gingen Bildnistafel und Wappenschild eine neue Verbindung ein. Das Bildnis rückte auf die Vorderseite, der Wappenschild auf die Rückseite des Gemäldes (Abb. 14, 15). Endlich gab es, wie A. Dülberg gezeigt hat, den weitverbreiteten Brauch, Gemälde mit einem Deckel zu versehen, der oft das Wappen seiner Besitzer trug, vor allem im Porträt.

Die einzelnen Phasen des Prozesses, in dem sich das neuartige Bildnis allmählich einen prominenten Platz eroberte, sind uns noch verborgen. Von Baudouin de Lannoy, einem der Gründungsmitglieder des Ordens vom Goldenen Vlies, besitzen wir

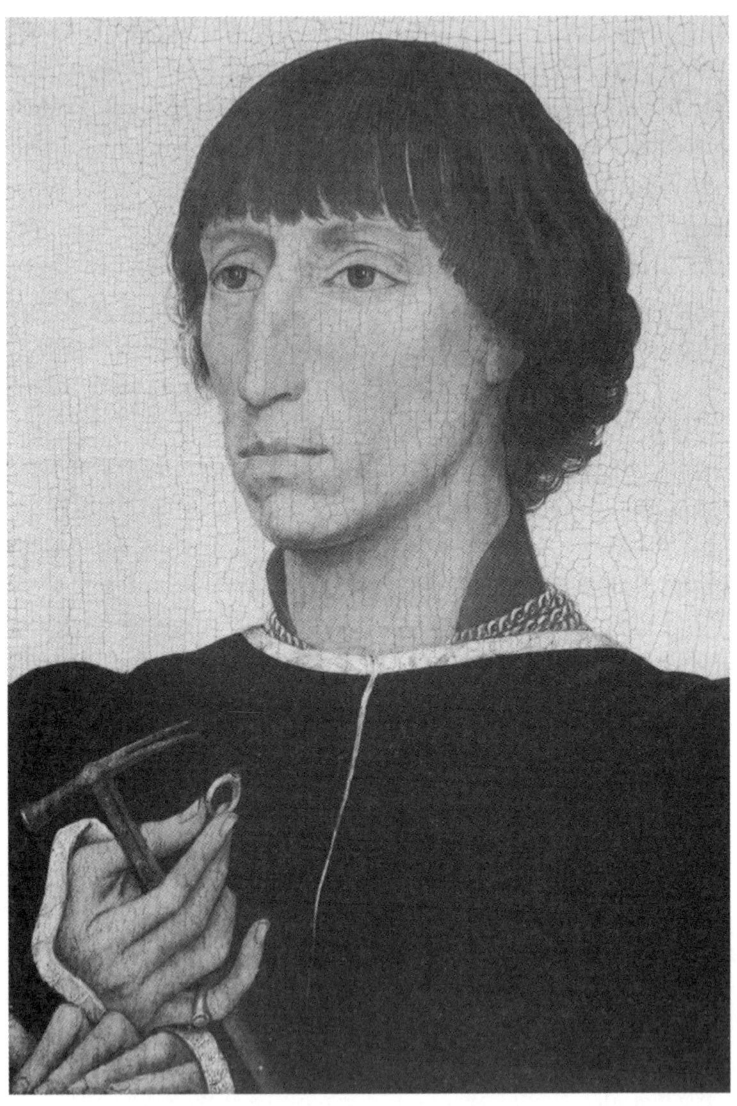

Abb. 14 Rogier van der Weyden, Francesco d'Este, Vorderseite der Porträttafel, New York, Metropolitan Museum of Art

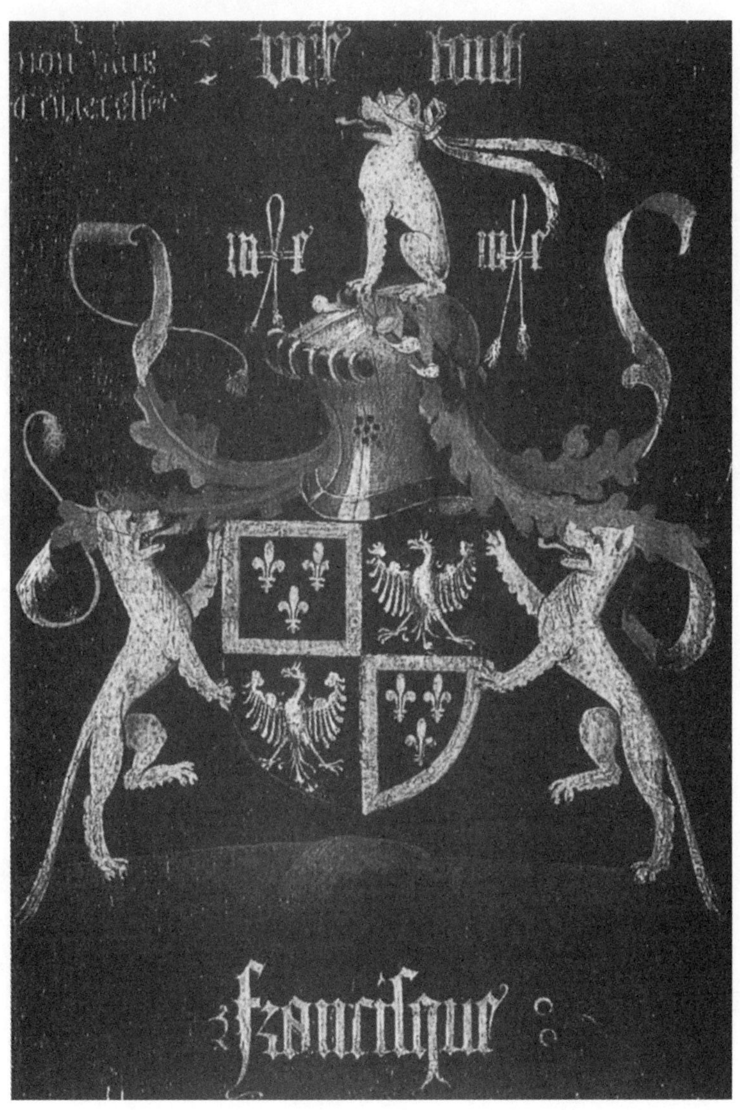

Abb. 15 Rogier van der Weyden, Francesco d'Este, Rückseite der Porträttafel mit Wappen und Devise, New York, Metropolitan Museum of Art

ein Bildnis Jan van Eycks, das in seiner ständischen Uniform und in seiner naturwahren Physiognomie die beiden Prinzipien des Bildnisses früh miteinander vereint (Abb. 8). Baudouin gehörte zu jenen Rittern, die sich 1445 vor ihren Wappenschilden in Gent versammelten. Olivier de la Marche nennt ihn nur den «Herrn von Molembais«, weil ihn gerade dieses Territorium von den beiden Brüdern unterschied. Die Ordenskette, die nur zu offiziellen Gelegenheiten getragen wurde, gibt seinem Bildnis einen zeremoniellen Anstrich. Man wüßte gern, welche Funktionen die erhaltene Tafel damals erfüllt hat.

5 «Leal Souvenir». Das Bildnis als Erinnerung

Man hat das Porträt aber noch nicht umfassend genug verstanden, wenn man es allein als Produkt des Konflikts von Adel und Bürgertum versteht. Es geht gerade nicht in einer gesellschaftlichen Norm auf, soviel es davon auch profitiert hat, und ist deshalb nicht allein in soziologische Maßstäbe einzufangen. Der Bürger war mit seinen öffentlichen Rechten das Glied in einem sozialen Gefüge, die Person aber ein privates Wesen: der Mensch. Was aber ist der Mensch? Die Anthropologie, die darauf antwortete, war Teil des Weltbildes im späten Mittelalter und daher auch religiös ausgerichtet. Sie sah den Menschen als Geschöpf Gottes, das nicht nur einen Leib, sondern auch eine Seele besitzt und mit dieser doppelten Konstitution sowohl zu einer äußeren wie zu einer inneren Wirklichkeit Zugang hat. Im Körper war er ein Produkt der sichtbaren Natur, in seiner Seele aber ein unsichtbares Ebenbild Gottes. Wollte man also im Porträt ein integrales Menschenbild entwerfen, so stieß man in einer Malerei, die so vollständig auf empirische Wahrnehmung eingeschworen war, auf ganz neue Probleme.

Der Blick der Maler war nicht nur auf den sichtbaren Körper gerichtet, sondern schloß auch die physische Welt selbst ein, in der ein solcher Körper lebt. Diese Welt ist hinter dem Rahmen des Gemäldes immer als Ganzheit präsent, gleich, ob sie im Ausschnitt einer topographischen Umgebung beschrieben ist oder ob sie sich nur in einem dunklen, unergründlich tiefen Raum andeutet, in den das Licht von außen eindringt. Die Welt ist die

Bedingung, unter welcher man den Körper der Person wahrnimmt, die im Bild «gegengezeichnet», also *gheconterfeit* ist, wie es auf dem Rahmen eines Eyck-Porträts heißt, das einen Goldschmied darstellt (Abb. 17). Der Mensch wird nicht als ein bloßes Prinzip, sondern gerade so anschaulich dargestellt, wie er an dem Tag ausgesehen hat, an dem er gemalt wurde. Deshalb ist das genaue Datum der Vollendung des Porträts, ebenso wie das tatsächliche Lebensalter des Dargestellten, oft auf dem Rahmen festgehalten. Der Maler bürgt genauso wie sein Modell für die Funktion eines gemalten Dokuments, das die Existenz eines Menschen wahrheitsgetreu beglaubigt.

Wir besitzen ein Werk von der Hand Jan van Eycks, das in einer solchen Beglaubigung von Datum und Autorschaft auf ein Vertragsverhältnis anspielt, indem es dafür den Begriff «vollzogen» (*actum*), statt «vollendet» oder «gemalt», wählt (Abb. 16). Außerdem hält die abgebildete Person ein Schriftstück in der Hand, das wie ein Vertrag aussieht. Wir kennen nicht den Namen der Person, der wohl auf dem verlorenen Rahmen geschrieben stand, und können daher nicht beurteilen, wie das Rätsel des griechisch geschriebenen Namens Timotheos aufzulösen ist. Es mag sein, daß sich dahinter eine Anspielung auf den antiken Musiker Timotheos von Milet verbirgt, und es mag auch sein, daß sich ein Zeitgenosse van Eycks, der Musiker Gilles Binchois, dieser Anspielung bedienen wollte, wie eine berühmte Studie Panofskys uns glauben macht. Dann hätten wir einen weiteren Hinweis auf den burgundischen Hof, wo wir die Entstehung des neuen Porträts vermuten, denn Binchois war ein gefeierter Künstler, der an diesem Hof lebte. Aber darüber läßt sich wohl niemals Sicherheit gewinnen.

Dagegen verdient die große Inschrift, die als einzige der drei Inschriften nicht aufgemalt, sondern – so scheint es – in den Stein eingeschnitten ist, mehr Aufmerksamkeit, wenn man sie

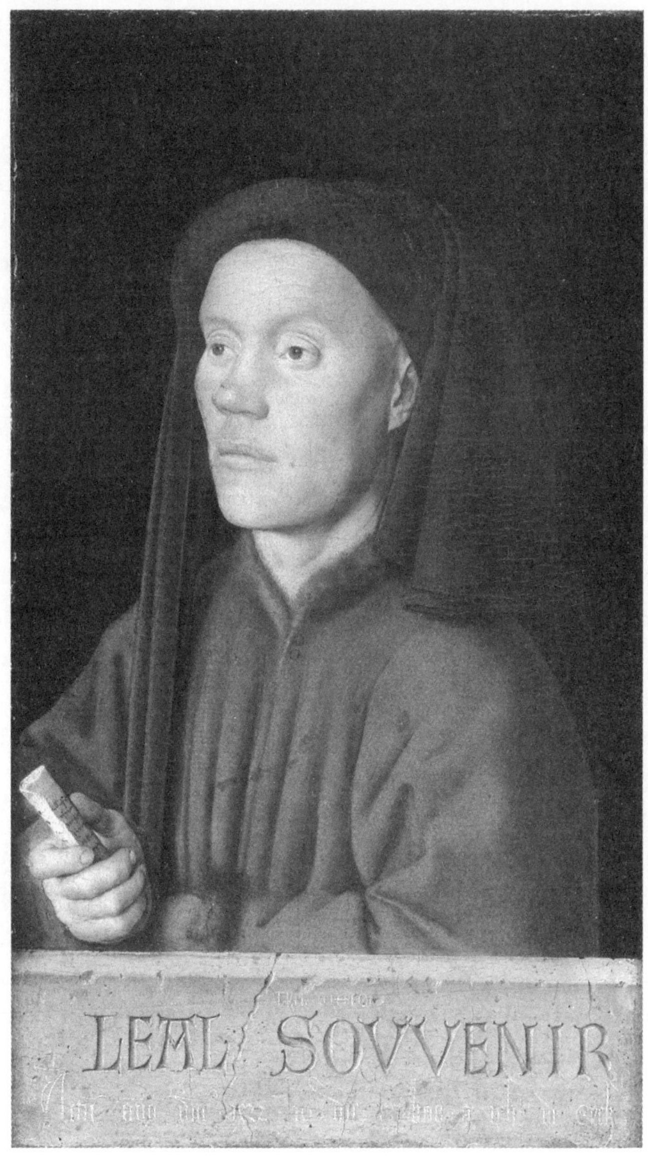

Abb. 16 Jan van Eyck, Timotheos, London, National Gallery

nicht allein auf die abgebildete Person, sondern auf das Porträt als Gattung bezieht. Sie lautet: *Leal Souvenir*. Die Wahl der französischen Sprache, die am Hof üblich war, kontrastiert mit dem Eindruck einer antiken Ehreninschrift, den der verwitterte Stein vermittelt. Die Kanten des Inschriftsteins, auf dem ein langer Riß zwischen den beiden Schlüsselworten *Leal* und *Souvenir* verläuft, sind, wie es scheint, vom Alter bestoßen. Die dargestellte Person, die hinter dem Stein wie hinter einer Brüstung hervorragt, gehört einer anderen Zeit an als der Stein selbst, ebenso wie die in Weiß aufgemalte Datumszeile aus dem Jahre 1432, so scheint es, erst von einer zweiten Benutzung des Steins stammt.

Der Betrachter wird dazu eingeladen, den Stein mit der Person und die Inschrift mit dem gemalten Bildnis zu vergleichen oder, anders gesagt, die eine Form der Erinnerung an der anderen zu messen. Die Grabinschrift, so sollen wir folgern, war eine antike Form des Gedächtnisses, wie das Bildnis eine solche der Gegenwart ist. Das Wort *Souvenir* läßt sich auf den lateinischen Begriff der *memoria* zurückführen, die über ein Leben hinausweist oder schon von einem beendeten Leben zeugt. Der Doppelbegriff wird meist als «loyale Erinnerung» übersetzt, was aber ungenau ist, wie schon R. W. Scheller nachgewiesen hat. *Léal* bezieht sich auf legal im Sinne von rechtens oder gesetzmäßig. Wer die einschlägigen Lexika benutzt, wird bald erfahren, daß sich die Wortbedeutungen legal und loyal im Französischen erst später getrennt haben. So beglaubigt die Inschrift ein «Gedächtnis, das gesetzlich geschützt ist», oder eine «rechtmäßige Erinnerung».

Georges Chastellain, der schon genannte Chronist Burgunds, verwendet den Begriff *léal* mehrfach in einem ritterlich-dynastischen Sinn, der sich aber aus dem Thema seines Werks ergibt und nicht ausschließt, daß der Begriff auch im Rahmen eines anderen Standesbewußtseins Verwendung fand. Zunächst rühmt er an dem burgundischen Herzog Philipp dem Guten, daß er «mit uneingeschränkter Loyalität» (*tant léal et entier*) an dem französischen Hause hing, aus dem er stammte. Dann preist er an dem Thronfolger, dem künftigen Karl dem Kühnen, die «gute Sohnesliebe» (*bonne nature filiale*), mit welcher er die schwere Krankheit seines Vaters im Jahre 1461 betrauerte. «Die Natur verband sich mit der (Sohnes) Pflicht, und Raison und der Adel des rechtmäßigen beziehungsweise loyalen Blutes (*léal sang*) brachten eine unvergeßliche *léaulté* hervor. Und in seinen Tränen, seinem Händeringen machte er die Liebe manifest, die er für seinen Erzeuger empfand.» Das Bildnis, auch wenn es keine Person von Stand darstellt, drückt ebenso die Pflicht wie das Recht der Erinnerung aus und begründet sie möglicherweise in einer Situation der Blutsverwandtschaft oder der Freundschaft.

Loyal könnte das Bildnis nur sein, wenn man damit die authentische Darstellung meint, in der sich das Porträt zu dem lebenden Modell loyal verhält. Legal ist es dagegen, wenn es von einem Bildrecht den richtigen Gebrauch macht. Wie immer man sich entscheiden mag, so läßt sich die Formulierung doch nicht nur auf diesen Einzelfall, sondern auf die Gattung Porträt insgesamt beziehen: eine Gattung, die der Erinnerung eines Menschen über seinen Tod hinaus dient. Die eigenartige Inszenierung dieses Bildnisses wirft die Frage auf, ob dieses verträumte Gesicht mit seinen bäuerlichen Zügen einem Lebenden oder einem bereits Toten angehört. Der Grabstein und der Begriff der Erinnerung widersprechen dem Eindruck des Lebens, den die Person mit ihrem sinnenden Blick dennoch vermittelt. Aber vielleicht ist dieser Widerspruch nur ein solcher zwischen zwei Gattungen: zwischen dem toten Stein und einer Malerei, die das Leben der Person für immer festhält und damit die Zeit überwindet, die in dem verwitterten Stein so sichtbare Spuren hinterlassen hat.

Petrus Christus hat den Stein in einem seiner Porträts wiederholt, aber auf eine andere Weise gedeutet, welche den Sinn des Motivs noch deutlich erweitert.[11] Wenn in seinem Porträt eines Kartäusers seine eigene Signatur in den Stein eingeschnitten scheint und über seinem Namen eine Fliege sitzt, dann eröffnet der Maler einen Kontrast zwischen dem unvergänglichen Stein und dem Anflug der Fliege, der die Dauer des Künstlerruhms bekräftigt. Das Porträt verewigt, so gesehen, nicht nur den dargestellten Menschen, sondern auch den darstellenden Maler. Nicht nur das Bildrecht des Modells, sondern auch die Kunst des Malers garantiert die Unvergänglichkeit der Erinnerung. In Abwandlung eines berühmten Verses von Horaz ist der Künstlerruhm so unvergänglich wie der Stein, den der Maler signiert. Schließlich hatte der Dichter Horaz auf seine eigene Kunst hingewiesen, als er schrieb, er habe ein «Monument errichtet, das länger noch dauere als Erz» und ihn also überleben werde.

Die Memoiren, die im 15. Jahrhundert verfaßt werden, sind gleichsam ein literarisches Gegenstück zum gemalten Bildnis, wenngleich es vorwiegend öffentliche Persönlichkeiten, und in der Regel Fürsten, waren, die dabei das Thema der Erinnerung bilden. Sie werden, wie am Beispiel Philipps des Guten von Burgund dargelegt wurde, auch zuweilen in ihrem Aussehen so beschrieben, als wollte sie der Autor mit Worten malen. Aber in der Regel sind es, in der literarischen Gattung, die Taten, die den Charakter der Person erläutern. Philippe de Commynes, der vom burgundischen an den französischen Hof übergewechselt war, rechtfertigt sich wortreich dafür, daß er Ludwig XI. von Frankreich zum Helden seiner Memoiren gemacht habe. Niemand habe eine bessere Erinnerung (*souvenance*) an den König als er, der mit ihm vertrauten Umgang gepflegt und so viele Gunsterweise empfangen habe, daß sein Gedächtnis (*memoire*) davon ganz erfüllt sei. Die Erinnerung an den König, die er in seinem Werk wachhalten will, ist das Recht des Verstorbenen, erinnert zu werden, wie es auch die Pflicht desjenigen ist, der ihn gekannt hat, an ihn zu erinnern. Im bürgerlichen oder familiären Rahmen ist es der Erbe und Nachfolger, der das Andenken an den Vorfahren in der Ehre der Bildnisse pflegt.

Auch Jan van Eyck hat die Erinnerung, die in seinem Falle ein gemaltes Bildnis war, in einer vierzeiligen Reiminschrift besprochen, die auf dem Rahmen eines berühmten Porträts rings herum läuft (Abb. 17). Es handelt sich dabei um den 1401 geborenen Goldschmied Jan de Leeuw, den Jan van Eyck im Jahre 1436 in Brügge porträtiert hat. Die ersten beiden Zeilen sind dem Modell gewidmet, während die letzten beiden Zeilen dem Werk selbst gelten, das so überzeugend an die Person erinnert.

Ian de (Leeuw) op Sant Orselen Dach
Dat claer eerst met oghen sach. 1401
Gheconterfeit nu heeft mi Jan
van Eyck. Wel bliict wann eert began. 1436

Der Blick, den der Goldschmied auf uns richtet, wird hier als das wahre Zeichen seines Lebens verstanden, das, wie die Rahmeninschrift mitteilt, am St. Ursula-Tag, dem 21. Oktober des Jahres 1401 begann, als Jan de Leeuw «das Licht der Welt (*claer*) zuerst mit Augen sah». Das Datum der *Geburt* wird sodann dem Datum des *Porträts* gegenübergestellt, über das der Goldschmied selbst Auskunft gibt. «Porträtiert hat mich jetzt Jan van Eyck», wobei das «Jetzt» in das Jahr 1436 fällt. Ungewöhnlich ist endlich, daß die Inschrift das Jahr 1436 nicht als Datum der *Vollendung*, wie es immer Brauch war, sondern als Datum des *Beginns* der Arbeit nennt. «Es ist offenkundig, wann er es begann», wobei das *Bliict* in einem Wortspiel wieder auf Blicken bezogen wird. Das Datum, das zusätzlich in einem Chronogramm verschlüsselt ist, teilt uns mit, wann Jan das Bild begann.

Warum sollen wir aber erfahren, wann er das Bild begann? Sicher reimt sich *began* auf *Jan*, doch liegt ein tieferer Sinn in der

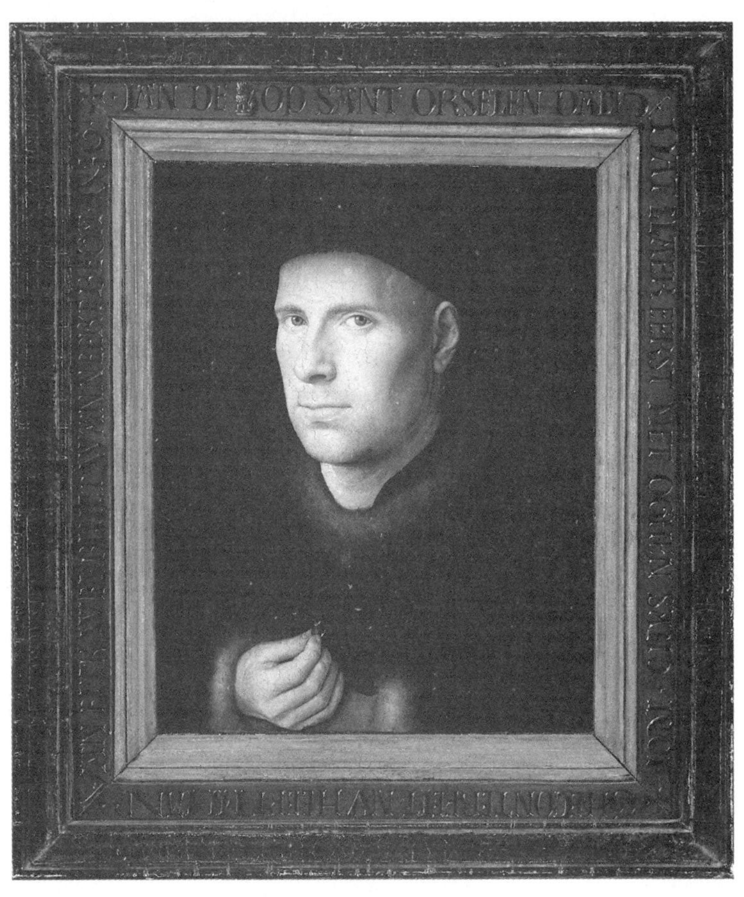

Abb. 17 Jan van Eyck, Jan de Leeuw,
Wien, Kunsthistorisches Museum

Absicht, die Geburt der Person mit der Entstehung des Werkes zu vergleichen. Der göttliche Schöpfer hat einst die lebende *Person*, der irdische Maler jetzt das *Werk* geschaffen, das sie in ihrem lebensechten Aussehen repräsentiert. Ist der Mensch ein Ebenbild *Gottes*, so ist das Porträt ein Ebenbild des *Menschen*, von dessen irdischer Existenz es Zeugnis ablegt. Der Schöpfungsakt, aus dem sich die Ähnlichkeit ableitet (dort die Ähnlichkeit mit dem Schöpfer, hier die Ähnlichkeit mit dem Modell), wiederholt sich im Werk, das deswegen ebenfalls auf sein Entstehungsdatum pocht. So wie der Blick des Goldschmieds einst zum erstenmal auf die Welt fiel, so fällt unser Blick auf die Person im Bild. Die Blicke von Bild und Betrachter kreuzen einander, als wollte der Goldschmied sichergehen, daß wir auch den Ring bemerken, mit dem er uns auf sein Handwerk aufmerksam macht. Die Person, die in ihrem Bildnis fortlebt, blickt den Betrachter an, so wie der Betrachter sie seinerseits anblickt. Im Blick treffen wir auf ein Schlüsselmotiv der neuen Malerei.

6 Eine gemalte Anthropologie des Blicks

Die Literaten haben das Problem von Aussehen und Seele, von Außen und Innen, mit dem die Maler befaßt waren, aber vereinfacht, wenn sie auf ihrer Übereinstimmung oder Ähnlichkeit beharrten. Der «innere Mensch» verweigerte sich nämlich der Anschauung, wenn man den Körper in seiner rein materiellen Beschaffenheit wirklich ernst nahm. Hier fand der Realismus, kaum daß die Kunst ihn ausgebildet hatte, bereits wieder seine Grenzen, womit ein Problem entstand, das damals die Maler herausforderte und heute die Interpreten quält. Seine Lösung bestand darin, neben einem direkten zugleich ein indirektes Verfahren der Darstellung des Menschen zu entwickeln. Das direkte Verfahren lag in der Abbildung des menschlichen Körpers, das indirekte Verfahren aber in der zusätzlichen Einführung von Metaphern, welche die reine Sichtbarkeit dieses Körpers erweiterten.

Es ist nicht leicht, zeitgenössische Texte über jenes spezifische Menschenbild zu finden, das von den frühen Porträts der Maler bezeugt wird. Hier überwiegen mystische Texte, die sich dem neuen Realismus der Weltanschauung verschließen und nur dort aktuell werden, wo es darum geht, den inneren Menschen vor den Gefahren der neuen Zeit und vor der Verführung der neuen Bilder zu bewahren. Deshalb scheint es manchmal, als hätte sich die Literatur der Zeit nur für mystische Fragen interessiert. Gleichzeitig aber entstehen z. B. Satiren wie jene auf die «Fünfzehn Freuden des Ehelebens», in der Antoine de la Salle

(1398–1462), ein Erzieher im burgundischen Haus des Comte de St. Pol, seinem psychologischen Realismus keine Zügel mehr anlegt und den wankelmütigen Menschen im Banne der Welt so beschreibt, wie er ist. In den zunehmenden Widersprüchen der Zeit verstärkt die mystische Literatur ihre Bemühung, eine blinde Frömmigkeit zu propagieren, die sich hartnäckig der Logik der Welt verschließt und das Innenleben der gläubigen Seele fördert.

Dennoch ist auch diese Literatur für uns aufschlußreich, weil sie zu dem doppelten Blick auffordert, den wir auf die Porträts werfen sollen, wie sehr diese sonst auch die physische Realität beschwören mögen. So tut es schon Jan Ruysbroek (1281–1369), dessen Werk über die geistliche Hochzeit erst jetzt auf dem Gipfel der Popularität angelangt war. «Unsere Augen, so klar sie sind und so subtil ihr Blick ist», bedürfen in Wahrheit der spirituellen Sicht. Um der Seele und ihrer wahren Bestimmung gerecht zu werden, «muß der Mensch mit seinen spirituellen Augen nach innen sehen». Die Seele «gibt dem Körper Leben», der ohne sie nur tote Materie wäre. Aber in der Rückkehr zu ihrem Ursprung, an welchen sie sich erinnert, verzichtet sie auf die «äußeren Bilder», womit nicht die religiöse Malerei, sondern die Sinnenwelt ganz allgemein gemeint war. Solche Gedanken, welche die Bilderfrage in der Kunst kaum berührten, waren auch außerhalb der eigentlichen Bewegung der *Devotio moderna* aktuell. Man wollte sich wenigstens in der geistlichen Übung das Recht auf die Entfaltung der privaten Person nehmen, das von den gesellschaftlichen Zwängen so stark beschränkt war.

Ein anderer mystischer Text, von einem aus Hessen stammenden Theologen in Paris, dem Hembuch von Langenstein (gest. 1397), verfaßt, erläutert mit den Metaphern von Fenster und Spiegel ausgiebig das Verhältnis von Seele und Körper, aus denen die menschliche Natur besteht. Die Seele sei «der Spiegel Gottes, dessen Bild sie einfängt». Sie schaue «aus den Fenstern ihrer Kammer in die Außenwelt» und wohne im Körper «im

Inneren der geheimen Wohnung», wo sie mit Gott Zwiesprache halte. Außen und Innen, Schein und Sein werden immer wieder im Kontrast zueinander beschrieben, um den Leser in seinen inneren Übungen zu bestärken. Man darf solche Texte nicht überbewerten, weil sie sich geradezu unversöhnlich dem neuerwachten Weltinteresse entgegenstellen, für welches es damals noch keine eigene Literatur und also keinen Ausdruck in eigener Sache gab. Da sie den radikalen Weltglauben auf seinen eigenen Gebieten, in Naturstudium, Politik und Wirtschaft, schon nicht mehr aufhalten können, beharren sie um so hartnäckiger auf der «inneren Welt» des Menschen, für die sie uns die Begriffe liefern, die in der gemalten Anthropologie der Porträts zur Anschauung kommen.

Das Verhältnis von gemalter und geschriebener Anthropologie hat die moderne Forschung lange beschäftigt und selbst Johan Huizinga ratlos gelassen. Man hätte beides so gerne auf einer gemeinsamen Linie gesehen und scheute die Möglichkeit, daß die gemalten Porträts die modernsten Äußerungen ihrer Zeit darstellen, in den Kreisen der Historiker, die sich mit Texten leichter tun. Dabei ist die Möglichkeit gar nicht so abwegig, wenn man bedenkt, daß die Künstler manchmal ihrer Zeit voraus sind, aber dafür selten im nachhinein von ihren Zeitgenossen Kredit erhalten. Vor allem aber eignete sich ihr Medium, in dem keine verbindlichen (und also auch kontroversen) Begriffe festgeschrieben werden, besonders gut für eine Denkweise, die noch nicht offiziell geworden war. Es mag für die Zeitgenossen der Reiz des Abenteuers gewesen sein, wenn sich die Kontrahenten im Machtspiel von Hof und Stadt in einem stillen Vergleich, gleichsam Auge in Auge, aneinander maßen. Solange sich noch keine festen Konventionen des Porträts ausgebildet hatten, konnte man den Spielraum allmählich erweitern, ohne den Verstoß gegen die guten Sitten befürchten zu müssen. Der Wettbewerb im gemeinsamen Gebrauch des Porträts zielte übrigens,

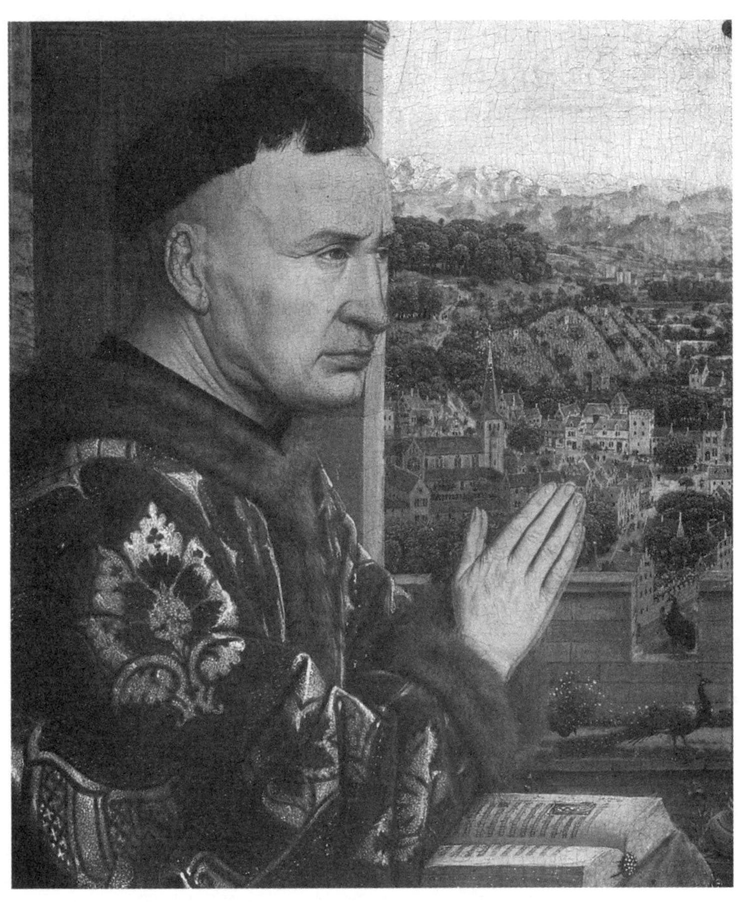

Abb. 18 Jan van Eyck, Rolin-Madonna, Detail: Nicolas Rolin, Paris, Louvre

wenn man so wollte, auf einen Oberbegriff, der in den bloßen Standesbezeichnungen längst nicht mehr aufging: Es war die Menschennatur als Prinzip, mit dem sich jetzt nicht mehr allein die Kirche beschäftigte.

Der *Blick* ist das Motiv, das hier zuerst ins Spiel kam. Der Dargestellte blickt ebenso aus dem Bild heraus, wie wir unsererseits in das Bild hineinblicken. Das Auge war in der Menschendarstellung lange Zeit nichts als ein Merkmal des Gesichts. Jetzt wird es zum Träger des Blicks, der uns aus dem Innern der Person erreicht. Die Ehefrau Jan van Eycks blickt uns heute noch so an, wie sie einst den Maler angeblickt haben mag, für den sie Modell saß. Das Auge ist ebenso Fenster des Leibes, das sich zur körperlichen Welt öffnet, wie auch «Fenster der Seele», die aber zugleich nach innen schaut, wenn sie ihrer eigenen Natur folgt – um im spätmittelalterlichen Argument zu bleiben. Die Metapher vom «Fenster der Seele» hat denn auch einen doppelten Sinn. Die Seele, die sonst im Körper unsichtbar eingeschlossen bleibt, wird auf der Schwelle von innen und außen mit dem Blick sichtbar, in dem sich das «innere Leben» andeutet. Der Blick (*vis*) offenbart im Gesicht (*visage*) das «Innere des Herzens», um die Formulierung Chastellains zu wiederholen (S. 51).

Der «doppelte Blick», zu dem der Mensch fähig ist, wurde damals der wahre Schlüssel zu einer Malerei, welche die bloße Sichtbarkeit gerade in dem Augenblick wieder in Frage stellte, da sie sie erstmals in vollem Umfang verwirklichte. Im Stifterbild verzichtet der Maler sorgfältig auf den direkten Blickkontakt zwischen Nicolas Rolin oder Georg van der Paele und Maria, weil er gerade im indirekten Blick die innere Schau der Seele andeuten will (Abb. 18, 25). Was der Stifter vor seinem inneren Auge sieht, sehen wir, die Betrachter des Gemäldes, vor unserem äußeren Auge. Der Maler macht also, statt nur das Sichtbare abzubilden, in seinem Werk dasjenige sichtbar, was wir sonst nicht sehen könnten. So haben es die modernen Künstler auch immer wieder gesagt. Aber Jan van Eyck ist ein Künstler seiner Zeit, der einem religiösen Weltbild Ausdruck verleiht und, anders als die modernen Künstler, keine eigene Formensprache für das Unsichtbare besaß, es sei denn die sichtbare Welt und eine Reihe von Metaphern, welche die bloße Abbildung unterbrachen.

Deshalb ist das Stifterbild des Chorherrn van der Paele (Abb. 25) eine fiktive Einheit, in der alle Motive den gleichen Grad von Evidenz besitzen, aber nicht alle aus der sichtbaren Welt stammen. Der Chor der Kirche war ebenso wie die Person des Stifters, dem man täglich auf der Straße begegnet war, jedermann bekannt. Der Teppich gehörte wie der Fliesenboden, die verschiedenen Stoffe und die Butzenscheiben der Fenster zum Repertoire der alltäglichen Wahrnehmung. Die Heiligen aber, die hier wie lebende Menschen auftreten und sich auch so benehmen, konnte man sich nur vorstellen. Diese Vorstellung, die von der Andachtsliteratur gefordert war, gelang um so besser, je mehr sie sich vorher mit einer konkreten sinnlichen Anschauung gefüllt hatte. Dieser Erwartung kam die neue Malerei entgegen, die zugleich die Welt so in den Blick rückte, wie sie im menschlichen Auge erscheint. Der Betrachter des Eyckschen Stifterbilds war darauf trainiert, mühelos die eine von der anderen Realität zu unterscheiden, die hier beide gemeinsam in seinen Blick traten. Das menschliche Auge, damals wie heute, deutet die sichtbare Erfahrung immer mit dem kulturellen Verständnis einer bestimmten Epoche. Es verbindet im Blick die physiologische mit der kognitiven Fähigkeit des Menschen. Der Blick wurde so sehr das Thema der neuen Malerei, daß man von einer gemalten Anthropologie sprechen kann.

Wenn man von Anthropologie spricht, muß man eine allgemeine von einer zeitgebundenen Auffassung des Menschen unterscheiden, wenngleich es keine einzige historische Spielart gibt, die sich auf dem heutigen Stande unseres Wissens gänzlich erledigt hätte.

Aber die Bedingungen, die eine vorwissenschaftliche Anthropologie zur Verfügung hatte, engten den Spielraum der Auffassung drastisch ein. Die Kirche pflegte ein christliches, der Hof ein ständisches und die bürgerliche Gesellschaft ein egalitäres Menschenbild, das allerdings erst mit dem Besitz der Privilegien des Bürgerrechts begann. Das Individuum, das sich über alle Grenzen hinwegsetzt und mit seinem Charakter und seinem Machtanspruch gegen die Welt antritt, war, anders als in Italien, im Norden nicht einmal als ein seltenes Ideal denkbar, weil es in den beiden Gesellschaftsformen, die dort nebeneinander existierten, kein Ideal bilden konnte. Hier formte sich, im Spannungsfeld zweier sozialer Ideale, die einander nicht loswerden konnten, der Freiraum für ein Menschenbild, das nur als Erweiterung eines christlichen Menschen*typus* denkbar war. Es ist hier eher die Suche nach der Menschen*natur*, mit ihrer doppelten Fundierung in der körperlichen und der seelischen Welt, als ein Schwur auf das Individuum, welche die Energien der Maler beflügelte.

Jetzt enthüllt sich auch der wahre Sinn des Doppelfensters, das sich so oft in den Augen der niederländischen Porträts spiegelt. Wenn Fenster und Auge ohnehin aufeinander bezogen sind, dann steht das Doppelfenster als Zeichen für den doppelten Blick, den der Mensch nach außen und nach innen richten kann. Die Maler wußten wohl, daß sich ein Fenster nur deswegen so deutlich im Auge spiegelt, weil es, ebenso wie das Auge selbst, sich dem Licht öffnet, das von außen einfällt. Es ist also eigentlich das Licht, das sich außen am Auge abbildet und innen in das Auge dringt: das Licht als Quelle des Sehens, das trotz seiner anscheinend immateriellen Beschaffenheit die materielle Welt überhaupt erst sichtbar macht. Es bot deshalb Stoff zu allerhand Spekulationen, ebenso wie es das Auge tat, und wurde seinerseits zur übergreifenden Metapher. Man konnte vom Licht der sinnlichen Welt sprechen, das den Menschen allzu leicht blenden mochte, weil es die «Augen der Seele» für das Licht der anderen

Welt blind machte. Im medizinischen Sprachgebrauch bezeichnet «Seelenblindheit» heute eine Krankheit, bei der das Sehzentrum im Gehirn ausfällt und das Auge, obwohl intakt, nichts wahrnehmen kann. Im theologischen Sprachgebrauch würde es damals die Blindheit für das «innere Licht» kennzeichnen. Dennoch ist beide Male das kognitive Zentrum gemeint, das die Natur des Menschen ausmacht.

In dem Porträt eines Mannes, das Dieric Bouts im Jahre 1462 gemalt hat, ist der religiöse Doppelsinn von Fenster und Auge weiter entfaltet und das Fenster tatsächlich gezeigt, das sich im Auge spiegelt (Abb. 19). Aber der Porträtierte schaut nicht hinaus, wo er eine Landschaft aus seiner irdischen Heimat sehen würde, sondern andächtig nach oben, wo er die innere Vision sucht, die ihm seine religiöse Heimat zeigt. Er ist in der Welt (oder in seinem Körper) eingeschlossen und braucht deswegen ein Fenster, um mit dieser Welt und zugleich mit einer anderen Welt Verbindung aufzunehmen. Alles, was wir im Bild sehen, enthält den unauflösbaren Dualismus der Wahrnehmung (Augenschein und Bedeutung), welcher auf den Dualismus im Menschenbild verweist.

Dieser Gedanke soll am Beispiel des Auges durch einen modernen Vergleich erläutert werden. Der deutsche Fotograf August Sander hat wohl alte niederländische Bildnisse gekannt, als er das Motiv eines Auges wählte, in dem sich ein Doppelfenster spiegelt.[12] Hier liegt schon im reinen Augenschein ein Doppelsinn, wenn uns dieses Auge aktiv anblickt, während es sich zugleich von uns passiv betrachten läßt. Der Doppelsinn erweitert sich noch, wenn wir bemerken, daß sich auf der sichtbaren Oberfläche des Augapfels, wie in einem Konvexspiegel, passiv die Umgebung abbildet, während der eigentliche Sehvorgang für uns unsichtbar bleibt. Mitten in diesem Spiegel, der nicht sehen kann, klafft die dunkle Öffnung des Blicks, der ein Bild empfängt, aber kein Bild ist.

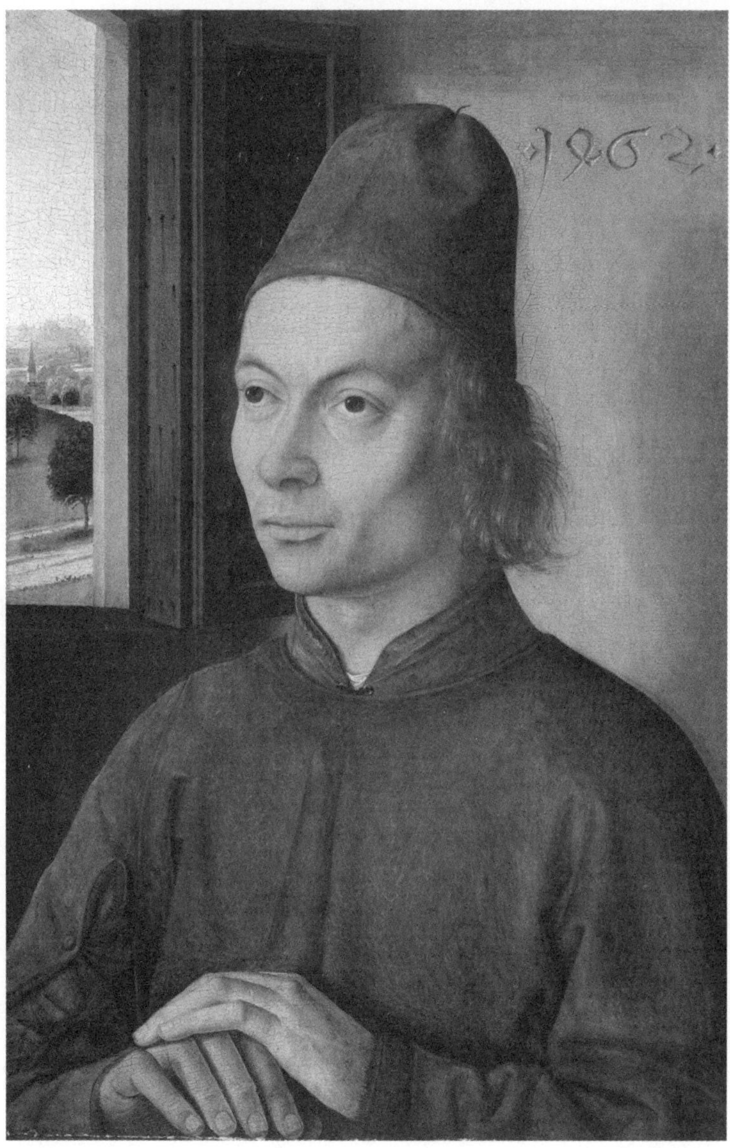

Abb. 19 Dieric Bouts, Porträt eines Mannes, London, National Gallery

Dieser Widerspruch zwischen Innen und Außen läßt sich nicht allein darauf zurückführen, daß dazwischen die Grenze des Sichtbaren liegt. Das Sehbild wird im Innern nicht nur empfangen, sondern auch gedeutet: Gleich, ob man von Gehirn, Geist oder Seele spricht, liegt der Ursprung des Sehens an einem verborgenen Ort, den man nicht ans Licht ziehen kann. Der Dualismus bleibt dem Menschenbild auch heute anhaften. Er wurde von den alten Malern zeitgemäß aufgefaßt, wenn sie an die Seele dachten, die wie aus einem Fenster aus dem eigenen Auge blickt und von uns im Auge eines anderen Menschen erblickt werden kann, das schließlich dessen Gemütsbewegungen ausdrückt. Der Gegensatz der sichtbaren Erscheinungen, denen sich die Maler jetzt mit einem wahren Fanatismus widmeten, zu einer anderen Wirklichkeit ließ sich nur in jener Synthese auflösen, in der sie das Wesen des Menschen erkannten. Der Dualismus der menschlichen *Natur* bewahrheitete sich im Dualismus unserer *Wahrnehmung*, auf den sich die Maler einlassen wollten.

Dieser Dualismus ist, wie wir sahen, nicht nur das Thema des frühen Porträts, sondern auch die Grundlage der neuen Malerei der Welt in den religiösen Themen, die zwischen Wortsinn und Symbolsinn, zwischen sinnlicher Anschauung und metaphorischer Vorstellung alle Entscheidungen mit Sorgfalt vermeiden. Deshalb hat auch Panofskys Begriff der «versteckten Symbolik» (*disguised symbolism*) eine überflüssige Verwirrung gestiftet, weil er zwischen Realität und Symbol einen modernen Gegensatz begründet sah, der damals nicht in der Sache selbst lag, sondern allein in der Wahrnehmung des menschlichen Auges, an welcher Geist und Seele gleichermaßen beteiligt waren. Die damalige Erforschung der physischen Welt rief das alte Symboldenken erst recht auf den Plan, weil es nun galt, eine Balance zu halten, in welcher sich der Mensch mit seiner christlich geprägten Existenz wiederfand.

Der Dualismus des Menschenbilds, den die niederländischen Porträts so nachdrücklich vertreten, kulminiert in einem Werk, das nach herkömmlichen Vorstellungen gar kein Porträt ist. Es handelt sich um das Christusbild, das Jan van Eyck in zwei verlorenen, aber oft kopierten Fassungen erfunden hat. Die frühe Fassung wurde, wie sonst die bürgerlichen Porträts, mit dem Datum (31. Januar 1438) und dem Namen des Malers signiert (Abb. 20). Die spätere Fassung (30. Januar 1440) nennt in der Rahmeninschrift den Maler als «Erfinder» (*inventor*) des Werks und fügt, ebenfalls wie auf den Porträts, seinen Wahlspruch hinzu.[13] Die Inschriften heben also den Unterschied zwischen der alten Ikone und dem neuen Porträt des Menschen auf, und gerade darin liegt auch der Sinn dieser originellen Bilderfindung selbst. Wir sehen in realistischer Nahsicht die menschliche Physiognomie desjenigen, der in seiner Doppelnatur als «Gottmensch» den Leib-Seele-Dualismus des Menschen begründet hat und zugleich überbietet. Das Doppelfenster im Auge ist, wie bei den Porträts, ein verstecktes Zeichen für die unsichtbare Natur, die in der sichtbaren Natur enthalten ist. Die Frontalität des Gesichts, mit dem unbewegten Blick, ist keineswegs ein Zugeständnis des Malers an die Aura der Ikone, sondern eine Echtheitsgarantie für das Aussehen Christi.

Der Maler, der hier kein lebendes Modell zur Verfügung hatte, beruft sich auf ein Bild-Modell aus Rom, wo man in St. Peter das «wahre Abbild» Christi verehrte, und löst in seinem Realismus diese physiognomische Wahrheit erst wirklich ein. Das Bibelzitat auf dem Rahmen der jüngeren Fassung stammt aus dem Psalm 44, in dem, wie es die Theologen wollten, die Kirche ihren Bräutigam beschreibt. «Ansehnlich vor allen Menschenkindern» (*speciosus prae filiis hominum*) ist ein vielsagender Hinweis auf die Menschennatur des Erlösers, die in der lateinischen Bibelübersetzung in dem Wortspiel von *speciosus* und *species*, Gestalt und Gattung, zum Ausdruck kommt. Das Werk

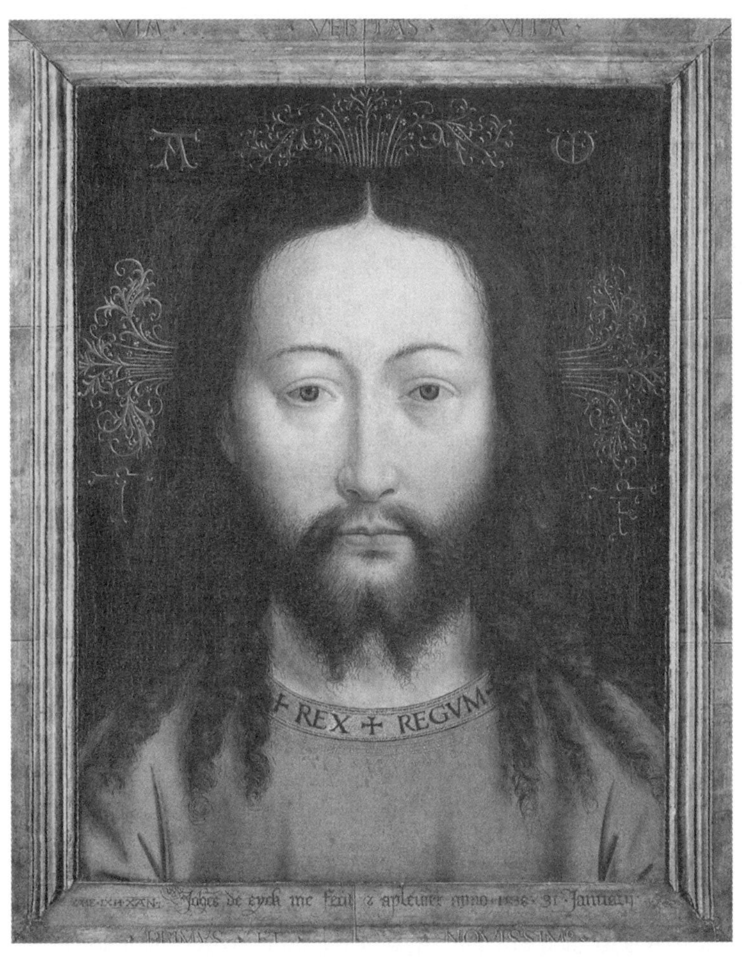

Abb. 20 Nach Jan van Eyck, Christusporträt von 1438, Berlin, Staatliche Museen

erklärt sich am besten als Auftrag eines Theologen, der sich ein Symbol der christlichen Anthropologie wünschte.

Das Rätsel, das in einer solchen Bildidee steckt, wird glücklicherweise in einem zeitgenössischen Essay kommentiert, den Nikolaus von Kues, der größte Theologe der Zeit, zu diesem Thema verfaßt hat. In seinem Text über die «Schau Gottes», die bekanntlich das letzte Ziel des Christen ist, kommt er auf eine Bildtafel Christi zu sprechen, die sich in seinem Besitz befand. Alle Betrachter konnten den «gemalten Blick», den sie in diesem Porträt entdeckten, auf sich selbst beziehen, weil er allen gleichmäßig galt. Allerdings war es nicht der «absolute Blick Gottes», in dem jedes einzelne Sehen seinen Ursprung hat. Vielmehr wurde er nur wie in einem Spiegel eingefangen, «der die Form aller Formen ist». Der Mensch, der schließlich «nach dem Ebenbild Gottes erschaffen war» (Buch Gen. I.24), mußte sich vor diesem «Spiegel der Ewigkeit» auf seine eigene Natur besinnen. In einem Tafelbild, das seinen Schöpfer darstellte, konnte er «nicht sein eigenes Bild erblicken», weil er «selbst das Bild desjenigen war», der ihn aus dem Bild heraus anblickte.

Dieses Paradox treibt die Definition des Menschen kompromißlos hervor. Wenn ein Betrachter vor dem Bild seines Schöpfers steht, nach dessen Ebenbild er geschaffen wurde, dann begegnen sich ein lebendes und ein gemaltes Bild, die beide einen gemeinsamen Ursprung haben. Da der Mensch ein Ebenbild Gottes ist, kann man dieses Verhältnis auch umkehren und Gott anthropomorph darstellen, ohne ihn damit auf einen Menschen zu reduzieren. Das bloße Bild eines Menschen wäre aber, wenn man in diesem Gedankengang bleibt, nichts als das Bild eines Bildes und also eine Tautologie.

Nikolaus von Kues schöpft seine Begriffe aus dem ersten Korintherbrief, in dem Paulus die Liebe über alle Erkenntnis setzt, die in diesem Leben immer unvollkommen sei und erst in einem anderen Leben vollkommen sein werde. «Was wir jetzt nur in einem Spiegel (*per speculum*) und als Rätsel sehen, werden wir einmal von Angesicht zu Angesicht schauen.» In dieser Anthropologie des Blicks wird der Spiegel als Metapher für die Wirklichkeit der sichtbaren Welt eingeführt, die wir als Spiegel benutzen sollen, ohne den Spiegel mit dem zu verwechseln, was sich in ihm spiegelt. Diese Auffassung der geschaffenen Welt findet ihren Niederschlag in der Ästhetik des neuen Gemäldes, das sich so rückhaltlos einer Aufzeichnung der empirischen Natur verschreibt, die bisher aus der Malerei ebenso kategorisch ausgeschlossen war. Der Widerspruch zwischen Symbol und Realität entfällt in dem Augenblick, in dem wir auf die Realität den Spiegelblick anwenden.

In den Porträts ist dieser Zusammenhang so subtil versteckt, daß man dankbar dem Argument einer zeitgenössischen Buchminiatur folgt, die diesen Zusammenhang von leiblicher und geistiger Schau offenlegt. Die andere Gattung erlaubte es dem Buchmaler, die dargestellte Person zum Mittelpunkt einer Erzählung zu machen. Im Widmungsbild ihres Stundenbuches, das sie um 1477 in Brügge in Auftrag gab, sieht man Maria von Burgund, die Erbin des Herzogtums, als Besitzerin des Buches vor einem offenen Fenster sitzen, hinter dem ein hoher Kirchenraum in Erscheinung tritt (Abb. 21). Während ihr Blick auf das eigene Gebetbuch gerichtet ist, entdeckt sie unser Blick ein zweites Mal im Kirchenraum, wo sie mit ihren Angehörigen andächtig vor der himmlischen Maria kniet.

Das Fenster trennt den irdischen Raum, der *davor* liegt und der Ort ihres Körpers ist, von einem himmlischen Raum, der *dahinter* liegt und der Ort ihrer inneren Vorstellung ist. Die sichtbare Erfahrung endet zwar an der Schwelle des Fensters, aber der Maler lädt uns ein, diese Schwelle zu überwinden und den «doppelten Blick» anzuwenden, zu dem der Mensch fähig ist. So trennt sich am Fenster das Abbild, das immer zu unserer sinnlichen Wahrnehmung gehört, von der Metapher, die sich der Hilfe von Zeichen bedient: Der Kirchenraum ist ein symbolischer Ort hinter der Schwelle des Fensters. Vor dem Fenster ist die Prinzessin mit ihrer leiblichen Existenz anwesend, während sie dahinter aus ihrem Körper abwesend ist und mit ihrer Seele an einem Ort weilt, an den sie die innere Schau entrückt hat.

Die Metapher des Fensters war für den damaligen Betrachter eine glückliche Wahl, denn sie erinnerte ihn an jene «Logen» oder Privatkapellen, aus deren Fenstern die Personen von Rang damals in den öffentlichen Kirchenraum schauten. Die Herzöge von Burgund besaßen in ihrer Kartause eine solche Kapelle, die wir aber nur aus Beschreibungen kennen. Eine erhaltene Anlage in der Liebfrauenkirche in Brügge stellt dort die Verbindung zum Stadthaus der Patrizierfamilie Gruuthuse her (Abb. 22). Sie ersetzte ein älteres Oratorium aus Holz, als das Kapitel der Kirche im Jahre 1472 den Neubau aus Stein bewilligte. Die Privatkapelle öffnet sich, hoch über dem Erdboden, in einem erkerartigen Vorbau in das Kircheninnere, wobei die vielen kleinen Fenster den Blick auf den Chor gestatteten. Die Privatsphäre ist mit dem öffentlichen Kirchenraum durch Fenster verbunden, so wie im Stundenbuch die Wohnung der Prinzessin mit einem imaginären, himmlischen Ort durch das Fenster ebenso verbunden wie von ihm getrennt ist.

Die Anlage Gruuthuses war in ihrer Zeit kein Sonderfall. In Brügge besaß auch der Ritter Anselm Adornus, der 1475 Bürgermeister der Stadt wurde, eine ähnliche Privatloge in der Jerusalemkirche. Der Kanzler Nicolas Rolin richtete sich 1453 einen ebenfalls hochgelegenen Gebetsplatz, den er durch eine Galerie mit seinem Wohnhaus verband, in der Liebfrauenkirche von Autun ein, wo er, wohl auch durch ein Fenster, den Gottesdienst an einem heizbaren Ort inkognito verfolgen konnte. Vermutlich besaßen alle diese Anlagen ein Vorbild in der herzoglichen Residenz in Dijon, die mit der Hofkapelle oder Sainte Chapelle auf

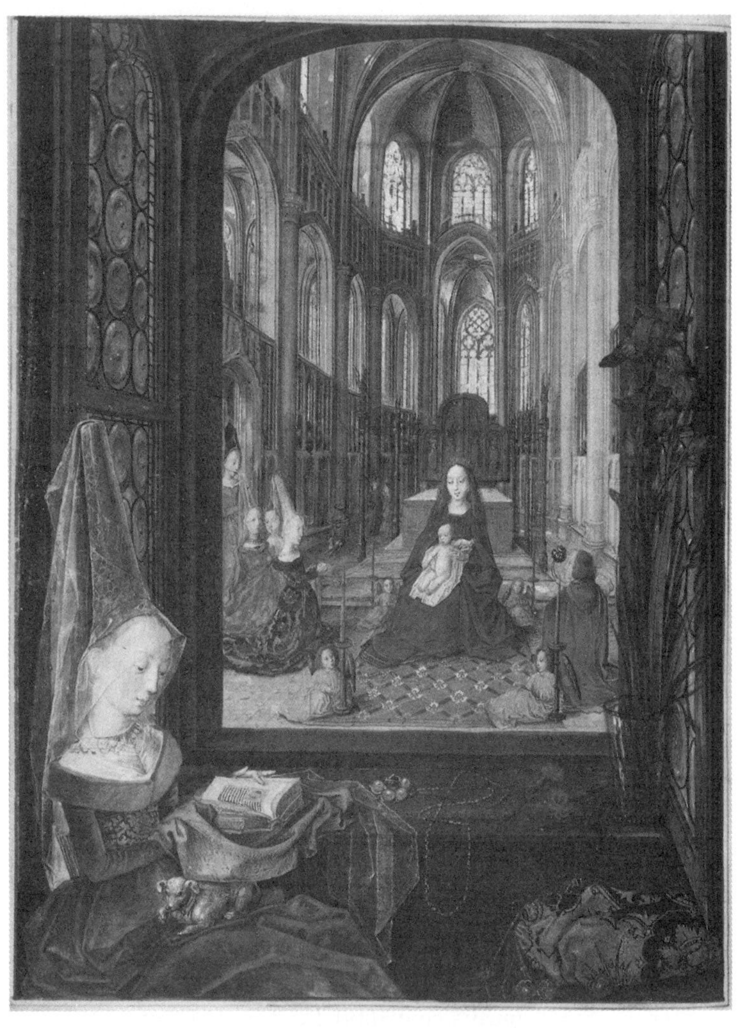

Abb. 21 Meister der Maria von Burgund,
Stundenbuch der Maria von Burgund, Widmungsbild,
Wien, Österreichische Nationalbibliothek, Cod. 1857, fol. 14v

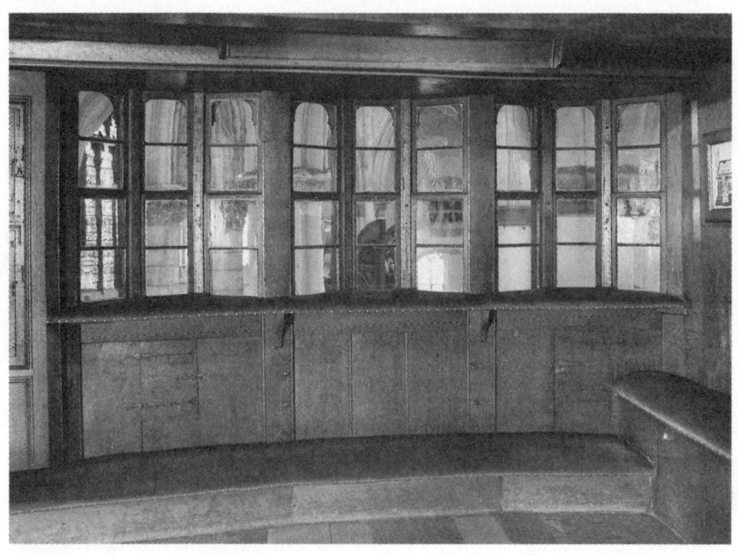

Abb. 22 Brügge, Gruuthusemuseum,
Blick aus der Gebetsloge der Familie Gruuthuse
in die Liebfrauenkirche

diese Weise verbunden war und dem Fürsten einen privaten Gebetsort in einer Kirche für die Hoföffentlichkeit einräumte.

Die Miniatur im Buch der Maria von Burgund, die in Brügge lebte, bildet also eine reale Situation ab, die sich aber zur Metapher wandelt, wenn die Gottesmutter in dem Kirchenraum hinter dem Fenster in Erscheinung tritt. Die Erfindung dieser Metapher lag wieder bei Jan van Eyck, der die «Madonna in der Kirche» in Wahrheit als Diptychon schuf (Abb. 3). An welchem Ort befand sich aber der Stifter, der die verlorene, rechte Tafel einnahm? Wenn wir die späteren Kopien des Werkes zu Rate ziehen, auf denen natürlich immer das Original mit einem neuen Stifterbild ausgetauscht ist, dann hielt er sich an einem zweiten Ort auf, der mit dem Kirchenraum in Blickverbindung stand. So kniet der Abt Christian de Hondt, in einer Replik aus dem Jahre 1499, mit seinem Körper in der Wohnung, die er auf Erden besitzt, und blickt mit seiner Seele durch das symbolische Fenster, das den Bereich der Empirie von dem Bereich der inneren Vorstellung trennt.[14] Das Original Jan van Eycks, offenbar ein einst berühmtes Werk im Besitz des Hofes, besaß einen doppelten, aber im Blick verbundenen Bildort. Man darf annehmen, daß schon sein Stifter an einem Betstuhl kniete, wie es später der Abt tut. Vielleicht war auch das Interieur schon damals ähnlich angelegt, und vielleicht enthielt es auch schon, wie ein Bild im Bild, das Selbstzitat des Diptychons über dem blau ausgeschlagenen Baldachinbett. So ist diese frühe Erfindung Jan van Eycks deutlich auf den Dualismus des Orts und die Brücke des Blicks abgestimmt. Das Werk fordert den Betrachter dazu auf, in Metaphern zu denken, die den wörtlichen Sinn einer Abbildung verwandeln, aber immer auch eine wörtliche Realität besitzen, weil man sie sonst nicht anschauen könnte.

Auch die Metaphern sind, wenn wir die Texte der Zeit heranziehen, «körperliche Bilder», die sich nur von anderen dadurch unterscheiden, daß sie spirituelle Bedeutungen auf sich ziehen.

So lesen wir es in einem einst berühmten Traktat Geert Grootes (1340–1384) über die «Vier Inhalte der Meditation», auf den Bernhard Ridderbos hingewiesen hat. Wir erliegen also einer modernen Selbsttäuschung, wenn wir Realität und Symbol damals nur im Konflikt sehen. Die «sinnlichen Bilder» (*sensibilia*), die eine sichtbare Natur haben, werden dort genauso wie die «Bilder der Vorstellung» (*phantasmata*) eingeschätzt, ja mit ihnen gleichgesetzt. Sie sind zwar «Hilfen» der schwachen Menschennatur, deren Wert aber dort endet, wo der Glaube zu sich selbst kommt und nur noch «in der Kraft des Intellekts besteht». Diese Haltung Grootes erklärt sich aus der Sorge um die Laienbewegung der sogenannten Devotio Moderna, die er in Deventer gegründet hatte. Er will ihr die inneren Bilder der Phantasie, die in jeder Andachtsübung der Zeit vorkommen, als den vierten und letzten Inhalt der Meditation zugestehen, aber zugleich einen Riegel davorschieben, daß sie eskalieren und damit seine neue Bewegung wieder gefährden. Gerade in der Laienbewegung war die Phantasie, auch wenn sie religiösen Zwecken diente und in den mystischen Texten sogar Gebrauchsanleitungen vorfand, zugleich eine «Gefahr», weil die «Einbildung» auch zum Irrtum führen konnte.

Das Diptychon Jan van Eycks öffnete sich ebenso dem «äußeren Auge» wie der «inneren Vorstellung» (so schon Augustinus über den doppelten Blick). Aber auch die «Bilder der Vorstellung» waren «körperliche», also sinnliche Bilder, die der Mensch selbst produzierte, und keine Offenbarungen aus dem Jenseits. Man berief sich zwar immer wieder auf die Visionen der Heiligen, aber dieses Thema blieb, wie man an Grootes unbehaglicher Äußerung ablesen kann, kontrovers. Da die innere Vorstellung, wie alle Mystiker beteuern, sich ihrerseits aus den Bildern der Sinneswahrnehmung speist, konnte man sie auch mit Farben malen. Die Vorstellungsbilder, welche die Maler zur Sichtbarkeit brachten, beweisen gerade, wie sinnlich die religiösen Vorstellungen geblieben waren, jedenfalls im ersten Stadium der Andacht, über das allerdings nur wenige hinausgelangten. Das «körperliche Bild» der Anschauung besitzt keinerlei Bedeutung «an sich» (*absoluta*), sondern ist nur Mittel zum Zweck, um noch einmal Groote zu zitieren. Die Betrachter der Eyckschen Gemälde waren offensichtlich anderer Meinung. Sie erfreuten sich, Geerd Groote zum Trotz, im stillen an der Schönheit der eigenen Welt, die selbst im Phantasiebild der übersinnlichen Welt ihren sinnlichen Reiz behielt.

Noch heute ist der Betrachter bestürzt über die Suggestion des Raumes, die das winzige Privatbild Jans in Berlin wie einen Sog für den Blick enthält (Abb. 3). Es ist, als sähe man mit einer Lupe nicht in die Nähe, sondern in die Ferne hinaus, wobei das andere Paradox darin besteht, daß diese Ferne ein Innenraum ist, in welchem – ein drittes Paradox – eine zierliche Madonna bis fast zu den Fenstern unter dem hohen Gewölbe aufragt. In der Stille dieses Kirchenraums, in welcher der leise Gesang zweier Engel im Chor erklingt, stiftet das Licht die einzige Bewegung, wenn man seine zitternden Lichtbahnen an den Wänden und auf dem Kirchenboden verfolgt: Strahlen, die unter jeder vorbeiziehenden Wolke erlöschen können. Das Licht gewinnt in der Pinselarbeit des Malers, als Pigment, eine materielle Präsenz als das Hauptmotiv des ganzen Bildes. Es fließt und flimmert, es verblaßt oder schwillt an, und es blitzt auf allen Vergoldungen auf. Man kann sich vorstellen, wie der Maler, ganz Auge, versunken in einem Kirchenraum stand und beschloß, den Dialog von Innen und Außen, den er hier erlebte, erstmals in der Malerei wiederzugeben. Das Kirchenfenster, welches das Außenlicht auf der Fensterscheibe abbildet und durch sie den Innenraum erhellt, ist ein Analogon des Gemäldes, wie der Kirchenraum, der nur von außen erleuchtet wird, ein Analogon der Innerlichkeit ist, in welcher sich die religiöse Phantasie entfaltet.

7 Der Doppelblick auf Innen und Außen

Man war himmelweit entfernt von jeder Naivität im Umgang mit den Bildern, auch wenn die religiösen Themen einen modernen Betrachter zu dem Irrtum verleiten mögen, die Bilder seien allein für das schlichte Gemüt von Gläubigen bestimmt gewesen. Das Gegenteil ist der Fall, wenn wir einräumen wollen, daß der Glaube immer mehr zum Problem wurde: nicht zu dem Problem, *ob* man glauben sollte, sondern zu dem Problem, *wie* und *was* zu glauben war. Gerade deshalb schuf die Beschränkung auf Inhalte der Religion, an welche die Maler gebunden waren, eine explosive Situation. Kunst war nur möglich im Kontext der religiösen Themen, wo aber bald der Irrtum drohte. Die Kirche und die Laien gaben oft dieselben Sujets in Auftrag, aber beide besaßen manchmal davon eine ganz verschiedene Auffassung. Das macht die Schwierigkeit, aber auch den Reiz in unserem Thema aus.

Die gemalte Anthropologie, von der die Rede ist, wird auch von der «zweifachen Ansicht des Gemäldes» bestätigt, worunter ich die Ansicht einer unfarbigen Außenseite und einer farbigen Innenseite in den mehrteiligen Altarbildern verstehe. Das Problem der sogenannten Grisaillen ist meist verkürzt worden, wenn man sich darüber wunderte, daß auf den Außenflügeln keine lebenden Figuren, sondern Statuen aus Stein in Erscheinung treten und daß sie, entgegen einer zeitgenössischen Praxis, keine farbige Fassung aufweisen. Man versuchte, den Ursprung dieser Grisaillen in den sogenannten Fastentüchern zu finden, mit denen die Bildwerke der Trauer wegen in der Passionszeit verhängt wurden. Ich selbst sehe das Thema eher im Kontext der Diskussion um den Sinn und die Ästhetik der Bilder.

Die Frage nach der Herkunft der Grisaillen ist immer noch unbeantwortet und wird wohl auch unbeantwortet bleiben. Deswegen empfiehlt es sich, eine andere Frage zu stellen und eher die niederländische Verwendung der Grisaillen zu untersuchen, die strenggenommen gar keine Grisaillen mehr sind, sondern eine neue Steinmalerei (Statuen und Wandnischen) darstellen. Dabei bietet der Gedanke an die Fastentücher, die auch heute noch Verwendung finden, eine erste Orientierung. Wenn sie heute die Bilder vollständig verhüllen, so waren sie damals unfarbige Bilder, welche manchmal die gleichen Themen wiederholen, aber ihnen die Farben rauben. In der Farbe liegt offenbar jene Eigenschaft, durch welche das Bild erst zur körperlichen Wirkung gelangte und den lebendigen Eindruck an die Stelle der toten Bildmaterie setzte. Gerade deshalb hat man damals sogar die Statuen farbig gefaßt, um die Materialität von Stein und Holz aufzuheben und die Statuen, zumindest in der Phantasie des Betrachters, in lebende Personen zu verwandeln. In der niederländischen Steinmalerei stellte man solche Statuen in gegenteiliger Absicht gerade ohne farbige Haut dar, um sie bewußt im Zustand von bloßen Statuen zu belassen und jede Verwechslung mit lebenden Personen zu vermeiden.

Damit kommen wir erst zum wirklichen Sinn der Antithese von unfarbigen Außenflügeln und farbigen Innenflügeln. Die Außenflügel präsentieren sich als eine geschlossene Steinwand, die unseren Blick auf die rein empirische Wahrnehmung begrenzt, auf das also, was man mit leiblichen Augen sehen kann. Das sind entweder lebende Personen oder Steinfiguren von Heiligen, wohlgemerkt entweder irdische Personen oder Heilige im Medium der Statue. Die gemalten Statuen stehen natürlich in Nischen, die aber die geschlossene Wand nicht öffnen, so daß die Statuen *innerhalb* der Wand, aber nicht *dahinter* aufgestellt scheinen.

Auf den Außenseiten seiner großen Altäre, die beide als Torsen ins Städelsche Kunstinstitut gelangt sind, führt uns Campin dieses sekundäre Bild vor, das von sich sagt: ich bin Bild und Materie und nichts anderes, sich also selbst als Bild denunziert (Abb. 23).[15] Die Illusion, die in einer solchen Aussage liegt, reduziert das Bild zum bloßen Abbild. Wenn eine Steinfigur der göttlichen Dreieinigkeit auf einem dreiseitigen (man beachte die Kongruenz) Steinsockel über die Wand heraustritt und wenn der Fuß Jesu sogar noch vor dem Steinsockel herabhängt, dessen Inschrift er verdeckt, dann entsteht das klassische *Trompe l'œil*, das unseren Blick narren will, als würde es sagen: Ich bin nicht *hier*, wo du mich suchst, sondern *dort*, wo du selbst bist. Das *Trompe l'œil*, die gemalte Augentäuschung, bringt nicht die Illusion des «Anderswo», sondern umgekehrt die Illusion des «Hier und Jetzt» zustande, in welcher der Betrachter mit dem Bild denselben Ort und dieselbe Realität teilt.

Bevor wir diese Bilderfindung weiterverfolgen, empfiehlt es sich, den Kreis der Beispiele zu erweitern und die Ideen Jan van Eycks einzubeziehen. Auf dem Dresdner Triptychon verstärkt er die Materialwirkung dadurch, daß er die gemalten Statuen in rechteckige Nischen mit einem anderen, bunt geäderten Marmor einstellt.[16] Das Diptychon der Sammlung Thyssen ist ein Sonderfall, in dem er die Fiktion zum Thema macht, die in jeder Kunst liegt (Abb. 26, vgl. S. 118). Der Genter Altar ist aber, wieder einmal, auch in unserem Zusammenhang die wichtigste Erfindung und bereichert die Außenansicht in der unteren Zone um ein weiteres Motiv, welches das Konzept der rigorosen Empirie überhaupt erst ausschöpft (Abb. 48, 49).

Wir sehen das Stifterehepaar leibhaftig vor Augen, wie es vor den Statuen der Heiligen still im Gebet verharrt. Der Maler mutet uns einigen guten Willen zu, wenn er die lebenden Personen ebenso in Wandnischen unterbringt wie die Statuen der Hei-

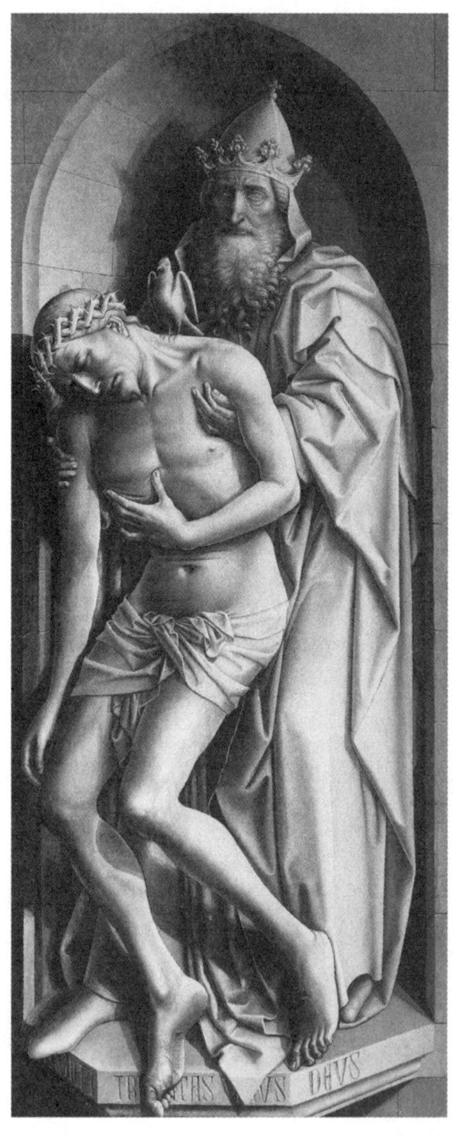

Abb. 23 Robert Campin, Trinität (Außenflügel eines Schnitzaltars?), Frankfurt, Städel Museum

ligen. Aber er bleibt beim Thema, wenn er eine doppelte Darstellungsform wählt und wenn allein die lebenden Personen die Lebensfarben erhalten, während sie den Statuen der Heiligen entzogen werden. Man sieht im Bilde nur das, was man auch mit «leiblichen Augen» sehen kann, und nichts anderes. Wir bleiben auf den Außenflügeln diesseits der Wand, wo unsere empirische Wahrnehmung endet. Erst die Öffnung des Altars schließt uns ein Bild gänzlich anderer Art auf, das aus dieser Antithese lebt und außerhalb der Empirie liegt: das Paradies als Thema der inneren Vorstellung. Die Paradoxie dieser Inszenierung, die etwas im irdischen Sinne Unwirkliches wirklich erscheinen läßt, war offenbar beabsichtigt. Die zweifache Ansicht des Gemäldes wendet sich an den doppelten Blick, den der Mensch besitzt.

Der Genter Altar ist in mancher Hinsicht eine Ausnahme geblieben, auch darin, daß er in der zweiten Bildzone den Maler dazu zwang, für die Szene der Verkündigung einen Kompromiß aus Grisaille und Farbenbild zu finden. Dennoch hat diese Außenansicht, in der sich die Porträts und die Kunstfiguren gegenseitig die empirische Wahrheit der Malerei bestätigen, bald Schule gemacht. In ihr vollendet sich eine philosophische Ästhetik, die das Wesen des Gemäldes überhaupt erst begründete, auch wenn sie sich in keinem erhaltenen Text, sondern nur in den Bildern artikuliert. In der zweifachen Ansicht ihres neuen Produkts wendet sich die Malerei im geschlossenen Zustand an die äußere Wahrnehmung und im geöffneten Zustand an die innere Vorstellung.

Das Spiel mit dem *Trompe l'œil* war kein Problem, wenn es nur dazu diente, die Fragwürdigkeit der Erscheinungswelt zu entlarven. So konfrontiert uns Rogier van der Weyden auf dem Votivbild für den verstorbenen Jean Braque außen mit dem «Memento mori» eines Totenschädels, der an einem abgebrochenen Ziegelstein lehnt, während uns die Inschrift auf die Vergänglichkeit der sinnlichen Welt aufmerksam macht.[17] Der Augenschein, als Oberfläche, endete, wie für Jean Braque selbst, mit dem irdischen Tod, hinter dem sich allein die Welt des Glaubens öffnete, wenn der Benutzer des Werks die Flügel öffnete und die Innenbilder anschaute. In gleichem Sinne redet uns ein erst kürzlich aufgedeckter Totenschädel auf Memlings Johannes-und-Veronika-Diptychon mit der Warnung an: «Auch Du wirst sterben» (*Morieris*).[18] Solange die Doppeltafel geschlossen bleibt, bleibt auch der Blick in unserer irdischen Erfahrung eingeschlossen.

Das Prinzip der «zweifachen Ansicht» fand nicht überall und immer Geltung. So stellte der Eycksche Maler, dem man den Notnamen eines «Meisters der Verkündigung von Aix-en-Provence» gab, zuweilen die Statuen der Heiligen auf den Außenflügeln in den Lebensfarben dar. Das erklärt sich auch daraus, daß er in einer südfranzösischen Umgebung wirkte und hier, in einem extraterritorialen Rahmen, anders verfahren konnte – und vielleicht verfahren mußte. In den Niederlanden hat die Beschränkung auf die faktische Erscheinungswelt dagegen so rigorose Geltung erlangt, daß vereinzelt auch Stilleben auf den Außenflügeln Platz fanden. Das Verfahren ist aus dem Werk Memlings bekannt,[19] aber begegnet auch auf der Rückseite eines Marienbildes im Museum von Rotterdam, wo in der Wandnische einige Bücher und ein Waschgefäß stehen, während vor der Wand das Handtuch aufgehängt ist, mit dem man sich nach dem Waschen die Hände trocknet (Abb. 24).

Aber die leblosen Bildwerke auf den Außentafeln, in denen sich eine Selbstanzeige der Kunst verbirgt, erzeugten Probleme, wenn sie nach ihrem religiösen Sinn (als Figuren von Heiligen) befragt wurden. Sicher ließ sich damit immer der Wettkampf von Skulptur und Malerei bestreiten, wobei die illusionsfähige Malerei leicht den Gewinn davontrug. Dennoch konnte man die äußerliche Skulptur nicht einfach abwerten, ohne auch die äußerliche

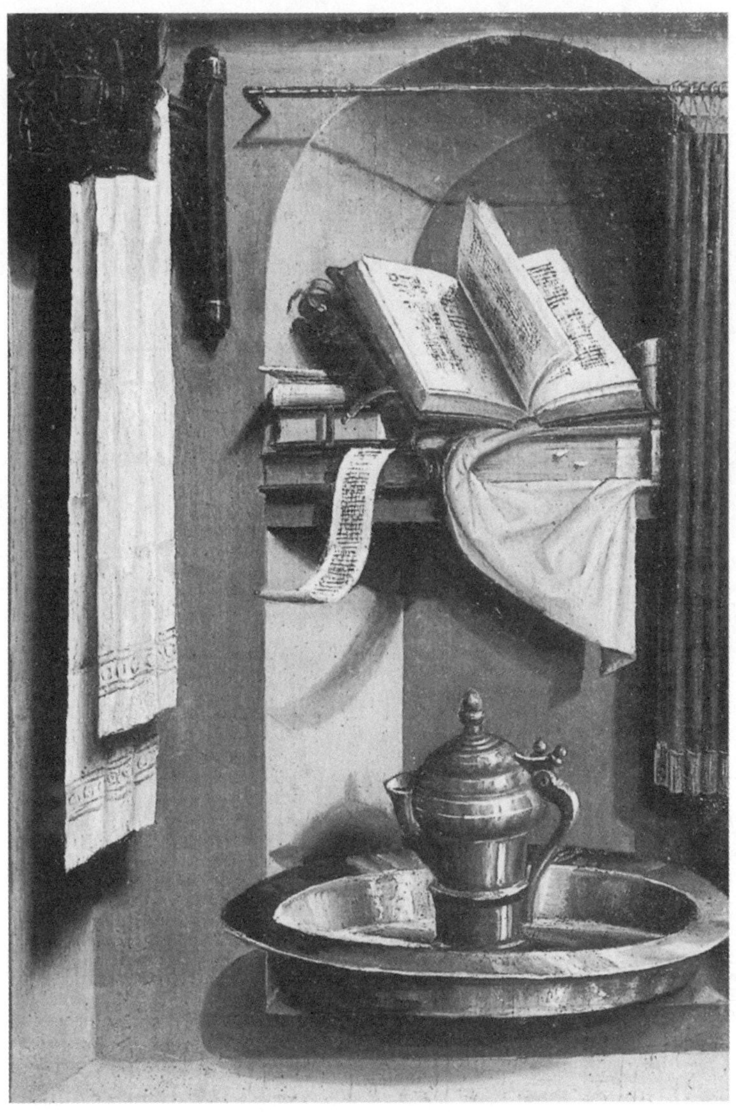

Abb. 24 Stilleben (Ende 15. Jh.),
Rotterdam, Museum Boymans-van Beuningen

Malerei ins Zwielicht zu setzen. Schließlich handelt der Text Grootes nicht nur von inneren Bildern, sondern auch von «Bildern in der Außenwelt», also «Statuen aus Holz, die uns das Geschehene lebendiger vergegenwärtigen. Wir benutzen solche Bilder immer nur als Zeichen» (*pro signis*).

Als Zeichen? Die Gemälde mit einer zweifachen Ansicht bestehen sowohl außen wie innen aus «Zeichen» und sind in beiderlei Ansicht «äußerlich», wenn sie auch verschieden gemeint sind. Außen scheinen sie bloße Zeichen mit einer toten Oberfläche, innen aber durchlässige Zeichen zu sein, die sich mit den Bildern unserer Vorstellung füllen und damit die Illusion der Lebendigkeit erzeugen. Das sind keine Haarspaltereien, wenn wir in einem anthropologischen Kontext bleiben, der damals gerade die Laien dazu ermunterte, sich ihrer eigenen widersprüchlichen, leibseelischen Existenz bewußt zu werden und sich an der analogen Komplexität der Bilder zu erfreuen.

Die Maler aber ließen sich allmählich dazu verführen, diese gemalten Skulpturen insgeheim mit einem Leben zu erfüllen, wie es kein Bildhauer vermochte. Sobald die Grisaillen zur Konvention geworden waren, deren Sinn einmal feststand, ließ sich ein freies Spiel eröffnen, das die Grenzen zwischen dem toten Bildwerk und der lebenden Person, die es darstellte, auf eine rätselhafte Weise offenhielt. In der Generation des Hugo van der Goes war das ein Trumpf, der gegen die großen Vorgänger ausgespielt wurde. Man sah jetzt gemalte Skulpturen, die sich unversehens in lebende und handelnde Personen verwandelten, also zwischen Zeichen und Realität oszillierten. Wer sich darüber wundern wollte, der mochte sich an den Wechsel zwischen inneren und äußeren Bildern erinnern. Die äußeren Bilder veränderten sich, sobald man sie in innere Bilder übertrug und damit der Suggestion einer Metamorphose verfiel.

In der Generation der Erfinder stand dagegen der blanke Kontrast der gemalten *Bildwerke* mit den gemalten *Personen* und ihrer Lebenswirkung im Vordergrund. Dieser Kontrast verlangte danach, daß die Bildwerke auf ihr anorganisches Steinmaterial beschränkt blieben, ohne farbig gefaßt zu werden. Die gemalten Steinfiguren sind im übrigen reine Erfindungen und keine Reproduktionen vorhandener Skulptur, womit sich ein weiteres Problem erledigt, über das so viel Tinte geflossen ist. Es kam auf das Prinzip an, und deshalb war die Erinnerung an bekannte Skulpturen, mit denen man auch die Bildhauer beleidigt hätte, überflüssig. Diese Skulpturen, die es damals noch gar nicht gab, wurden natürlich bald von den Bildhauern aufgegriffen und nach Möglichkeit überboten. Man kann sich den Genuß eines Malers wie Robert Campin vorstellen, wenn er, der immer nur die Skulpturen von Kollegen farbig faßte, einmal eigene Skulpturen herstellte, wenn auch in einem anderen Medium.

In einer überraschenden Anschaulichkeit ist gerade das Gemälde mit einer doppelten Ansicht ein Analogon, und daher vielleicht auch ein Symbol des Menschen selbst. Schon der Körper, den jedes Gemälde besitzt, trägt einen Verweis auf den Körper seines Betrachters in sich. Deshalb konnte das Gemälde in ganz neuer Weise auch einen Menschen vertreten, der es an einen Ort stiftete, wo er im Medium des Gemäldes anwesend sein wollte. Ein Gemälde mit einer Außenseite, hinter der sich eine Innenseite verbirgt, steigert aber die Referenz auf den Menschen noch um die Unterscheidung des *dehors* und des *dedans*, die in der Personenbeschreibung der Zeit eine Rolle spielt: um die Unterscheidung von sichtbarem Körper und unsichtbarer Seele, die hinter der Oberfläche des Körpers lebt. Ein Körper ließ sich allerdings nicht öffnen, wie man das Gemälde öffnen konnte. Aber das Auge des Betrachters sollte all das, was ihm das Gemälde in geöffnetem Zustand zeigte, als Motiv der inneren Vorstellung begreifen, die sich dem «Auge der Seele» öffnete.

8 Die Entstehung des Kunstbegriffs

Die neuen Metaphern machten den Maler zum Erfinder, der sich nicht allein auf das Abmalen der physischen Erscheinung beschränkte. In einem oft zitierten Brief aus dem Jahre 1435 bescheinigt der burgundische Herzog Philipp der Gute seinem Hofmaler Jan van Eyck, er habe «in unserer Zeit nicht seinesgleichen und werde in seiner *art* und *science* von niemandem übertroffen». Mag dies auch eine geläufige Redewendung gewesen sein, so enthält sie doch eine Unterscheidung, die in der Einschätzung des Malers eine Rolle gespielt haben muß. *Art* ist damals wohl der Begriff für das Kunsthandwerk und die künstlerische Technik: In diesem Sinne wird Jan van Eyck anläßlich der Brautwerbung in Portugal 1429 ein «Meister *en art de peinture*» genannt, was nur eine reine Zunftbezeichnung sein kann und mit dem Begriff des Freimeisters verbunden ist.

Dagegen ist gerade das, was wir heute als «Kunst» bezeichnen, damals mit dem provisorischen Begriff einer *science* (Wissenschaft) gemeint, die das Handwerk übersteigt und den Maler zum Gelehrten macht, der seinen Platz in der Schicht der Gebildeten beansprucht. So spricht der burgundische Hofmann Olivier de la Marche in der Einleitung seiner Memoiren von Georges Chastellain, seinem literarischen Vorbild, als seinem *maitre en science*. In einem der selten erhaltenen Malerverträge, der 1453 in Avignon abgeschlossen wurde, ist zunächst von der Technik die Rede und dann erst von dem Wunsch, der Maler

(Enguerrand Quarton) möge in den Hauptfiguren «alle seine Kunst zeigen» (*monstrera toute sa science*).

Wissenschaft setzt ebenso das Wissen um die Dinge wie die Fähigkeit voraus, das Wissen anzuwenden und in eine Deutung der Welt umzusetzen. Wir können sie, modern gesprochen, als Kunst der Malerei bezeichnen, die vom Malerhandwerk als einer technischen Fähigkeit erstmals unterschieden wird. Das Gemälde war die Aufgabe, an der sich diese neue Konzeption von Kunst bewähren sollte. Der Wahlspruch Jan van Eycks «Als ich chan» kam aus der Welt der Literaten und Schreiber (S. 115) und zeigte schon durch diese Herkunft an, daß der Maler seine gemalte *science* unter Beweis stellen wollte. Unterscheiden wir also, um unserem Thema näherzukommen, einmal die *art* von der *science*, das Handwerk von der Kunst, indem wir uns zunächst dem Handwerk zuwenden.

Im Porträt des Goldschmiedes Jan de Leeuw fordert uns Jan van Eyck, wenn man die aufgewendete Bravour in der Maltechnik ernst nimmt, gewissermaßen zum Vergleich des einen Handwerks mit dem anderen, des Goldschmieds mit dem Maler, auf (Abb. 17). Die Rahmeninschrift scheint in Metall graviert zu sein, und der Goldschmied weist in der sichtbaren rechten Hand, mit der er seinem Gewerbe nachgeht, einen Goldring als Probe seines Könnens vor. Aber der Goldring ist ein gemalter Ring, und auch die Rahmeninschrift ist nicht graviert, sondern eine täuschend genaue Abbildung, die sich an die Stelle der abgebildeten Sache setzt. Die analytische Darstellung der Sinnenwelt simuliert das, was der Goldschmied herstellt, im Medium der Ölmalerei. Der Maler geht aber noch über diesen Wettbewerb hinaus und bildet nicht nur die Arbeiten des Goldschmiedes, also dessen *art*, sondern auch den Menschen aus Fleisch und Blut, also die *Natur* selbst ab. Wenn schließlich der Goldschmied «mit Augen sieht», um die Rahmeninschrift abzuwandeln, dann ist sogar das *Leben* der Person in das Gemälde eingefangen (S. 73).

Im Bereich des Wettbewerbes, in dem das gemalte Gold die Stelle des echten Goldes besetzt, wird die frühere Hierarchie zwischen der «kostbaren» Goldschmiedekunst und der «billigen» Malerei gleichsam umgekehrt. In der zeitraubenden Perfektion der Öltechnik wird die Malerei um ihrer selbst willen kostbar und ist es nicht mehr allein im Namen dessen, was sie darstellt. Die gemalte Illusion von Goldkronen, die wir auf dem Genter Altar finden, gewinnt ein ebenso großes Prestige wie die Gegenstände selbst (Abb. 52). Die Maler bestehen auf dem Vergleich des «Ebenbildes» oder *semblant*, wie sie gesagt haben würden, mit dem realen Ding, weil in diesem Vergleich ihre Könnerschaft (*art*) zutage trat. Der Genter Altar führt zum ersten Mal die Illusion von Metallarbeiten so vor, als läge darin ein Programm. Die goldenen Bogenstirnen hinter den drei Personen der Deesis spielen auf echte Metallschreine an, wie sie, übrigens in der gleichen Position, hinter den Altären standen. Der Wettstreit der Künste ist auch bei Leon Battista Alberti damals das Thema, und er rät in seinem Werk «Über die Malerei» dem Maler, kein Gold zu verwenden, sondern es mit einfachen Farben zu simulieren, damit er «mehr Ruhm und Bewunderung finden» könne.

Die Umkehrung der früheren Hierarchie der Künste wird manifest in dem Schrein mit den Gebeinen der hl. Ursula, den das Sint-Jans-Hospitaal in Brügge von Hans Memling 1489 bemalen ließ.[20] Eigentlich handelt es sich hier um einen «gefälschten» Metallschrein, der in Wahrheit aus Holz besteht. Aber sein wirklicher Wert liegt in den acht Tafelbildern, die man von dem angesehensten Maler der Stadt erwarb: Sie füllen die Felder zwischen den Säulenarkaden, wo immer Metallreliefs gesessen hatten, wie gemalte Fenster, in denen man das Leben der hl. Ursula erblickt. Der ehemalige Schrein wandelt sich zu einem Gehäuse von Gemälden, deren Prestige inzwischen die Arbeit der Goldschmiede ausstach. Es war merkwürdigerweise ausgerechnet die hl. Ursula, die nach der Legende ihre Verehrer davor gewarnt hatte, sie mit einem billigen Ersatz für ein versprochenes Geschenk zu betrügen. Aber in diesem Falle konnten die Stifter sicher sein, daß ihr Geschenk in Memlings gemaltem Gegenstück nichts an Wert verloren hatte, nachdem es den neuen Ruhm der Malerei verkündete.

Das Stifterbild des Georg van der Paele wurde im Œuvre Jan van Eycks berühmt wegen der unvorstellbar vollkommenen Beschreibung aller Körper und Stoffe (Abb. 25). Das dargestellte Licht hat dabei die Aufgabe, die unzähligen Details in die Gesamterscheinung des Bildes zu integrieren. Es belebt die Oberflächen der so heterogenen Materialien, unter denen wir Leinen, Seide, Wolle, Brokat, Haar, Pelz, Leder, Metall, Glas, Holz, Stein und Marmor unterscheiden können. Selbst in seiner Durchdringung der Schatten erzeugt das Licht einen Luftraum zwischen den Körpern, die aus einer gemeinsamen Lichtquelle angeleuchtet werden. In seiner Allgegenwart gewinnt es eine gleichsam mystische Qualität. Es war die neue Technik der Ölmalerei, welche die Voraussetzungen dazu schuf, alle Oberflächen im lebendigen Spiel des Lichts zu beschreiben.

Die Tafel in Brügge ist, mit Ausnahme des Genter Altars, das größte Gemälde, das sich im Œuvre Jan van Eycks erhalten hat. Der uralte Stiftsherr, der bereits eine internationale Karriere in der päpstlichen Kanzlei hinter sich hatte, wurde 1434 aus Gesundheitsgründen von der regelmäßigen Teilnahme am Gottesdienst freigestellt. Im gleichen Jahre stiftete er die Stelle eines Priesters, der in seinem Namen die tägliche Messe las und für ihn zu beten hatte. Die große Tafel, in deren Inschrift diese Stiftung vermerkt ist, übernimmt, wie sonst das Einzelporträt, nicht nur die Stellvertretung einer Person, sondern erinnert auch an ihre in der Stiftung erworbenen Rechte. Die Rahmeninschrift enthält sowohl das Datum der Stiftung (1434) wie auch das Datum der Fertigstellung des Bildes (1436). Wahrscheinlich war das Gemälde so lange in Arbeit.

Die Könnerschaft (*art*) des Malers triumphiert, wenn er nicht nur wertvolle Materialien *reproduziert*, sondern seinerseits Güter von einer neuen Art *produziert*, deren Realfiktion für die Zeitgenossen, welche die kostbaren Waren auf dem Markt von Brügge über alles schätzten, an Magie gegrenzt haben muß. Aby Warburg, der aus einem Hamburger Bankhaus stammte, spielte in einer berühmten Studie von 1902 auf die Affinität an, die zwischen der Ware des Kaufmanns und dem Produkt des Malers damals bestand. Die Warenästhetik wurde von einer Malerei aufgenommen, die dadurch selbst zur kostbaren Ware wurde. Der Arbeitsaufwand ist in Verbindung mit der makellosen Technik angesichts des ansehnlichen Formats des Stifterbilds seinerseits zum Gütesiegel geworden.

Aber das Stifterbild van Eycks ist nicht allein ein Produkt des Handwerks und nicht nur eine Versammlung gemalter Dinge. Die Einheit, die in der gemalten Analyse der sichtbaren Welt liegt, erhebt die neue Malerei in den Rang einer Wissenschaft. Sie kommt schon in dem Raum zustande, der wohl den Chor der zerstörten Kollegiatskirche St. Donatian in Brügge abbildete, wo der Kanoniker zwei Priesterstellen gestiftet hatte, wie wir in der Inschrift erfahren. Solange das Gemälde in diesem Chor hing, trat der Stifter *im* Bild und zugleich *mit* dem Bild, also zweimal, am Ort seiner Stiftung in Erscheinung. Der *gemalte* Ort wiederholte den *realen* Ort, an dem sich das Bild befand, wie in einem Spiegel, in dem jeder Betrachter die Symmetrie von Malerei und Realität im handfesten Vergleich erfahren konnte.

Die ganze Situation im Bild weist ganz unmißverständlich auf einen konkreten Ort hin, für den das Bild gemalt wurde. Die Inschrift spricht vom «Kanoniker dieser Kirche», was nur dann

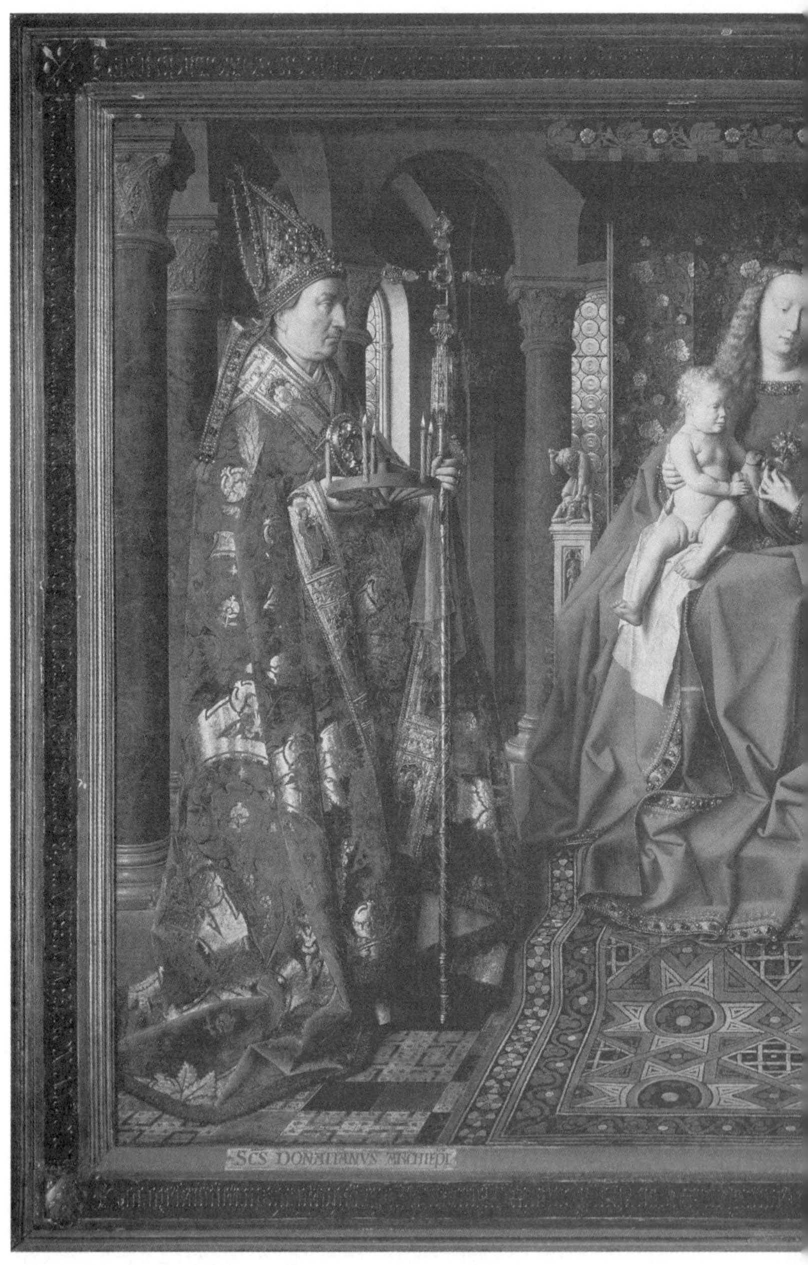

Abb. 25 Jan van Eyck, Paele-Madonna, Brügge, Groeningemuseum

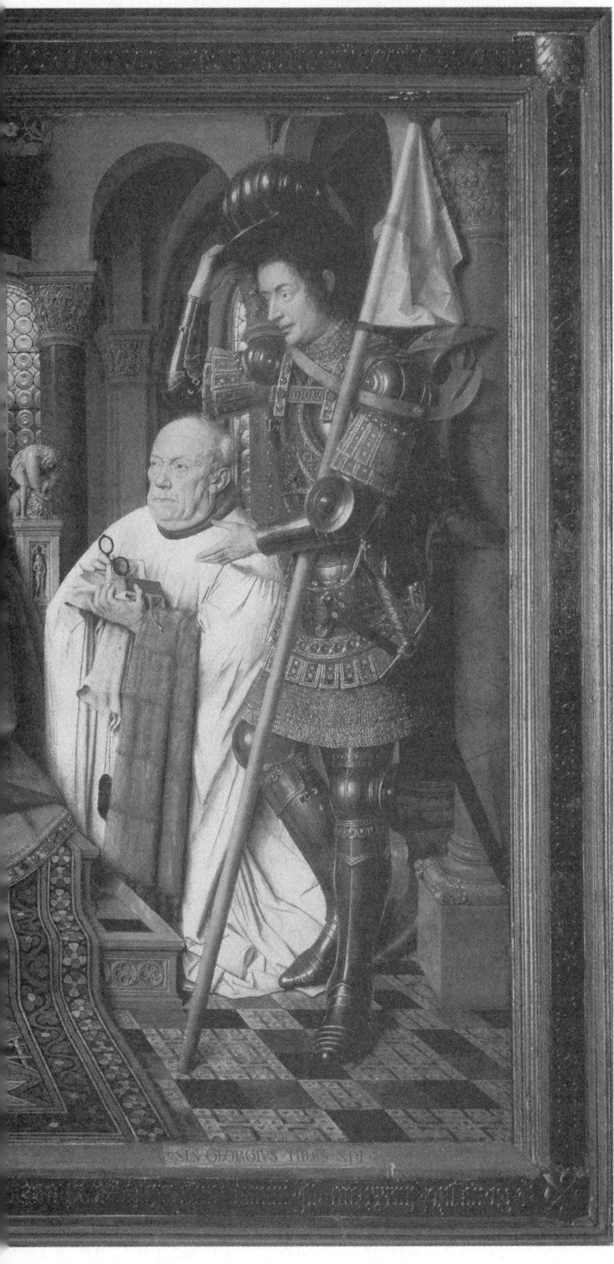

einen Sinn ergibt, wenn man sie am gleichen Ort auch las. Sie wurde übrigens abgeändert, als van der Paele 1441 eine zweite Priesterstelle für den «Chor des Klerus» stiftete, der im abgebildeten Chor repräsentiert ist. Die kostbaren Materialien spielen auf die Geschenke an, die der Stiftsherr seiner Kirche immer wieder gemacht hat. Der Kirchenraum mag auch ganz allgemein die Institution der Kirche, welcher der Stifter ein Leben lang angehörte, bezeichnen. Die private Andacht findet also im öffentlichen Kirchenraum, das heißt unter dem Dach der Institution Kirche statt, die sich für die neue Laienfrömmigkeit weiterhin zuständig erklärte. Zugleich trägt der Kirchenraum aber auch lokale Züge und präsentiert sich damit als der Ort jener Brügger Kirche, in deren Klerus der Stifter Mitglied war.

Der Ort, ein dämmeriges Chorhaupt mit Umgang, ist wie mit einem Spiegel ins Bild geholt. Der Chorherr, der das Bild bestellte, kniet schwerfällig vor dem Marienthron, der die Stelle des Hauptaltars in St. Donatian einnimmt. Hier wurde das Brot, ein bloßes Zeichen, in den Leib Christi verwandelt, der im Bild auf den Knien seiner Mutter sichtbar wird. Der kirchlichen Verwandlung in die sogenannte Realpräsenz entspricht die Verwandlung in die Bildpräsenz, die der Maler vollzieht: in eine Präsenz, die sich mit der Anschauung des Kindes füllt, die im Sakrament fehlt. Der alte Kleriker, der die Brille abnimmt, während er von seinem Brevier aufblickt, kann sich nur im Geiste vorstellen, was wir wirklich sehen können. Er braucht dazu keine Brille, sondern nur seinen Glauben. Mitten in der Welt, im Altarraum einer jedermann bekannten Kirche, und mitten im Gemälde, das soviel Faktisches zu bieten hat, findet diese innere Begegnung statt, die den Dualismus im Gemälde rechtfertigt. Die menschliche Natur trägt den gleichen Dualismus in sich.

Der damalige Betrachter war sehr wohl dazu in der Lage, mehrere Sinnschichten zu unterscheiden, wenn er den Chorherrn in Begleitung seines Namenspatrons Georg und des Kirchenpatrons Donatian vor der Gottesmutter erblickte. Die persönliche Frömmigkeit (*devotion*) des Stifters, die für immer im Bild festgehalten ist, war hier zugleich auf ihr handgreifliches Resultat bezogen, das in der Stiftung (*fondation*) von Messen bestand. In den Statuten, mit denen Nicolas Rolin 1450 ein Priesterkolleg in Autun einrichtete, werden denn auch die liturgischen Handlungen, die er vorschrieb, von dem Bild (*ymaige*) unterschieden, vor dem sie stattfinden sollten. Das Eycksche Gemälde ist nicht selbst die Stiftung, aber es gibt dieser ein «Gesicht» und bezieht sie auf die Frömmigkeit des Stifters, ohne daß es die Tatsache verheimlicht, daß es auch der Selbstdarstellung van der Paeles diente und eine sichere Kapitalanlage war.

Ebenso wie das einzelne Porträt die Einheit einer *Person* entwarf, so schuf das große Stifterbild die Einheit der *Welt* nach, in der die Person lebt. Das Kircheninnere beschränkt sich nicht auf die Reproduktion eines konkreten Ortes, sondern demonstriert die Beschaffenheit der Welt, deren Vielfalt vom Licht gleichmäßig durchwandert wird, wobei die Distanzen im Raum ebenso wie die Farben auf den Materialien in den Blick treten. Die Einheit der Welt wiederholt sich in der Einheit der Darstellung, die fortan die Malerei zu einer autonomen «Kunst» machte. Im «doppelten Blick», der, wie wir sahen, auf sichtbare (den Stifter) und unsichtbare Figuren (die Heiligen) fällt, ließ sich das Gemälde, historisch gesprochen, ebenso mit den Augen des Leibes wie mit dem Auge der Seele betrachten.

Aber der Hinweis auf «Kunst» als gelungene Fiktion erfolgt im Rahmen des Stifterbildes erst dort, wo sich der Erfinder selbst ins Spiel bringt. Das geschieht in der Paele-Madonna auf dem Schild des hl. Georg, wo ein konvex verzerrtes Spiegelbild einen Mann mit roter Mütze reflektiert, der in aller Wahrscheinlichkeit der Künstler selbst ist: Jan van Eyck, der vor seinem eigenen Werk steht und sich darin spiegelt.[21] Der kleine Schild Georgs ist dabei, wie Rudolf Preimesberger ausführt, ein Bild im Bild, weil auch das Gemälde als ganzes «Schild» genannt wurde und die Malerei «Schilderei» hieß. Zugleich gibt uns Jan dabei einen Hinweis auf die antike Kunstliteratur, denn Plutarch berichtet in seiner Vita des Perikles, daß sich Phidias gemeinsam mit diesem auf dem Schild der Athena Parthenos dargestellt habe, und Dion Chrysostomus fügt hinzu, daß dieses Porträt versteckt gewesen sei.

Jan van Eyck, den frühe Humanisten wie Bartolomeo Fazio für seine literarische Bildung rühmen, arbeitete für gebildete Betrachter und Kunstkenner, die er mit versteckten Pointen ebenso wie mit dem vollen Spektrum seiner optischen Kenntnisse überraschte. So läßt er sich die Frau in der Badestube in einer Rückenansicht spiegeln, womit er den Wettstreit der Malerei mit der Skulptur zum Programm erhebt (Abb. 34). Ein Bildthema wie diese Badeszene ist Beweis genug, daß er für Kunstkenner malte, welche die Ära der Kunstsammlung vorweggenommen haben. Hätte es in Flandern eine Kunstliteratur gegeben, wie sie in Italien auf den Plan trat, so könnten wir auch im Norden davon sprechen, daß damals die Kunst «wiedergeboren» wurde.

Die Erfindung, welche erst das Handwerk zur Kunst erhebt, unterscheidet sich von der bloßen Abbildung und der bloßen Maltechnik durch die Idee, die im Geist des Malers geboren wurde: Er besaß ein Konzept von der Welt, für das er eine gemalte Formel suchte. Es war seine Vorstellung, die sich in ein gemaltes Bild umsetzen ließ, das also ein Vorstellungsbild wiedergibt. Jede Erfindung weist auf einen Erfinder zurück, der sie für sich reklamiert und sich, wie es jetzt der Maler tat, als Person zu Wort meldet. Die Werke werden, jedes für sich, zu einmaligen Erfindungen, die man nur noch kopieren, aber nicht mehr verwechseln kann. Deshalb entstehen jetzt täuschend genaue Werkstatt-Repliken, an denen die Kunstkenner keine Änderung dulden, welche die einmal gemachte Erfindung in Frage stellen könnte. Der Maler signierte nicht allein das materielle Produkt seiner handwerklichen Technik, sondern das ideelle Produkt seiner künstlerischen Idee. Das Werk vertrat ein Metier, dessen Produktionsweise von einer beruflichen Genossenschaft kontrolliert wurde, die Idee dagegen einen Erfinder, der dafür mit seinem persönlichen Namen bürgte.

Das Motto, das Jan van Eyck immer wieder auf die Rahmen seiner Gemälde schrieb, zeugt mehr noch als seine Signatur vom persönlichen Stolz des Autors, der sein Werk, ähnlich wie der Literat, als seine ureigene Erfindung vorstellte. R. W. Scheller hat in einer glänzenden Untersuchung nachgewiesen, daß nicht nur die Wahl, sondern auch der Wortlaut des Mottos aus der Tradition der Buchautoren und der hochgeachteten Schreiber stammte. Sie wiesen am Schluß ihres Textes auf sich selbst hin, wenn sie dem Leser versicherten, daß sie ihr Werk so gut verrichtet hätten, wie sie es nur irgend konnten – wenngleich vielleicht nicht so gut, wie sie es wollten. Das «ich» lenkt uns in dem Motto auf die Person des Künstlers hin, der die Leistung, aber auch die Mängel eines Werks allein verantwortet. In diesem Sinne ist das Motto «Als ich chan» (So gut ich kann) ein Selbstlob in der literarischen Formel der Demutsbezeugung.

Die Bedeutung der Begriffe Kunst und Handwerk ist damals noch im Fluß, ebenso wie es das Verständnis der Werke selbst ist. Michael Baxandall hat in seinem schönen Buch über «Giotto and the Orators» die Begriffsgeschichte der italienischen Kunstliteratur, die sich wiederum auf die Antike bezog, ganz in diesem Sinne dargestellt. Der Begriff «Ars» bezeichnete einen Beruf, den man erlernen konnte, und eine Kunstfertigkeit, die erst der «Begabung» (*ingenium*) bedurfte, um sich zur wirklichen Kunst zu verwandeln, für die man noch keinen Begriff besaß. Nicole Oresme, in seiner Übersetzung der Ökonomie des Aristoteles, unterscheidet am Beispiel der Musik den Beruf (*art*) dessen, der eine Harfe herstellt, vom Beruf desjenigen, der sie spielt. Dennoch hat er für die eine wie für die andere Tätigkeit nur einen und denselben Begriff: *art* nicht als Kunst, sondern als Metier.

Der sicherste Gewährsmann für diesen Stand der Dinge ist damals der gleiche Bartolomeo Fazio, dem wir den besten, ja den einzigen Text über Jan van Eyck, den «Malerfürsten unseres Jahrhunderts», verdanken. In seiner Einleitung rühmt er die Maler, ebenso wie die Dichter, für die «Erfindung» oder Invention im Verständnis der Rhetorik, wenngleich sie in der unrhetorischen Malerei des Nordens eher zurücktritt. Hier spielte der wissenschaftlich-analytische Anspruch, der ebenso in der Kunstdiskussion vertreten ist, eine größere Rolle.

Dennoch kann man sich an Fazio orientieren, wenn er die Malerei nicht nur als Zeugnis der «Geschicklichkeit», sondern auch «des großen Talents» versteht und sie dafür lobt, daß sie sogar die inneren Gedanken und Gefühle im menschlichen Porträt ausdrücke, durch die erst ein Bild zu leben beginne. Alle bildenden Künste müßten der «Methode der Malerei» (*pingendi ratio*) folgen, die Baxandall mit *science of painting* übersetzt. Von der Kunst der Malerei, verglichen mit dem bloßen Handwerk, hat sich Fazio eine so hohe Meinung gebildet, daß er nur insgesamt vier Maler benennen kann, die seinem Standard entsprechen. Darunter befinden sich zwei italienische und zwei niederländische Zeitgenossen, die einen neuen Rang der Kunst vertreten, welcher ihren Vorgängern noch fehlte. Jan van Eyck rühmt er dafür, Plinius gelesen zu haben, was im Klartext heißt, daß dieser eine Kunst im antiken Sinne erneuerte. Dessen gemalte Weltkarte benennt er mit dem vielsagenden und vieldeutigen Begriff «mundi comprehensio», worin der Akt der Erkenntnis mitklingt, der dem eigentlichen Malvorgang vorausging.

In den Niederlanden fehlt damals eine Literatur, welche den Dialog von «malerischer Praxis und früher Theoriebildung» bezeugt, der in den Werken vorausgesetzt ist (Rudolf Preimesberger). Nur in der Musik, wo es seit langem eine wissenschaftliche Literatur und auch eine Debatte um Werkform und Praxis der Aufführung gab, hören wir von einer «neuen Praxis» (*nouvelle pratique*), die Polyphonie zur Harmonie zu bringen, wie R. Wangermée nach den Quellen dargelegt hat. Die «Ars Nova» oder «Neue Kunst» war zwar schon ein lange eingeführter Begriff, aber sie galt insbesondere für die Generation Jan van Eycks, in welcher Musiker wie Guillaume Dufay oder Gilles Binchois die Musik im burgundischen Flandern auf das Niveau einer persönlichen Kunst erhoben. So wird der 1495 verstorbene Ockeghem in einem Epitaph Molinets, das Josquin Desprez wunderbar vertont hat, als der «wahre Schatzmeister und das Meisterwerk» (*chef d'œuvre*) der Musik betrauert.

Auch die Stifterinschrift des Genter Altars, die mehr von den beiden Malern spricht als vom Stifter selbst, ist das Zeugnis eines Künstlerruhms, der einen neuen Begriff vom Metier zur Voraussetzung hat. Doch scheint es, dass sie erst aus dem 16. Jahrhundert und also aus dem Kunstdiskurs einer neuen Ära stammt. Sie erinnert an Hubert van Eyck, «den niemand an Größe übertraf» (*maior quo nemo repertus*), während sein Bruder Jan, «der die gewaltige Aufgabe vollendete, in der Kunst der zweite war» (*arte secundus*). Merkwürdig bleibt aber, dass Hubert van Eyck, wenn wir den Quellen glauben dürfen, direkt vor dem Altar begraben lag. Die flämische Grabinschrift für den, der «einst in der Malerei (*schilderye*) bekannt und sehr hoch geehrt war», spricht von der Vergänglichkeit des Ruhms, der den Maler nicht vor dem Tode bewahrte, und fordert «die Verehrer der Kunst» (*die const minnen*) zur Fürbitte um sein Seelenheil auf (S. 196).

Die flämische Grabinschrift zeigt in dem Begriff *Const* (Kunst), ebenso wie die lateinische Stifterinschrift in dem Begriff *Ars* einen Bedeutungswandel an, der die reine Bezeichnung des Metiers übersteigt. Der gleiche Begriff spielte auch in Jan van Eycks eigener Grabinschrift, die aus St. Donatian in Brügge überliefert ist, eine Rolle. Sie rühmt ihn als den «kunstfertigsten Meister der Malerei» (*alderconstichsten meester van schilderije*), der in den Niederlanden gelebt habe. Ein eingelegter kupferner Schild mit drei kleinen Schilden, das Zeichen der Malerzunft, band auf der verlorenen Steinplatte den Künstlerruhm an das Bekenntnis zur Zunft. Die Ambivalenz ist deutlich, die hier zwischen Metier und Kunst angelegt ist.

Sie wird immer mehr zugunsten der Kunst entschieden, die aber in den Händen weniger Meister lag, die man schon damals als Ausnahmen bestaunte. So wuchs Hugo van der Goes, von dem man sich später erzählte, er sei beim Anblick des Genter Altars melancholisch geworden, in die Rolle des rätselhaften Genius hinein, der alle Maßstäbe sprengte. In der lateinischen Grabinschrift, die man ihm 1482 setzte, «trauert die Kunst, da sie niemanden seinesgleichen kennt» (*Dolet ars cum similem sibi modo nescit*). Der Ruhm, der sich an außerordentliche Werke band, eilte ihm entgegen, als er 1480 vom Magistrat der Stadt Löwen im Gasthaus «Zum Engel» mit einem Weinpokal empfangen wurde, um als Kunstrichter über den Nachlaß von Dieric Bouts aufzutreten. War er doch «einer der berühmtesten Maler» (*eenen der notabelsten scildere*), die man «im ganzen Lande» (*binnen den lande*) finden konnte. Mit dem Begriff «Ars», der sich immer noch an das Metier band, wird zugleich der Ruhm der wenigen begründet, die im Handwerk die Kunst erfanden.

Gaspard Ofhuys, der mit Hugo van der Goes im Rooden-Kloster als Laienbruder gelebt hatte und uns später die berühmte Schilderung von der manischen Depression des Malers hinterließ, erinnert sich immer noch verwundert daran, daß dieser «in die größte Unruhe» (*sollicitudinem maximam*) geriet, «wie er seine Werke vollenden sollte» (*quomodo opera perficeret depingenda*). Ofhuys kritisierte den «Hochmut» des Malers, der sich allzusehr an seine Phantasie ausgeliefert habe. Außerdem sei ihm die Bewunderung schlecht bekommen, die er selbst noch im Kloster von Gästen aus aller Welt erfahren habe. Hier zeichnen sich die Umrisse einer prämodernen Künstlerpersönlichkeit ab, die im Konflikt mit der Aufgabe persönlicher Erfindung, die im Erbe Jan van Eycks lag, erst ihre wahre Statur errang. Hugo van der Goes war der erste große Psychologe, der in der flämischen Malerei auftrat, und er litt den Widerspruch zwischen Schein und Realität durch, der in der Bilderfindung lag. Der Kunstbegriff war aber im nüchternen Kalkül eines Jan van Eyck grundgelegt worden.

Dieser Kunstbegriff bildet geradezu das Thema in Jans Diptychon der Sammlung Thyssen, in dem eine brillante Fiktion die Gesetze der Kunst vom Bauprinzip der Realität unterscheidet (Abb. 26). Ich kann hier nur auf die eingehende Würdigung verweisen, die das Werk von Rudolf Preimesberger erfahren hat, möchte aber einige eigene Bemerkungen zum Kunstprogramm in dieser Verkündigungsdarstellung anschließen. Die beiden Holztafeln führen sich als Steintafeln ein, die sie nicht sind, sondern nur zu sein scheinen. Die gemalten Figuren stellen sich als Steinskulpturen vor, die sie ebenfalls nicht sind, statt als lebende Personen, wie es die biblische Erzählung nahegelegt hätte. Dennoch tragen sie, bis hin zu den dunklen Augensternen, noch Zeichen eines Lebens an sich, als seien sie, in einer geheimnisvollen Metamorphose, in Kunst verwandelt worden. Die Malerei verweist, statt auf die physische Natur, emphatisch auf Skulptur, so daß sich die beiden Schwesterkünste gegenseitig den Kunstcharakter bestätigen. Die Steinfiguren werfen auf den Rahmenprofilen Schatten, obwohl sie doch nur gemalt sind, und spiegeln sich farbig, obwohl sie steinfarben sind, in den schwarzen Marmorflächen. Die Taube über dem Kopf Mariens scheint frei vor dem dunklen Grund zu schweben, obwohl das technisch gar nicht möglich wäre. Der Vergleich mit der Skulptur wird durch den Vergleich mit der Rhetorik ergänzt, denn die beiden Figuren ste-

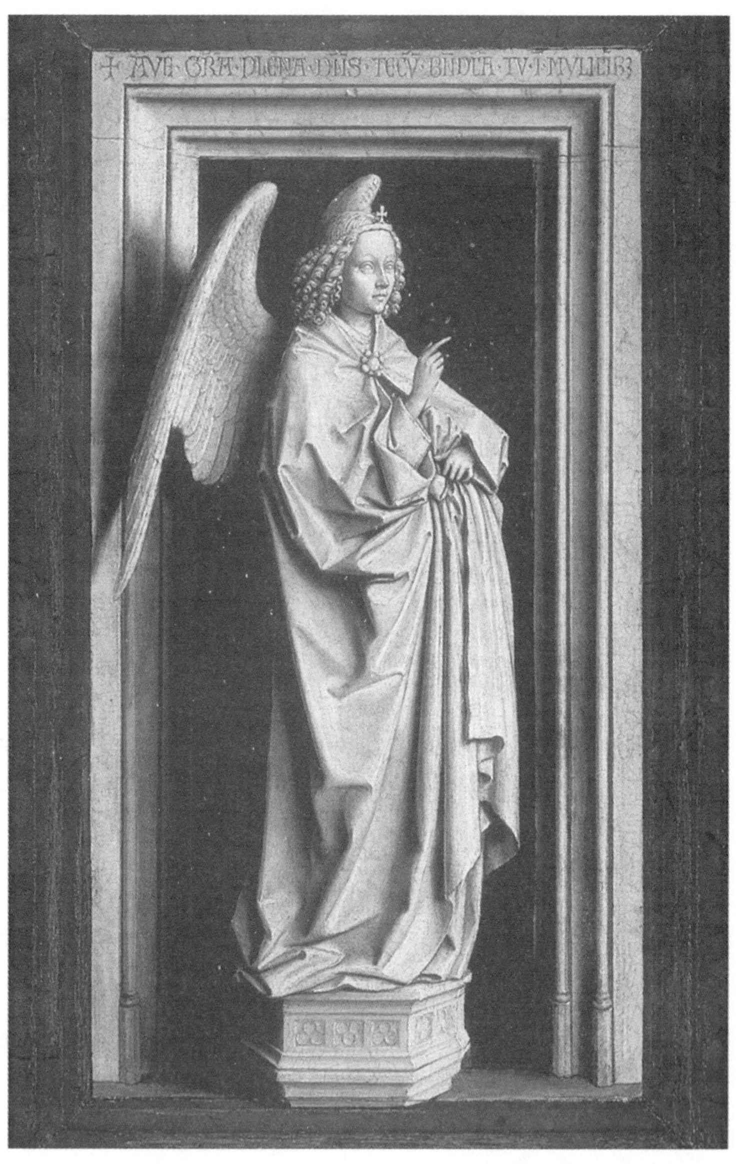

Abb. 26 Jan van Eyck, Verkündigungs-Diptychon, Madrid, Museum Thyssen-Bornemisza

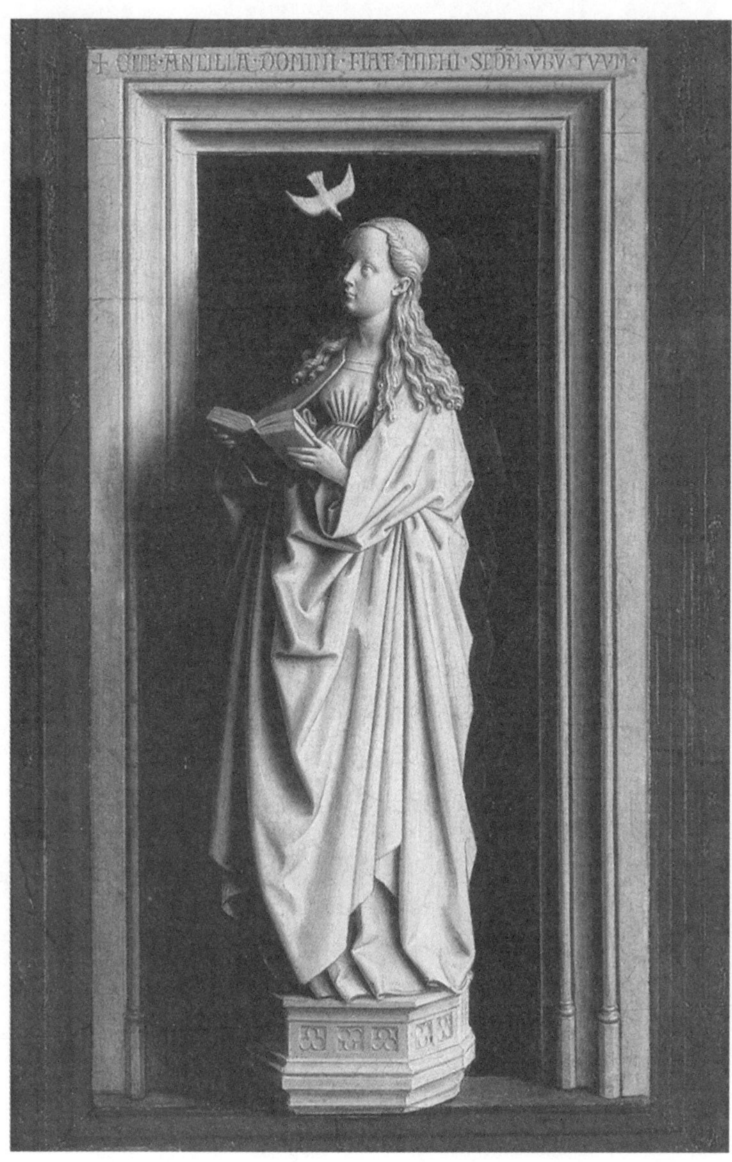
+ ECCE·ANCILLA·DOMINI·FIAT·MICHI·SCDM·VBV·TVVM·

hen in einem stummen Dialog, dessen Inhalt auf die beiden Rahmeninschriften übertragen ist, und blicken, als wären sie lebendig, auf die Geisttaube.

Diese planvoll eingeführten Ambivalenzen heben die erwartete Gleichung zwischen Abbild (Malerei) und Vorbild (Natur) auf und lenken unseren Blick auf eine Kunst im Spiegel der Kunst: Die eine Kunst spiegelt sich in der anderen, wobei wir beide überhaupt erst als Kunst erfahren, statt sie mit der Natur zu verwechseln. Modern gesprochen, simulieren die biblischen Figuren das Geschehen nur, statt es nachzuerzählen, und begründen eine virtuelle Realität, in der sich die Grenzen zwischen der historischen Realität des Geschehens und der physischen Realität des Steins im Medium der Malerei, das beide Realitäten übertrumpft, verwischen. Der Maler selbst liefert uns den Beweis, daß wir nicht fehlgehen in der Vermutung, er habe hier eine Fiktion zum Thema gemacht.

Die Technik der Steinmalerei, die er dabei wählte, war sonst immer den Außenseiten von Gemälden vorbehalten, auf denen unser Blick auf eine geschlossene Wand stößt und wir uns der irdischen Wahrnehmung als eines *Trompe l'œil* oder bloßen «Augenscheins» bewußt werden. Dort sieht man die himmlischen Personen nur im Medium irdischer Bildwerke, also nicht unverhüllt in ihrem wahren Leben, dessen Farben sie erst im geöffneten Werk annehmen. Die unfarbigen Außenseiten waren immer auf farbige Innenseiten bezogen, denen sie als Einleitungen gegenüberstanden. Wenn sie jetzt auf die Innenseiten wandern, so fällt diese Antithese aus und bleibt unser Blick auf jenen «Schein des Augenscheins» beschränkt, in dem die Kunst sich selbst beim Namen nennt.

Die Künstlichkeit in diesem Werk ist eine Referenz auf Kunst, ebenso wie die Unfertigkeit in einem anderen Fall den Werkprozeß selbst zum Thema macht. Das Bildchen der hl. Barbara in Antwerpen *wirkt* nur unfertig, ohne es zu sein, und prä-

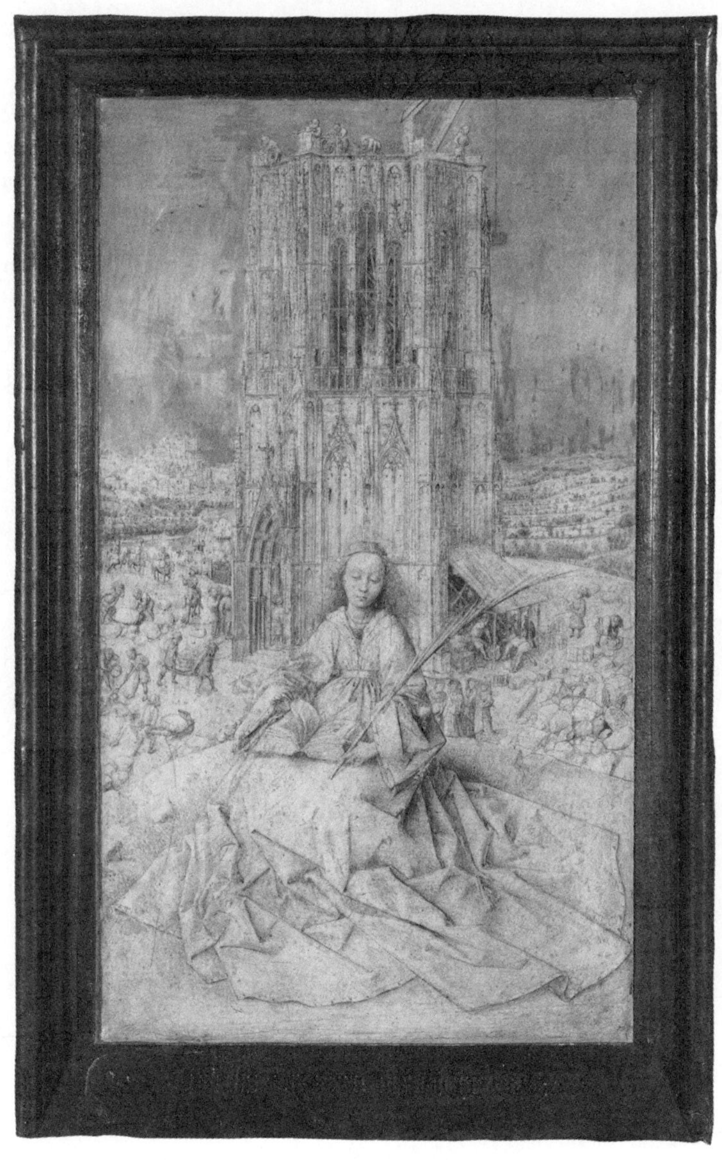

Abb. 27 Jan van Eyck, Hl. Barbara,
Antwerpen, Koninklijk Museum voor Schone Kunsten

sentiert sich als Zeichnung, obwohl es ein Gemälde ist (Abb. 27). Jan hat mit unendlich feinem Pinsel, vielleicht einer Schnepfenfeder, die Zeichnung auf eine grundierte Tafel aufgetragen, die in einem marmorierten Rahmen sitzt und sogar eine marmorierte Rückseite hat. Strenggenommen handelt es sich weder um eine Zeichnung, die auf Papier oder Pergament erscheinen müßte, noch um ein Gemälde, das farbig sein müßte. Dennoch stellt sich uns das Werk als Gemälde dar. Jan hat es sogar datiert, auf 1437, und signiert, wenn er die Inschrift ebenso wie auf der noch kleineren «Madonna am Brunnen»[22] auf Latein sagen läßt: «Johannes van Eyck hat mich gemacht» (*me fecit*), was den Abschluß der Arbeit anzeigt. Die übliche Unterzeichnung ist hier so verfeinert und erweitert, daß sie einem Kunstliebhaber alles das (und noch mehr) zeigt, was sich sonst unter der fertigen Malerei verbirgt. Die Fiktion besteht darin, daß das Bild noch in Arbeit zu sein scheint, ebenso wie der Kirchenturm im Bild, in dem Elisabeth Dhanens den unvollendeten Kölner Dom erkannt hat, noch im Bau zu sein scheint. Der Werkprozeß ist hier gefeiert als der Ort, an dem die Erfindung, als Idee des Künstlers, Gestalt annahm.

9 Realraum und symbolischer Raum

Das Stifterbild des betagten Stiftsherrn Georg van der Paele (Abb. 25) gehört zu drei Erfindungen, in denen van Eyck ein einziges Thema abhandelt und auf eine gleichsam polyphone Weise durchspielt: der Mensch in der Welt. Das Andachtsbild des burgundischen Kanzlers Nicolas Rolin und das Hochzeitsbild des Ehepaars Arnolfini, so sehr sie sich beide voneinander unterscheiden, sind in diesem allgemeinen Sinne ebenfalls Variationen auf dasselbe Thema (Abb. 28, 30). Der Unterschied zwischen ihnen liegt in dem Ort, den jedes der Gemälde besitzt: Er ist im Stifterbild der Chor einer Brügger Kirche, im Hochzeitsbild ein eheliches Schlafzimmer und im Andachtsbild ein symbolischer Innenraum, der sich auf eine Landschaft im burgundischen Staat öffnet. Aber dieser je verschiedene Ort liegt stets in der Welt und bringt daher die Welt selbst ins Spiel, in welcher der Mensch lebt.

Das Andachtsbild des Kanzlers Rolin, das heute im Louvre hängt, wurde noch im 18. Jahrhundert in der heute zerstörten Marienkirche gesehen, die dem Familiensitz in Autun benachbart war. 1453 baute Rolin einen Verbindungsgang zwischen dem Wohnhaus und der Marienkirche, der in einer hochgelegenen Gebetsloge mündete. Von dort hatte er auch einen Blick auf die Sebastians-Kapelle, wo seine Ahnen begraben lagen, während er selbst sein Grab vor dem Hauptaltar der Kirche bestimmte. In der Sebastianskapelle standen einst Statuen auf dem Altar, während den Hauptchor der Kirche ein mehrflügeliges Altarbild mit seinem und seiner Ehefrau Porträt schmückte. So mag das exqui-

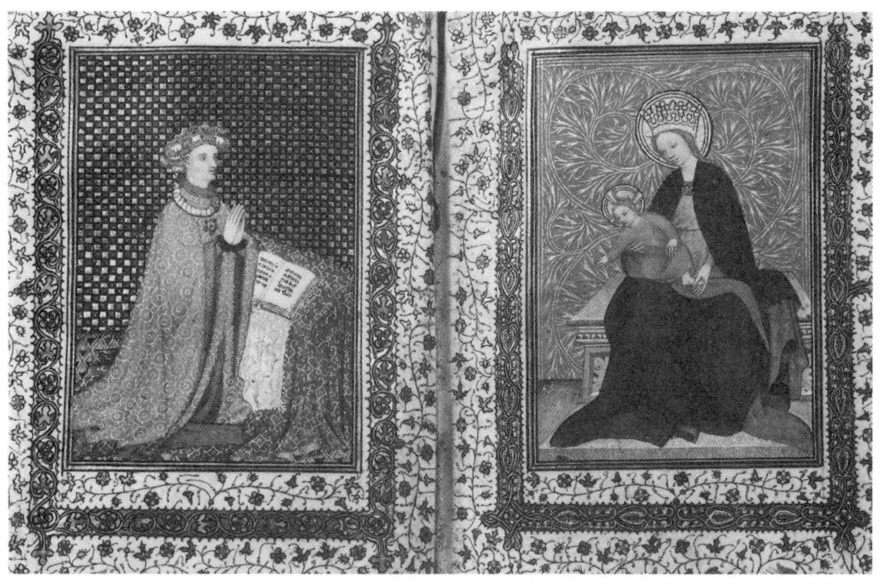

Abb. 28 Stundenbuch, Stifter und Maria,
London, British Library, Harl. 2952, fol. 18v-19r

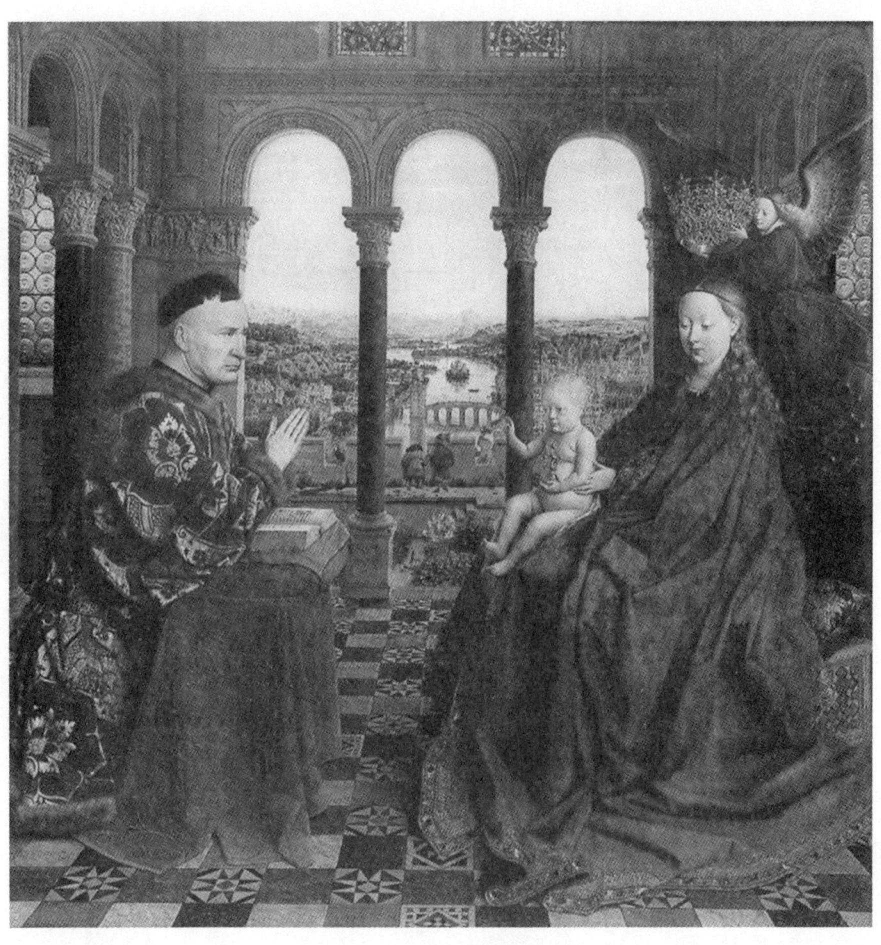

Abb. 29 Jan van Eyck, Rolin-Madonna, Paris, Louvre

site Privatbild, das Jan van Eyck für ihn malte, in die spätere Gebetsloge oder in das Wohnhaus gekommen sein und den Besitzer auf Reisen begleitet haben. Es war ohnehin kein Altarbild, da es, im Unterschied zum Dresdner Altärchen[23] und auch zum Stifterbild des Domherrn, Maria nicht im Zentrum des Bildes zeigt, wo man sie verehren könnte. Maria ist auf der Tafel gleichsam nur für Rolin selbst da.

Als man das Bild im 18. Jahrhundert beschrieb, besaß es noch seinen originalen Holzrahmen, «auf dem Buchstaben erscheinen, als wären sie gemeißelt». In einem fiktiven Steinschnitt, den wir von den Porträts Jan van Eycks kennen, nannte die verlorene Rahmeninschrift einst die Namen von Modell und Maler, wohl auch das Datum des Werks. Auf dem Mantelsaum Mariens lassen sich Bruchstücke aus dem kleinen Marienoffizium der täglichen Stundengebete entziffern, aus dem die Darstellung alle die Mariensymbole schöpft, mit denen sie angefüllt ist. Der Kanzler sieht im Bild von dem Stundenbuch, in dem er das Marienoffizium betet, hoch, um sich vor dem inneren Auge zu vergegenwärtigen, was er im Buch von Maria gelesen hatte. Dabei schaut er an der Gottesmutter vorbei, weil er sie mit dem physischen Blick am Ort seines Körpers gar nicht wahrnehmen kann. Nur der «absolute Blick» Christi, um mit Nikolaus von Kues zu sprechen, ruht direkt auf Rolin, weil er die Grenzen eines irdischen Blicks überschreitet.

Das Jesuskind segnet, wie es im Psalm 23 der Marienandacht anklingt, den Kanzler mit einer ganz unkindlichen Würde, die seine Doppelnatur verrät, als «des Weltalls Schöpfer», von dem in einer Lesung der gleichen Andacht die Rede ist. Die durchsichtige Glaskugel, als das Zeichen der von Gott geschaffenen Welt, lädt uns in seiner Hand dazu ein, das Zeichen mit der Welt selbst zu vergleichen, die im Durchblick einer offenen Säulenstellung in ihrer virtuellen Einheit sichtbar wird. Sie bildet ein weites Panorama, das wir im Vogelblick bis zu den Schneebergen am Horizont durchmessen: eine Art «Oberland» hinter jenen «Niederlanden», die der Kanzler für seinen Herzog verwaltete. In der Bildmitte trennt ein Fluß eine Stadt, die vielleicht an den größten politischen Erfolg Rolins erinnern sollte. Aber er führt zugleich unseren Blick in die Ferne, um uns der Größe der Welt zu versichern. Auch zwei winzig kleine Zuschauer richten, von den Zinnen des Vorgartens aus, ihren Blick wie wir in die weite Welt hinaus.

Der Innenraum, dessen steinerne Geometrie fest vor der offenen, unbegrenzten Natur steht, öffnet sich nach draußen nicht nur durch die Säulenarkaden, die das helle Licht ungehindert einströmen lassen. Auch die Fenster, die wir nur im Ausschnitt erfassen können, nehmen das Außenlicht auf, aber es bricht sich in den blanken Butzenscheiben der Seitenkammern, und es wird von dem bunt verglasten Doppelfenster über den Arkaden fast ganz verschluckt. In diesem Dreiklang des Lichteinfalls liegt die Poesie im Dialog von innen und außen. Aber es gibt eine zweite Lichtquelle, ohne welche die Bewohner des Innenraums nur dunkle Silhouetten blieben. Das Licht kommt von rechts außen, aber nicht von jenem Außen, wo wir selbst stehen, sondern von einem anderen, jenseitigen Außen und ist damit ein inneres und symbolisches Licht, das in den symbolischen Innenraum fällt.

Innen und Außen verbinden sich sodann in der gemeinsamen Linearperspektive, welche in den Fluchtlinien des Fliesenbodens energisch beginnt und sich dann, wie zufällig, in der sanften Windung des Flußlaufs, mit seinem schimmernden Wasserspiegel, fortsetzt. In der hier entworfenen Einheit des Bildes gibt es nur noch einen Raum, einen Maßstab und ein Licht. Im Fensterblick erfüllt sich die Einheit der Welt in der ungeteilten Sichtbarkeit und der ungebrochenen Ausdehnung des Raums, in der alles Sichtbare, wo immer es seinen Ort hat, von gleichem Rang ist. Das Auge, selbst ein Organ der Natur, erblickt diese trotz der wechselnden Distanz, in der sie dem Auge erscheint, ohne Einschränkung der Realität des Nahen und des Fernen. Die Dinge im Vordergrund erscheinen klein, weil sie wirklich klein sind, aber die Dinge im Hintergrund, obwohl riesig, wirken in der Entfernung klein. Das Blickfeld im Bild wird wie das Blickfeld in der Natur nur durch die Sehschärfe unserer Augen begrenzt.

Im Innenraum kniet der Kanzler Rolin, dessen harte, machtbewußte Gesichtszüge auch in der Situation des Gebetes kompromißlos festgehalten sind, unbewegt und gleich groß vor der Madonna, die in ihrer mädchenhaften Reinheit und Scheu in unseren Blick tritt. Hier zeigt uns der Maler Dinge, die wir nie mit bloßem Auge sehen könnten, und steigert diese schöne Fiktion noch in dem Einfall, daß Maria keine Krone trägt, sondern ein vogelhaft kleiner Engel mit aufblitzenden Flügeln heranschwebt, um ihr eine unendlich kostbare Phantasiekrone gerade in dem Augenblick auf den Scheitel zu setzen, in dem wir hinschauen. Der Kanzler trägt einen schweren Brokatrock mit Pelzbesatz, in dem er seine Ritterwürde selbstbewußt zur Schau stellt. Schließlich hatte ihm der Herzog am Tag des Ritterschlags selbst einen solchen Rock (*habit*) geschenkt. Der Maler wollte noch ein übriges tun und, wie eine Infrarotreflektographie bewies, die große Geldbörse darstellen, welche alle Vorgänger und Kollegen des Kanzlers (ja er selbst in einer Buchminiatur aus der Werkstatt Rogiers[24]) als Amtszeichen am Gürtel trugen. Aber der Auftraggeber ließ sie tilgen, weil er, wie Dieter Kamp zu Recht vermutet, seinen neuerworbenen Adel nicht mit den Abzeichen des gewöhnlichen Beamtentums schmälern wollte.

Wo aber liegt der Innenraum, in welchem Rolin seine Andacht verrichtet? Man kann es sich leichtmachen, wenn man ihn mit den Metaphern des Marienoffiziums in der Ikonographie aufspürt und an das hochgelegene Sion und an den «Berg des Herrn» denkt, den der fromme Christ mit der Seele sucht. Aber dann bleibt immer noch die Frage, wo wir uns diesen «Berg des Herrn» vorstellen sollen, der, wie das Gemälde beweist, zwar über, aber nicht außerhalb der Welt liegt. Hier setzt die überraschende Komposition des Malers an, der sich nicht mit einem Zeichen begnügt und sein anthropologisches Thema an einem neuen Beispiel glücklich weiterführt. Die verschwenderische Ausstattung verbindet Bauformen, die zu einem Palast gehören, mit solchen, die auf eine Kirche weisen, so daß uns jede Möglichkeit genommen wird, den gemalten Ort mit einem Ort aus der Realität zu identifizieren. Er liegt so hoch über dem Land, wie es kein Ort in den Niederlanden könnte, und öffnet sich so weit nach draußen, wie es ebenfalls kein Ort in diesem Klima tun dürfte. Offenbar zeigt uns also der Maler einen symbolischen Ort, der in der Antithese von drinnen und draußen auf das Verhältnis von Mensch und Welt anspielt.

Um diese Metapher zu verstehen, empfiehlt es sich, die besondere Bild*idee* van Eycks von dem allgemeinen Bild*thema* zu unterscheiden, das er im Dialog von Stifter und Madonna vorgefunden hatte. In diesem Bildschema waren die beiden Bildfiguren immer auf eine Doppeltafel oder, wenn es sich um ein Buch handelte, auf eine Doppelseite so verteilt worden, daß ihr getrennter Bildort die Trennung zweier Welten einschloß. Ein zeitgenössisches Stundenbuch in London belegt dieses Schema, in dem ein Stifter übrigens ebenso am Betstuhl kniet wie der Kanzler und dort das gleiche Mariengebet aufgeschlagen hat (Abb. 29). Auch van Eyck hätte eine Doppeltafel wählen können, wie er es einmal getan hatte, als er, vielleicht für den Herzog, das einstige Diptychon mit der «Madonna in der Kirche» schuf und dort die getrennten Bildorte allein im Blick des Stifters verband (Abb. 3, vgl. S. 94). Vor diesem Hintergrund überrascht der Entschluß des Malers, im Bild des Kanzlers Rolin die beiden traditionellen

Bildorte aufzugeben und sie in die zwingende Einheit des Gemäldes einzubringen, das wiederum die Einheit der Welt repräsentiert.

Aber noch größer wird unsere Überraschung, wenn wir in dieser neuen Einheit dann doch wieder zwei verschiedene Bildorte entdecken, die allerdings diesmal ganz anders aufgefaßt sind. Diesmal kann man sie nicht als Diesseits oder Jenseits, als Erde oder Himmel beschreiben, weil sie in einen nahen Innenraum und einen ferngerückten Außenraum aufgeteilt sind. Endlich trennen sie diesmal nicht die Figuren voneinander, wie sie es immer getan hatten, sondern beherbergt der eine Ort beide Figuren, während der andere Ort nur von ihrem, und unserem, Blick erreicht wird, also draußen liegt, wo die Personen nicht weilen, wenn sie einander im Gebet begegnen. Die offene Säulenstellung ist nur eine neue Form des alten Fenstermotivs, und sie erlaubt es uns, die Symbolik des Fensters auch auf dieses Werk zu beziehen und damit die Bildidee endlich zu verstehen.

Das Fenster erwies sich als eine Metapher für die Kontinuität des «Inneren» (*dedans*) der Person mit der Außenansicht (*dehors*) der empirischen Erscheinung, um zwei Begriffe aufzunehmen, mit denen Georges Chastellain die Seele des burgundischen Herzogs von dessen Physiognomie unterschied. Die Seele wohnt in einem «verborgenen Zimmer», wie es im «Seelenspiegel» eines damaligen Mystikers heißt, und schaut «aus den Fenstern dieser Kammer» in die Außenwelt hinaus. Dieses «verborgene Zimmer» ist in dem symbolischen Innenraum, den der Maler so subtil von der empirischen Außenwelt trennt, gemeint. Es ist ein Ort in unserer Imagination, an dem der Kanzler seinen «inneren Blick» auf den Gegenstand seiner Andacht wirft.

Das Gemälde lädt uns dazu ein, den Menschen in der äußeren Welt zu suchen, in der sein Körper lebt, und zugleich in eine innere Welt zu begleiten, in der seine Seele lebt. Der Raum und das ebenfalls neu entdeckte Licht liefern den Stoff einer empirischen Wahrnehmung. Der Ausblick auf das Panorama vertritt den Blick auf die Welt, die in frühmorgendlichem Glanz hinter den dunklen Säulen erstrahlt. Diese Atmosphäre dringt in den symbolischen Innenraum ein, der hier, im Gegensatz zu dem unspezifischen Dunkel der Eyckschen Porträts, motivisch gleichsam «ausgemalt», also «beschrieben» ist. Mitten in der Einheit der Welt entsteht der Dualismus von Welt und Person, von empirischem und symbolischem Ort. Die Einheit hebt den Dualismus ebensowenig auf, wie dieser umgekehrt die Einheit auflöst, aus welcher er im Widerspruch lebt.

Jan van Eyck war von dem geschlossenen Fenster, dessen Glas das Licht durchdringt, ebenso fasziniert wie von dem offenen Fenster, das bei ihm nicht verglast ist, sondern eine Säulenarkade darstellt. So sehen wir schon im Genter Altar, auf der Außenseite im Zimmer der Verkündigung, die beiden Fensterarten nebeneinander.[25] In der Wandnische öffnet sich ein Maßwerkfenster mit heller Verglasung. Direkt daneben öffnet sich die Wand selbst in eine Doppelarkade mit Säulen, die den Blick auf eine Straßenansicht freigibt, in der wir Passanten entdecken, während über den grauen Himmel ein Zug von Wildgänsen fliegt (Abb. 46). Im Ehebild Arnolfini ist das Fenster nur oben verglast, während es unten mit Läden verschlossen wird (Abb. 30). In der Rothschild-Madonna in New York, die von Jan entworfen und auch begonnen wurde, sind die offenen Arkaden des Rolin-Bildes wieder aufgenommen, und hier führen sie den Blick aus einem Kreuzgang nicht, wie es der Realität entspräche, in einen Innenhof, sondern hinaus in die Weite der Welt, wo wir eine ähnliche Stadt entdecken wie in der Rolin-Madonna.[26]

So fügt sich das offene Fenster in der reizvollen Variante, in der es Jan im Andachtsbild des Kanzlers erfand, zwanglos in eine ganze Reihe von Bildentwürfen ein, in denen er lustvoll Fenster und Gemälde aufeinander bezieht. In unserem Falle steht hinter den Arkaden eine zauberhafte Landschaft wie ein eigenes Bild im Bild. Dazwischen liegt ein Vorgarten mit einer Zinnenmauer, über deren Brüstung zwei Zeitgenossen in die Welt hinausschauen. Vielleicht ist es auch ein Mann mit dem Blindenstock, der sich fragend an seinen Nachbarn wendet, als dieser sich weit über die Mauer vorbeugt, um ihm zu sagen, was er sieht. Daneben steht ein Pfau zwischen den Zinnen, ohne ein Rad zu schlagen, während ein anderer Pfau auf den Gartenwegen wandelt. Dort stehen zwei Elstern, als wollten sie erspähen, was sie in ihrem Schnabel wegtragen können. In der Tiefe aber, wo das geschäftige Treiben der Welt anhebt, überqueren zahllose Menschen den schimmernden Fluß auf der Brücke oder im Boot. Der Blick auf die Welt sättigt sich nicht nur mit all den Motiven, die sie enthält, sondern erfährt sie auch als Erzählung, während im Innern des dämmrigen Raums, in welchem der Kanzler träumt, die Zeit stillzustehen scheint.

10 Ein Notar im Spiegel

Das Hochzeitsbild Arnolfini in London, die dritte Erfindung van Eycks, blieb als gemalter Ehevertrag ohne Beispiel in der Geschichte der Kunst, stellt aber in der Synthese von Person und Welt nur wieder eine neue Variante dar (Abb. 30). Der Ort ist hier konkretisiert im Schlafzimmer, wo die Eheschließung vollzogen wird, und bezeichnet den persönlichen Rechtsbezirk des Paares, ebenso wie er im Falle Rolins das burgundische Reich und im Falle van der Paeles der Schauplatz der Stiftung war. Der Bildort macht, sosehr seine Funktion wechselt, immer die Welt als Ganzheit präsent. Auch hier öffnet sich das Bild auf einen Innenraum, in den wir nicht eintreten können, weil er die Privatsphäre des Paares ist und auch der Bräutigam die Straßenschuhe ausgezogen hat, bevor er das Zimmer betrat. Wir aber werden aufgehalten von der Schwelle des Bildes, ebenso wie die beiden gemalten Brautzeugen vor der Schwelle der Tür stehenblieben. Wir erhalten, wie die Brautzeugen, den Zugang nur in unserem Blick, aber nicht mit unserem Körper. Der Bildort liegt hinter dem offenen Bildrahmen, ebenso wie der Realort hinter der offenen Tür lag, die im Spiegel sichtbar wird.

Die Inschrift über dem Spiegel (S. 142) beglaubigt den dargestellten Rechtsakt und nicht das Gemälde, was man allzu leicht vergißt, ebenso wie man vergißt, daß erst der verlorene Rahmen die Angaben zum eigentlichen Gemälde machte und auch den Namen Arnolfini preisgab, wie wir in den Inventaren der späteren Besitzer lesen: Es handelt sich wohl um Giovanni Arnolfini,

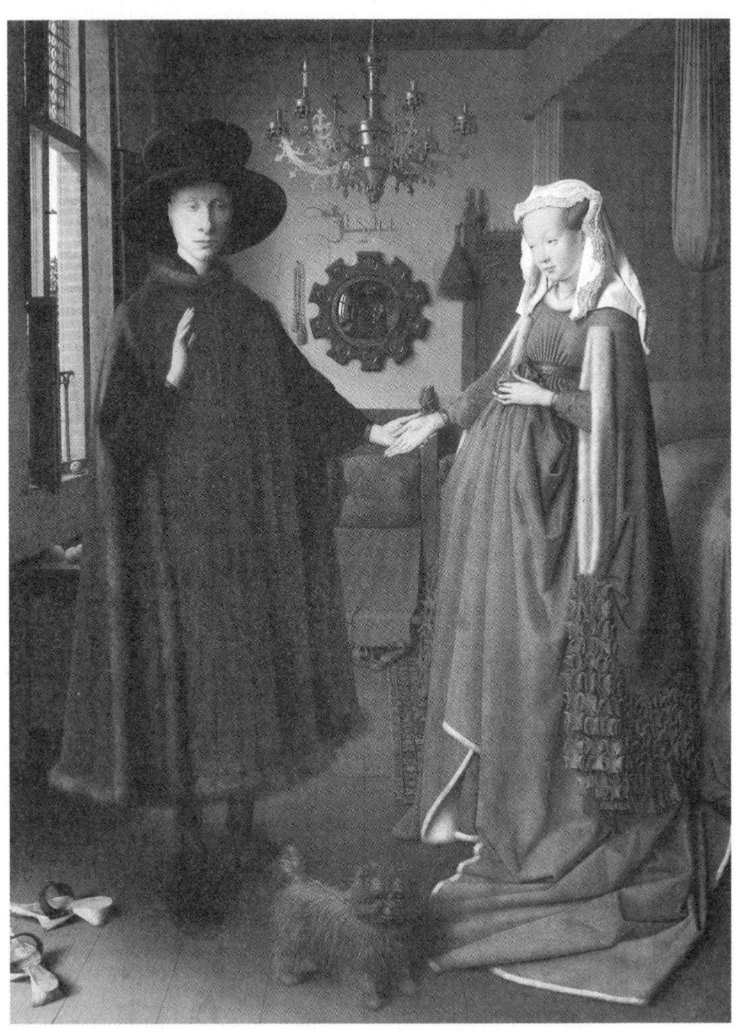

Abb. 30 Jan van Eyck, Arnolfini-Hochzeit,
London, National Gallery

einen Kaufmann aus Lucca, der mehrere Jahrzehnte in Brügge ansässig war, und um Giovanna Cenami, deren Familie ebenfalls aus Lucca stammte. Im frühen 16. Jahrhundert war das Bild durch Flügel zu verschließen, auf denen der spanische Sammler Don Diego de Guevara sein Wappen hatte anbringen lassen. Vielleicht bildeten sie damals den Schutz eines schon berühmten Bildes, das anschließend in die Sammlung von Margarete von Österreich gelangte. Ein spanisches Inventar erwähnt später, daß auf dem originalen Rahmen «ein Vers aus Ovid» zu lesen war, womit wohl die «Liebeskunst» gemeint war. Wie aber kam das Werk in den Besitz eines spanischen Sammlers in Brüssel, nachdem das Ehepaar Arnolfini kinderlos verstorben war? Er hat es wohl als Kunstwerk gekauft, das längst mit dem Namen des Malers, mehr als mit dem Namen der Arnolfini, verbunden war. Möglicherweise hat man es ihm erst gar nicht abgenommen, weil den Kunden die Idee oder der Preis nicht gefiel. Tatsache ist, daß das Bild schon in den dreißiger und in den vierziger Jahren, bei Rogier und Petrus Christus etwa, so berühmt war, daß man es sich schlecht im Schlafzimmer der Arnolfini vorstellen kann.

Dennoch deutet alles darauf hin, daß das ungewöhnliche Gemälde für das Privathaus der Arnolfini gemalt wurde. Jan van Eyck stellt einen Rechtsakt dar, der tatsächlich stattgefunden hat. Sonst würde die Formulierung, daß «er hier gewesen ist» in der Inschrift über dem Spiegel keinen Sinn ergeben. «Hier» ist der Ort des Ehevollzugs, den der Maler gesehen hat, ebenso wie er ihn uns sehen läßt. Deswegen kann ich mich der Deutung von Linda Seidel nicht anschließen, die in dem Gemälde nur eine Garantie für die Überlassung der Mitgift und eine Vorschau auf die künftige Eheschließung sehen will. Es widerspricht auch dem anschaulichen Bildsinn, wenn die junge Ehefrau hier «nur als Bildzeichen für die Transaktion von Geld» verstanden wird, die das Gemälde besiegeln sollte. Die Realität unseres Blicks spiegelt sich in der Realität des Motivs, das er sieht. Die Personen im Bild und die Betrachter vor dem Bild sind beide Male so präsent, daß das Hündchen im Bild die Betrachter anblickt, als ob es bellen müßte, wenn wir uns einen weiteren Schritt der Tür/Bildschwelle nähern wollten.

Da Ehepaare in Ganzfigur immer nur auf ihrem gemeinsamen Grabmal oder in einem Andachtsbild als Stifter vorgekommen waren, ist das neugewählte Bildschema zugleich das Zeichen für eine symbolische Handlung, deren genaue Identifizierung immer noch heftige Kontroversen in der Forschung auslöst. Die feierliche Sprache der Gesten lieferte damals den wahren Schlüssel zum Thema des Bildes. Es sind symbolische Gesten, die einen Rechtsakt besiegeln, und keine Elemente eines Genres aus dem Alltag. Die offene Hand der Ehefrau scheint, ebenso wie ihr angehobenes Gewand, die Bereitschaft zum Ehevollzug auszudrücken oder die Auslieferung der Mitgift anzudeuten. Wir bleiben in beiden Fällen im Rahmen einer besonderen Form der Eheschließung, die auf seiten des Bräutigams durch die von ihm angesteckte Brautkerze im Kronleuchter kommentiert wird.

Anschauung und Bedeutung bilden dabei eine unzertrennliche Einheit, deren Verbindung auch Jans Malerei, so verbindlich sie auch die Welt darstellt, kennzeichnet. Die Dinge und auch die Gesten empfangen ihren Sinn aus der Art, wie sie im Leben benutzt werden. Kenntnisreich wird die Einrichtung des Wohnhauses, die ebenso wie die Kleidung einen hohen Stellenwert im Warenindex der Zeit repräsentierte, im Spiegel dieser Malerei eingefangen. Der Maler vergißt nicht, auf der Fensterbank drei Apfelsinen zu plazieren, wie man sie damals auf dem Markt in Brügge kaufen konnte, natürlich zum Preis einer Seltenheit.

Man hat über dem einzigartigen Thema, das im Auftrag begründet lag, die allgemeine Bildidee vernachlässigt, die sich erst verstehen läßt, wenn man ihren empirischen von ihrem symbolischen Sinn unterscheidet. Der empirische Sinn der Bildidee lag darin, zwischen dem Bürgerhaus und der Stadt, zwischen dem privaten und dem kommunalen Bereich zu unterscheiden. Eben davon handelt Aristoteles in seiner Schrift der *Oikonomia*, die der Franzose Nicole Oresme ins Französische übersetzt und zeitgemäß erläutert hatte. So wie die Polis das Thema der «Politika», so war das Haus (*oikos*) das Thema der «Ökonomie». Die Stadt bestand aus der Gemeinschaft der Bürger, das Haus aus der Familie und dem Gesinde (*communité domestique*). Der Ehemann hat sich um den Bereich außerhalb des Hauses (*dehors le hostel*) zu kümmern, weshalb im Gemälde seine Straßenschuhe noch an der Tür stehen. Die Ehefrau ist zuständig für das Hausinnere (*dedans*), in dem hier die Trauung vollzogen wird. So repräsentiert die Eheverbindung zugleich die Verbindung von Stadt und Haus.

Die Ehe selbst ist «nur dem Menschen vorbehalten», weil er allein eine «sinnliche mit einer geistigen Veranlagung» verbindet. Oresme beruft sich dabei auf eine andere antike Schrift und nennt die «Liebeskunst» Ovids, von der wir wissen, daß sie auf dem verschollenen Rahmen des Gemäldes zitiert war. Damit öffnet sich ein unerwartet konkreter Zusammenhang mit dem Bildthema, das die Ehe als Institution in ihrem bürgerlich-städtischen Rahmen feiert. Das Schlafzimmer, so gesehen, vertritt das Privathaus, das sich mit der Tür und den Fenstern auf die Außenwelt öffnet, also auf eine städtische Öffentlichkeit, zu welcher die Brautzeugen und der Maler gehörten. Deshalb ist die Grenze von Innen und Außen, so sehr sie auch sonst im Eyckschen Œuvre eine Rolle spielt, in diesem Falle das Symbol für die Grenze zwischen dem privaten und dem öffentlichen Bereich.

Der Bräutigam steht am Fenster, die Braut am Bett, auf das ihr Schatten fällt. Der Rosenkranz aus Glaskugeln, der damals als Brautgeschenk beliebt war, hängt neben dem Glasspiegel wie eine Aufforderung zum Gebet, welchem sich die fromme Ehefrau in ihrer Freizeit widmen sollte. Der neben dem Bett aufgehängte

Staubwedel weist auf ihre häuslichen Pflichten und auf ihre Verantwortung hin, das Haus in einem doppelten Sinne reinzuhalten. Wie immer man solche in wörtlichem Sinne «vielsagenden Details» lesen mag, so sind sie Teil eines gemalten Ehetraktats, der von der häuslichen Bindung der geschlechtlichen Liebe handelt und der Frau, ganz im Verständnis der damaligen Zeit, dabei die passive Rolle der Empfängnis und der Aufzucht des Nachwuchses zuweist. Der Maler drückt diese Geschlechterrollen in den Posen der Eheleute so überzeugend aus, daß sich der männliche Auftraggeber mit dieser Deutung des Themas völlig identifizieren konnte. In einer zeitgenössischen Ehesatire, von der schon die Rede war (S. 75), wird allerdings eine andere Realität angeprangert, in welcher die Ehe ein Fluch des Mannes ist. Die sakramentale Feierlichkeit des Eyckschen Gemäldes, in welcher die Ehe verklärt wird, ist kaum aus einer Unschuld geboren, die damals nicht mehr im Thema lag. Sie repräsentiert eher das Bürgertum, das gerade angesichts höfischer Sitten und höfischer Skepsis den Schwur auf seine wichtigste Institution bekräftigt sehen möchte.

Die Schrift des Aristoteles gehörte, in einer anderen französischen Übersetzung, damals in Brügge zur Bibliothek des gleichen Ludwig von Gruuthuse/Gruthuys, der in der Liebfrauenkiche seine Privatkapelle besaß, und erfüllte nicht nur den Wunsch nach einer Bildung im antiken Sinne, sondern auch den Bedarf an Texten über den Staat, den Bürger und die Familie, die in der zeitgenössischen Literatur noch schmerzlich vermißt wurden. In Arnolfinis Heimat verfaßte damals der Humanist Leon Battista Alberti, der bekannte Autor der ersten Kunsttheorie, die «Bücher über die Familie», die in ihrer unverblümten Einschätzung der Ehe als einem Mittel zum Zweck (der Familie) erkennen lassen, wie die Zeitgenossen Arnolfinis über die Ehe dachten. Die Kinder brauchen von Natur aus ein Dach über dem Kopf, unter dem sie geboren und aufgezogen werden. Der Mann schafft von außen den Lebensbedarf herbei, und die Frau bleibt zu Hause, um ihn zu bewahren. Man muß die Wünsche einer «ehrbaren Gefährtin» auf «die Fortpflanzung und den Bestand der Familie» richten, heißt es im zweiten Buch, und darauf achten, daß sie «Bescheidenheit und Reinlichkeit» an Leib und Seele, vor allem «Schönheit der Seele» besitze. Mit ihrer Gebärfähigkeit und ihrer Mitgift fördert sie das Wachstum der Familie des Mannes, auf die es allein ankommt. In solchen Gedanken, wie unpopulär sie heute auch klingen mögen, fassen wir den empirischen Sinn, der in Eycks Arnolfini-Bild liegt.

Die symbolische Seite der Bildidee erschließt sich erst, wenn wir bereit sind, den Augenschein zugleich als Metapher zu verstehen. Dann liegt die getroffene Unterscheidung nicht zwischen Haus und Stadt, sondern zwischen der Person und der *Welt*, welche immer als *Außenwelt* erfahren wird. Der Spiegel im Bilde, von dem noch die Rede sein wird, holt nicht nur die beiden Brautzeugen ins Bild, sondern hebt den bloßen Augenschein auf und fordert uns dazu auf, die Darstellung als einen symbolischen Spiegel zu benutzen. Das *Besondere* an dem Bilde des Ehepaars Arnolfini ist die Rechtshandlung, die ihren eigenen Bildort erfordert und an diesem Bildort das ganzfigurige Paar zwingend vorschreibt, weil es diesen Bildort bewohnen muß. Das *Allgemeine* an diesem Bilde weist auf die Existenz der Person in der Welt, die mit der Existenz eines Privathauses in der Stadt, welche die Welt des Bürgers war, analog gesetzt ist. Das Licht fällt durch Fenster und Türen, also von außen nach innen, ein und stiftet symbolisch die Raumeinheit zwischen der Welt und der Person. Die Signatur des Malers ist vom Rahmen weg diesmal ins Bildinnere verlegt, wo Jan van Eyck in einer Kanzleischrift wie ein Notar und in lateinischer Sprache firmiert: «Jan van Eyck ist hier gewesen» (Abb. 31). Der Konvexspiegel unterhalb dieser Inschrift, der den geöffneten Raum wieder schließt, bringt die beiden Brautzeugen, welche den Ehevertrag durch ihre Anwesenheit rechtskräftig machen, überraschend ins Bild.

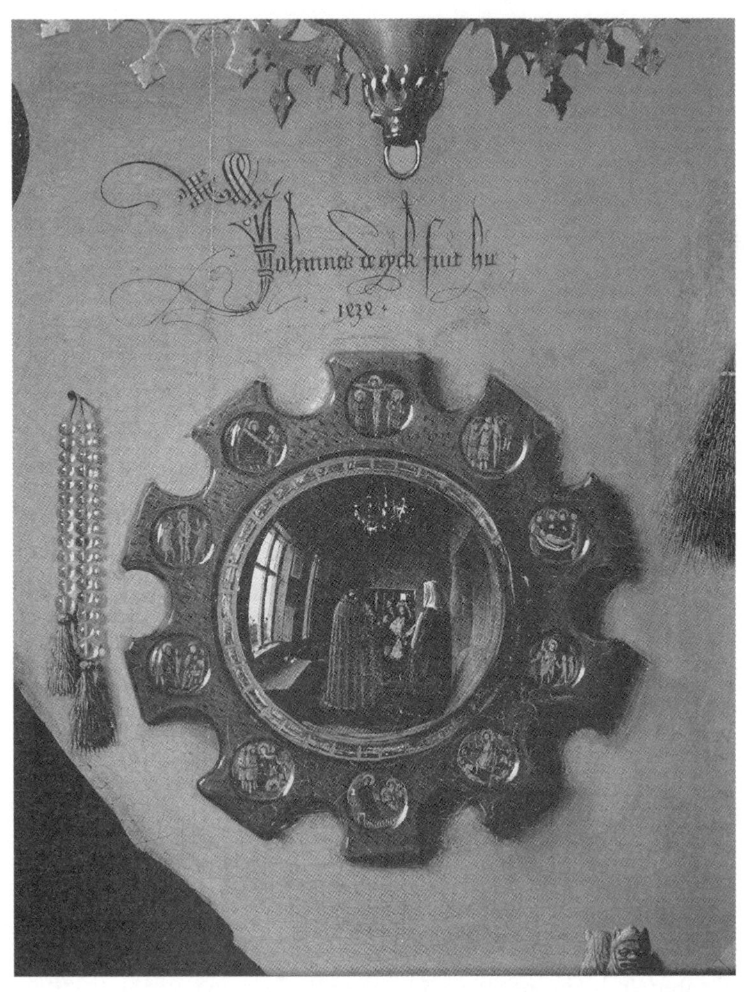

Abb. 31 Jan van Eyck, Arnolfini-Hochzeit,
Detail: Spiegel und Signatur, London, National Gallery

Der Maler bezeugt mit seinem Schriftzug die eigene Anwesenheit und legt, anders als die Trauzeugen, in seiner Abbildung ein Zeugnis für das von ihm abgebildete Ereignis ab. Der Spiegel wirkt in seiner objektivierenden Eigenschaft wie eine Repräsentation des Gemäldes, das als ein verläßlicher Spiegel benutzt werden will. André Gide ahnte diesen Selbstbezug des Gemäldes und verglich das angewandte Verfahren mit der Wappenkunst, die im heraldischen Feld das Schema des Ganzen im Kleinen wiederholt (*mettre en abyme*). Wenn ein Kunstwerk sein eigentliches Sujet noch einmal ins Spiel bringe, dann wolle es «die Proportionen des Ganzen an den Tag bringen». Er beruft sich dabei ausdrücklich auf den «kleinen, dunklen Konvexspiegel» in Gemälden von Memling und Massys, der so gut «das Innere des Raumes reflektiert, in welchem das gemalte Stück spielt». Die *mise en abyme* ist also eine Äußerung des Gemäldes in eigener Sache. Der Spiegel bildet nicht nur den Ort im Gemälde, sondern das Gemälde selbst ab.

Der Spiegel kehrt in Gemälden so verschiedener Thematik wieder, daß er nicht nur auf das einzelne Thema, sondern auf die Gattung Gemälde allgemein bezogen werden muß. Wenn sich in ihm die Welt wunderbar wiederfand, dann wies er den Betrachter diskret darauf hin, daß auch das Gemälde ein Spiegel sei. Aber damit wird der Unterschied zwischen Gemälde und Spiegel nicht aufgehoben. Der Spiegel produziert ein «natürliches Bild», während das Gemälde ein «künstliches Bild» wiedergibt, mit dem der Maler, als der Erfinder, seine «Kunst» (*science*) unter Beweis stellt. Spiegelmacher und Maler gehörten in Brügge zur selben Gilde. Mit einem Spiegel hatte, wie Alberti beteuert, die Geschichte der Malerei angefangen, als sich Narziß im Wasser erblickte und zum «wahren Erfinder der Malerei» wurde, wie eine antike Legende es will.

Damit wird ein subtiler Vergleich von Gemälde und Spiegel eröffnet, in dem der Unterschied von Bild und Ereignis inbegriffen ist. Die Brautzeugen sahen das Ereignis selbst, während wir nur das Bild sehen können. Sie allein sind im Spiegel eingefangen, wir sind es dagegen nicht, obwohl wir jetzt ihre Stelle einnehmen. Sie brauchten keinen Spiegel, um Augenzeugen des Rechtsaktes zu werden. Wir dagegen brauchen das Gemälde, das wir wie einen Spiegel benutzen. Die «Ähnlichkeit» von Bild und Ereignis erfüllt sich in der Funktion des Gemäldes als Spiegel.

Der Leser mag jetzt mißtrauisch fragen, ob hier nicht zuviel Scharfsinn aufgewendet werde, um einem Gemälde auf die Spur zu kommen, das vielleicht viel einfacher verstanden war. Aber die Geschichte der Wirkung, die das Arnolfini-Bild erfahren hat, spricht dafür, daß man sich schon früh eines außerordentlichen künstlerischen Ereignisses bewußt war. Das Werk ist bald in Habsburgischen Besitz gekommen, womit es seinen privaten Zweck verließ, und auf diesem Wege später in die königliche Sammlung in Madrid gelangt, die im 17. Jahrhundert von niemand geringerem als Velázquez verwaltet wurde. Man hat denn auch seit langem erkannt, daß die «Meninas», eines der absoluten Meisterwerke der Malerei, sich wie ein gemalter Kommentar zu dem frühen Vorbild lesen lassen. Die Signatur des Malers, der «hier gewesen ist», ist dabei durch ein Selbstporträt des Velázquez ersetzt, der sichtbar im Bild anwesend ist, während sein Modell, das Königspaar, allein im Spiegel an der Rückwand erscheint.

Die Wirkung des Arnolfini-Bildes auf die Kunst seiner Zeit läßt sich aber auch an zwei zeitgenössischen Beispielen ablesen, die einer schon damals berühmten Erfindung huldigen. Als Petrus Christus 1449 für die Zunft der Goldschmiede in Brügge ein Altarbild malte, lenkte er im Motiv des Spiegels den Blick auf seine eigene Zunft (Abb. 32). Der hl. Eligius (Eloy), der Patron der Zunft, mißt hinter der Ladentheke seines Verkaufsstands einem hochgestellten Brautpaar die Eheringe an, während ein seitlicher Spiegel mit deutlichen Gebrauchsspuren einen Herrn von Stand in Begleitung eines Falkners einspiegelt. Die Anspie-

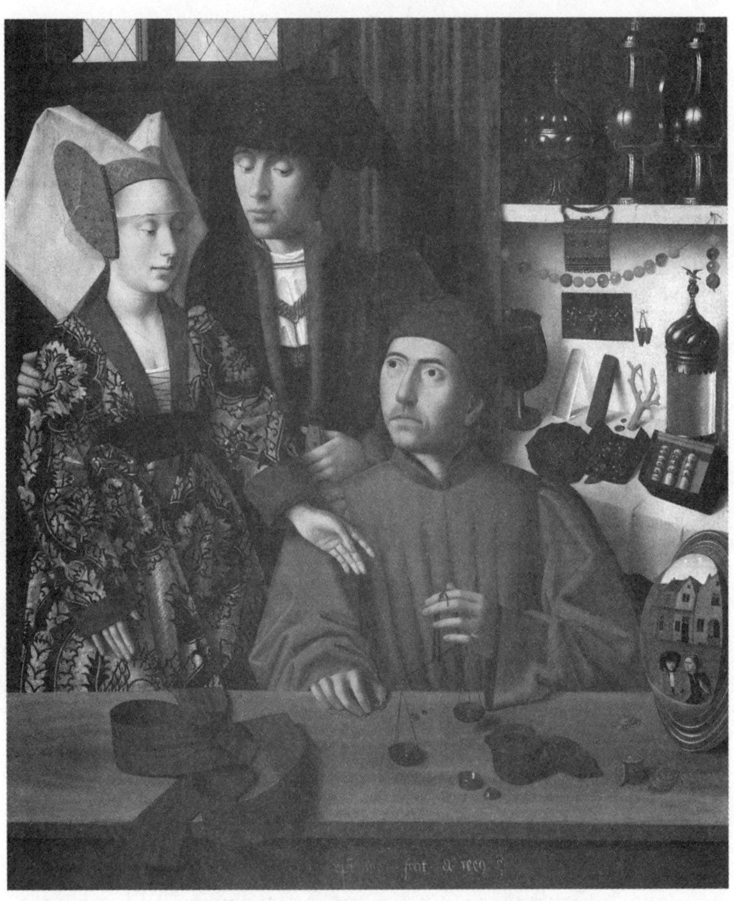

Abb. 32 Petrus Christus, Hl. Eligius,
New York, Metropolitan Museum of Art

lung auf das berühmte Ehebildnis ist nicht zu übersehen, wer immer die Personen im Spiegel seien: Die Trauzeugen können sie eigentlich nicht sein, aber der Maler tat sich auch in anderen Fällen etwas schwer, Eycksche Bildideen sinngemäß umzusetzen. Vielleicht wollte er den Bräutigam in seinem öffentlichen Leben festhalten. Die Schwelle zwischen Innenraum und Außenwelt, auch sie eine Anregung aus dem Vorbild, ist hier der Ladentheke übertragen. Sie öffnet sich auf die Straße, wo unser Standort liegt.

Der Arnolfini-Spiegel ziert auch ein anderes zeitgenössisches Werk, das man heute eher Rogier als Campin zuschreibt. Es handelt sich um das Triptychon, das der Franziskaner Heinrich von Werl bereits 1438 für sein Kloster in Köln malen ließ. Auf einem Seitenflügel kniet der Stifter vor einer offenen Tür, hinter der ihm auf der verlorenen Mitteltafel eine Maria mit Kind erschien (Abb. 33). Der Rundspiegel sitzt in der Zelle des Mönchs wieder in der gleichen Position im Bildzentrum. Er fängt, wie man an Kutte und Strick erkennen kann, zwei Ordensbrüder des Stifters ein, die durch eine offene Tür eintreten und niederknien, um für den Stifter zu beten und damit die Pflichten zu erfüllen, die für sie in der Bildstiftung lagen. Ähnlich wie die beiden Augenzeugen im Ehebildnis, bezeugen auch sie einen Rechtsakt, wenngleich das Bild, in das sie mit ihrem Spiegelbild eintreten, hier selbst der Gegenstand des Rechtsakts ist: Schließlich war es die vertragliche Garantie zum Stiftergedächtnis. Der Spiegel ist nahe herangeholt und vor die Barriere einer Bretterwand gehängt, die unseren Blick aufhält und uns gerade damit wieder auf das Spiegelbild zurücklenkt: Was sie verschließt, öffnet sich uns im Spiegel. Die tiefsinnige Antithese von opaker Stellwand und transparentem Spiegel ist ein gemaltes Argument für die hochaktuelle Ästhetik des Spiegels – und des neuen Gemäldes.

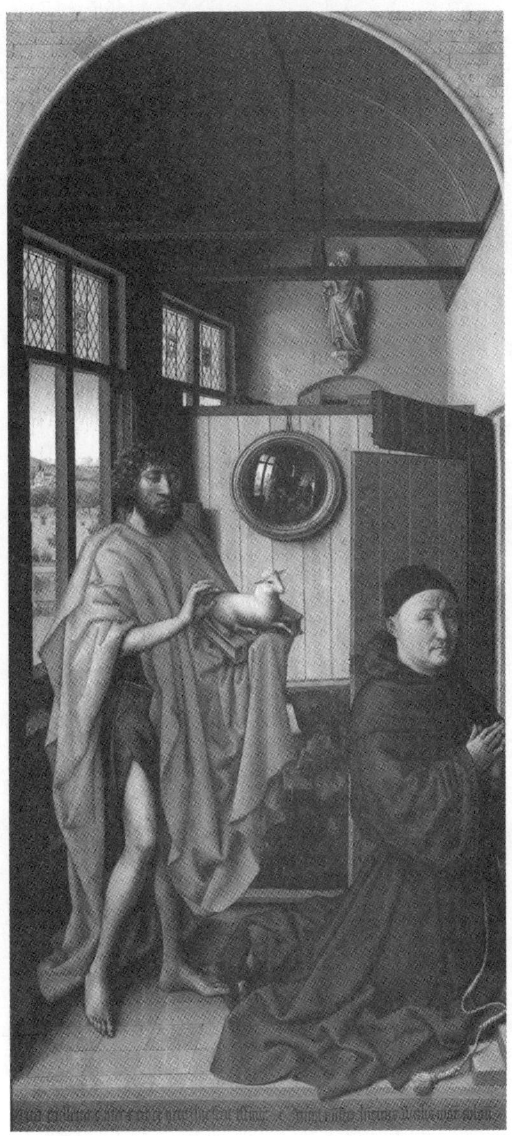

Abb. 33 Rogier van der Weyden (?), Werl-Altar, linker Flügel: Johannes der Täufer mit Stifter, Madrid, Prado

11 Das Gemälde als Fenster und Spiegel

Jan van Eyck hat selbst den Spiegel noch einmal in der berühmten «Badestube» verwendet, die in seiner Zeit viel bewundert war, aber nicht erhalten geblieben ist. Wir kennen sie aus zwei Kopien, die beide auf dasselbe Original zurückgehen. In der Ansicht einer Antwerpener Kunstkammer, die Willem van Haecht im 17. Jahrhundert gemalt hat, erscheint inmitten sehr viel jüngerer Gemälde aus Italien und Flandern ein altes Bild, in dem eine nackte Frau in Begleitung ihrer Kammerzofe Toilette macht (Abb. 34). Der Spiegel ist in ihrem Schlafzimmer nicht auf der Rückwand plaziert, sondern hängt seitlich vor dem offenen Fenster. Er fängt keine Betrachter vor dem Bild ein, sondern wiederholt den weiblichen Körper im Bild, den wir von vorne sehen, von der Seite und auch von hinten. Endlich bildet sich die metallene Schüssel, in der sich die Frau wäscht, mitsamt der spiegelnden Wasseroberfläche, wie ein Ausrufezeichen unseres Motivs, noch einmal im Spiegel ab. Das gleiche Werk ist in einer kleinen Kopie aus dem 15. Jahrhundert überliefert, die sich heute im Fogg Museum of Art in Cambridge, Mass., befindet.

Das verlorene Werk fordert uns selber dazu auf, den Vergleich mit dem Arnolfini-Bild anzustellen (Abb. 30). Es zeigt uns ein ganz ähnliches Schlafzimmer, in dem das Bett an der gleichen Stelle steht und am vorderen Bildrand, neben den ebenfalls wiederholten Straßenschuhen, der gleiche Schoßhund auf uns aufmerksam wird: ein häusliches Interieur also, in dem sich die Intimität des Blicks noch steigert. Man ist denn auch kürzlich auf die

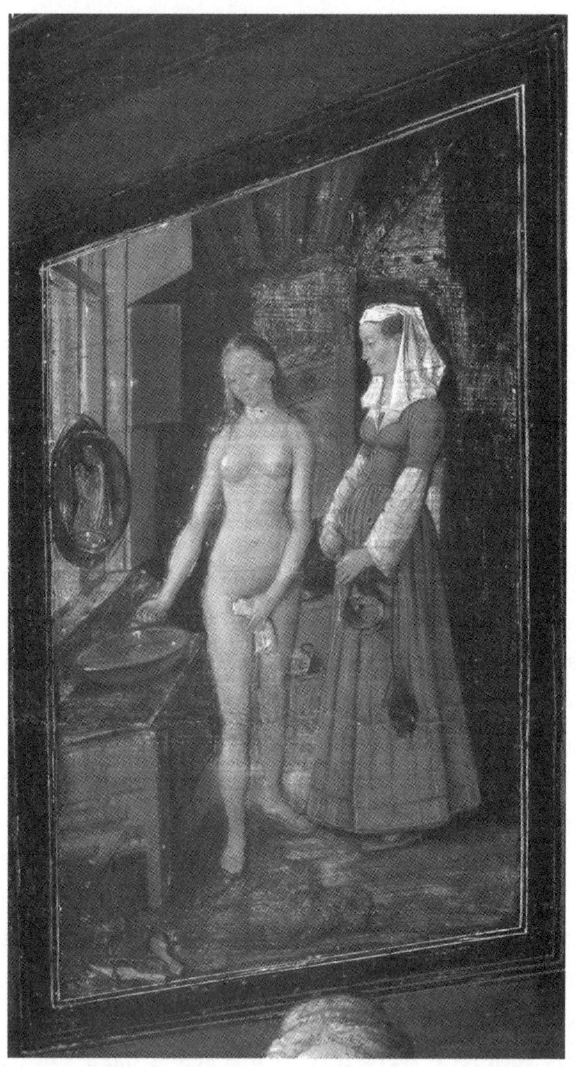

Abb. 34 Nach Jan van Eyck, Badestube, aus: Willem van Haecht, Besuch des Erzhherzogs Albert und der Erzherzogin Isabella in der Kunstsammlung von Cornelius van der Geest im Jahr 1615, Antwerpen, Rubenshuis

Idee gekommen, das Werk stelle Arnolfinis Ehefrau, Giovanna Cenami, bei der Vorbereitung zum Beischlaf dar und sei für den gleichen Besitzer gemalt worden, diesmal als Einladung für einen «Blick des Begehrens» statt für einen Blick der Augenzeugenschaft, wie ihn das Arnolfini-Bild auf sich zieht. Dann wäre die nackte Frau ein Porträt, was aber allen Konventionen widerspräche, den Maler zum Mitwisser des Ehemanns machte und nur einen einzigen Betrachter des Bildes zuließe: Arnolfini selber.

Wir sind heute so leicht versucht, in jedem der alten Bilder eine kleine Verschwörung am Werk zu sehen, und vergessen darüber allzu rasch den Wunsch der Maler, auf sich und auf ihre Kunst aufmerksam zu machen. Die «Badestube» ist als häusliches Interieur ähnlich erfunden wie das Ehebildnis, aber zu einem anderen Zweck. Die Ikonographen haben versucht, diesen Zweck in einem verborgenen Bildinhalt zu finden. So kamen sie auf verschiedene biblische Themen, unter denen die biblische Bathseba besonders plausibel erscheint, die der alttestamentliche König David dabei belauschte, wie «sie sich wusch» (2. Buch Könige 11,2), wobei ihn der Blick zur Liebe und zum Ehebruch entflammte. Hans Memling hat denn auch diese Erzählung anekdotisch genau beschrieben, als er gegen Ende des Jahrhunderts die «Badestube» wiederholte.[27] Bathseba wurde im «Livre du Chevalier de la Tour» (1371/72), das zur «Erziehung der Mädchen» verfaßt war, als Allegorie der weiblichen Eitelkeit verstanden. «Vor einem Fenster, durch das sie der König sehen konnte, kämmte sie ihr schönes blondes Haar» und verleitete dadurch den König zur Sünde. Deswegen sollte die Frau nicht ihr schönes Haar und auch sonst nichts zeigen, nur «um der Welt zu gefallen». Bernhard Ridderbos, der auf diesen Text hinweist, schließt daraus, daß das so erotische Bild, vielleicht sogar als Deckel des Arnolfini-Bildes, dessen Negativ habe darstellen sollen und also einen ganz moralisch-erbaulichen Lehrsinn gehabt habe. Bei van Eyck scheint aber die Geschichte Bathsebas, wenn überhaupt, nur eine Anspielung zu sein, ohne daß sie das Bildthema bildet. Sie liefert eine fast ironische Warnung, sich nicht wie David zu verhalten, und außerdem die Pointe, daß man sich in die im Bild dargestellte Frau nicht verlieben kann, weil sie außerhalb des Bildes gar nicht existiert.

Die Lösung des Rätsels der «Badestube» liegt in der Erkenntnis, daß es sie auch in anderen Exemplaren gab, von denen Bartolomeo Fazio 1456 eines bei Ottaviano Ubaldini della Carda, einem Neffen und Ratgeber von Federico Montefeltro von Urbino, sah, welches «mehrere Frauen von seltener Schönheit beim Ausstieg aus dem Bade» (*e balneo exeuntes*) darstellte. «Die heimlicheren Teile des Körpers waren mit einem dünnen Leintuch verhüllt», was dem kleinen Tuch entsprechen könnte, welches sich die Frau in den gemalten Kopien vor die Scham hält. Indem er dieses Gemälde beschreibt, gibt Fazio uns einen Schlüssel für den ästhetisch-erotischen Bildsinn in die Hand. Bei einer der Frauen sah man «nur den Rücken und die Brust» in Halbfigur, und der Rücken bildete sich «in dem Spiegel, der auf der Rückwand gemalt war (*pictum lateri oppositum*) so ab, daß man die Frau vom Rücken ebenso sehen konnte, wie man ihre Brust sah». Damit aber kommt der klassische Wettbewerb mit der dreidimensionalen Skulptur ins Spiel, den die Malerei durch die Erweiterung des Blicks im Spiegelbild gewinnen wollte.

Aber Fazio fährt in der Beschreibung des Gemäldes fort und erwähnt eine Leuchte im Bad sowie «eine Alte, die zu schwitzen scheint», ja sogar das «Schoßhündchen, das Wasser leckt». Dann schildert er Menschen und Landschaften im Hintergrund (eines Fensters?), die man sich nur schwer vorstellen kann, bis er zum Höhepunkt gelangt und seine Beschreibung mit dem Staunen über den Spiegel beendet. «Aber nichts in diesem Gemälde (*tabula*) war wunderbarer als der gemalte Spiegel, in welchem Du alles, was dort beschrieben ist, wie in einem echten Spiegel sehen konntest» (*tanquam in vero speculo prospicias*). Es ist der Blick selbst, den der Spiegel zurückwirft und dabei dem Betrachter bewußt macht. Das Gemälde beruft sich im Spiegel auf seinen eigentlichen Sinn. Es ist ein «Kunststück» (*artificium*) der Malerei, wie sich Fazio im gleichen Text ausdrückt. Deshalb malte Jan van Eyck mehrere Varianten der «Badestube» (*stufa*), von der bei Vasari die Rede ist, der vielleicht das gleiche Exemplar in der Sammlung des Federico Montefeltro sah. Solche Werke mögen, ein Jahrhundert später, das beliebte Thema der Venus mit dem Spiegel angeregt haben, in welchem sich die Malerei selbst feierte.

Ottaviano della Carda (1423–1498) war noch zu jung, um Gemälde van Eycks schon zu dessen Lebzeiten zu erstehen. Sie müssen also auf dem freien Markt gewesen sein, als er sie erwarb. Vespasiano da Bisticci beschreibt mit bewegten Worten, daß ihn der Herzog von Urbino wie einen Bruder liebte und ihm bei seinem Tode das meiste hinterließ, ja ihn zum Erben des Staates bestimmte, falls dem leiblichen Nachfolger etwas zustoßen sollte. Sein Kunstbesitz war also am Hof in Urbino mit Sicherheit von großer Bedeutung. Es ist deshalb auch möglich, daß er seine Hand im Spiele hatte, als der Herzog den Maler Joos van Gent nach Urbino kommen ließ. Da Montefeltro «viel von Malerei verstand und er in Italien keine Maler fand, die Holztafeln nach seinem Geschmack in Ölfarbe bemalen konnten, sandte er nach Flandern, um einen großen Meister zu finden», wie wiederum der gleiche Vespasiano da Bisticci schrieb. Das Bild, von dem Vasari berichtet, war wohl noch zu seiner Zeit in Urbino.

Der Spiegel galt als Triumph der optischen Mechanik und daher als der blanke Beweis für die Gesetze der physischen Natur. Der menschliche Blick, der sich inmitten der flüchtigen Erscheinungen so leicht verstreut, sammelt sich hier an einem festen Punkt, wo er sich seiner selbst bewußt wird. Im Spiegel findet er den Beweis für die Existenz jener Realität, die ihm subjektiv ins Auge fällt. Aber diese Realität existiert außerhalb des

Spiegels, so daß man sie stets «woanders» suchen muß. Schon Plutarch wendet sich in seinen «Moralia» gegen den Irrtum, daß «in den Spiegeln selbst dasjenige anwesend ist, was sie nur im Widerschein enthalten». Sie unterscheiden sich von der Wirklichkeit, die sie einfangen, in eben dem Maße, wie sie durch Ähnlichkeit an sie gebunden sind.

Gerade deshalb konnten die Theologen den Spiegel gleichsam umdrehen und ihn auf jene unsichtbare Wirklichkeit richten, die sich auf Erden «nur wie durch einen Spiegel erfahren läßt» (S. 88). Paulus meinte damit zwar keinen tatsächlichen Spiegel, sondern nur die Metapher für unsere irdische Erfahrung. Dennoch ließ sich die Metapher auf das Gemälde anwenden, wie es schon Nikolaus von Kues tat, als er ein Gemälde Christi mit einem Spiegel verglich, in dem man den künftigen Anblick Gottes vorausahnte. *Speculum*, der Begriff für den Spiegel, regte ihn zu dem Wortspiel der *speculatio* an, die auf die innere Schau verweist. Der Mensch war dazu aufgerufen, im «Spiegel seiner Seele» das abzubilden, was das gemalte Bild darstellte.

Unser Blick in den Spiegel ist ein empirischer Akt, wenn er uns die eigene Physiognomie zurückgibt, und ist zugleich ein symbolischer Akt, wenn er uns zur Selbsterkenntnis auffordert. Dieser Doppelsinn wurde auch dem Gemälde zugeschrieben, das sich als ein zweiter Spiegel einführte. Es brachte das empirische «Außenbild» mit dem seelischen «Innenbild», wenn es ein religiöses Thema darstellte, zur Deckung. Als ein *erfundenes* Bild stand es vielleicht dem *mechanischen* Bild des Spiegels nach, aber als ein flaches Bild war es dem konvexen Spiegel mit seiner Bildverzerrung überlegen.

Im zeitgenössischen Denken war der Spiegel zunächst ein Produkt der modernsten Technik, die man auf die physische Natur richten konnte. Zugleich hafteten an ihm auf einem volkstümlichen Niveau magische Vorstellungen, wenn, wie Heinrich Schwarz nachgewiesen hat, die Wallfahrer ihre privaten Spiegel auf die Heiligengebeine richteten, wo immer sie dem Volk öffentlich gezeigt wurden, als könnte das Spiegelbild die Heilkraft der Reliquien einfangen. In der Literatur war der Spiegel die Metapher für einen Text, der ein Thema «abbildete». Im «Spiegel der Seele» des Hembuch von Langenstein wird die Seele als «Spiegel Gottes» gedeutet, «dessen Bild sie einfängt» und «rein und fleckenlos bewahren muß». Sie ist jener Spiegel, in welchem der Mensch «die Gottheit kontemplieren kann».

In einem moralisierenden Sinne war der Spiegel, wie James H. Marrow zeigte, das Medium der Selbsterkenntnis. In einem Stundenbuch der Zeit wirft der «Spiegel des Gewissens» (*Speculum Conscientiae*) dem Betrachter im eigenen Totenschädel ein Spiegelbild der Vergänglichkeit zurück.[28] Auf einem zeitgenössischen Holzschnitt lesen wir, daß nur jene «Gott allezeit schauen» werden, die zuvor «in diesen Spiegel geschaut» und dort die nackte Wahrheit über die irdische Zukunft erfahren haben, die im Zerfall des Körpers besteht. Deswegen werden die Totenschädel in einer Miniatur für Engelbert von Nassau, wo sie in das Totengebet einführen, auf einer Schriftrolle von der Leseanweisung begleitet: «Das werde ich sein» (*Ce sera moy*).[29] Der «Spiegel des richtigen Bewußtseins» schärft den analytischen Blick auf die Sinnenwelt und macht sie, ebenso wie der «Narrenspiegel», den man bald erfinden wird (S. 259), transparent.

In seiner Grabinschrift redete der Maler Hubert van Eyck einst die Betrachter an: «Spiegelt Euch (*spieghelt u*) in mir, die Ihr auf mich (also das Grab) tretet. Ich war ebenso wie Ihr, und nun liege ich da unten, begraben und tot, wie es der Augenschein (*anschyne*) beweist.» Dieser Spiegel läßt die Zeit, die zwischen den Lebenden und ihrem künftigen Tod noch liegt, schrumpfen und bringt ein Bild an den Tag, das in den lebenden Körpern bereits angelegt, aber noch nicht offenbar geworden ist. Er zieht die im Schein des Lebens verborgene Wahrheit hervor und widerspricht deshalb jeder oberflächlichen Ähnlichkeit durch die unwillkommene Ähnlichkeit des Todes. Ebenso wie der Schädel das Negativbild eines Porträts ist, so ist dieser symbolische Spiegel die Umkehrung des Spiegels der Eitelkeit.

Auch im Diskurs der Malerei spielte der Spiegel eine Rolle, die wir allerdings nur an den Bildern selbst ablesen können, weil dafür die Literatur noch fehlte. Das war in Italien anders. In seinem Lehrbuch «Über die Malerei» nennt Alberti den Spiegel einen «unbestechlichen Richter» (*optimus iudex*) der Maler, wenn sie ihre Bilder an der Natur kontrollieren wollten. Erst in einem Spiegel, der den Blick schärft, werde ein Fehler nach der Natur offenbar und ein Urteil darüber möglich, ob die Maler die Dinge der Natur richtig getroffen hätten. Nur in Italien gab es eine solche Kunstliteratur, aber sie spricht von dem rechteckigen Flachspiegel, den Leonardo in seinem *Paragone* den «Lehrmeister der Malerei» nennt, und nicht von dem runden Konvexspiegel, der in den Niederlanden den Vergleich mit dem gewölbten Auge nahelegte. Der Spiegel fängt ebenso wie das Auge ein Bild ein, das erst im Spiegel und erst im Auge entsteht. Im Auge ist das Bild aber nicht allein ein Resultat der Optik, sondern ein Produkt der Seele, um in der damaligen Sprache zu bleiben. Der Spiegel, das Ebenbild des Auges, überrascht das Auge mit einem Ebenbild seines eigenen Blicks.

Das Gemälde meldet sich im Vergleich von Auge und Spiegel selber zu Wort, wenn es demonstrativ einen Spiegel enthält, der sich in seinem Zentrum öffnet wie die Pupille im Augapfel. In diesem Vergleich ist das Gemälde zugleich weniger, weil ungenauer, und zugleich mehr als der Spiegel, weil es Dinge zeigt, die man in einem realen Spiegel niemals sehen könnte. Es mißt seinen Anspruch nicht nur an dem menschlichen Auge, sondern spricht den ganzen leibseelischen Menschen an und fordert ihn zu dem inneren Blick auf, in dem eine andere Welt erscheint. Dazu war es aber wichtig, noch eine weitere Metapher einzuführen, welche diesen Anspruch verdeutlicht: das *Fenster*. Diese Metapher ist uns schon bekannt, denn die Maler zeigen in den Porträts ein Doppelfenster, das sich diskret auf der konvexen Oberfläche des Augapfels spiegelt. Aber sie wenden die Metapher auch an, wenn sie einen Spiegel einführen, in dem sich ein Doppelfenster abbildet. Der Spiegel ist auf die äußere Wahrnehmung bezogen und das Fenster auf die innere Vorstellung. Im Fenster trennt sich der bekannte Raum der empirischen Welt von einem unbekannten Raum, in den wir zwar hineinblicken können, aber über den wir keinen vollständigen Einblick gewinnen. Dieser andere *Raum* war dafür freigegeben, eine andere *Welt* zu symbolisieren.

In einem südfranzösischen Altarbild aus Boulbon, das um das Jahr 1457 entstand, wird das symbolische Fenster auf jenen theologischen Klartext gebracht, der in den Niederlanden wohlweislich vermieden wurde.[30] In einer kühnen Formulierung der Göttlichen Trinität schaut der jenseitige Gottvater durch ein helles Fenster auf den diesseitigen Gottessohn, der als lebender Toter in seinem dunklen Grab steht, während die Geisttaube die beiden Welten im Flug überbrückt. Im Fenster öffnet sich der irdische Raum auf eine Welt, die sich der empirischen Wahrnehmung entzieht. Das Fenster zeigt uns «unseren Glauben», wie es in der Inschrift des Boulbon-Altars treffend heißt.

Das gilt allerdings nicht immer und nicht überall. Manchmal wird das empirische Fenster, durch das man auf die irdische Welt blickt, als Kontrapunkt zu dem symbolischen Fenster eingeführt, das aus der irdischen Welt herausführt. Petrus Christus, der Jan van Eycks Atelier übernahm und immer wieder durch seine einfache Denkweise auffällt, kontrastiert in seinem Bild des Marientods, das er um 1460 malte, die Himmelfahrt Mariens, die von ihrem Totenbett zum Himmel auffährt, geradezu schematisch mit dem Blick in die Umgebung, den ein Teilnehmer des Ereignisses durch das offene Fenster nach draußen wirft (Abb. 35). In diesem Falle handelt es sich um eine doppelte Tren-

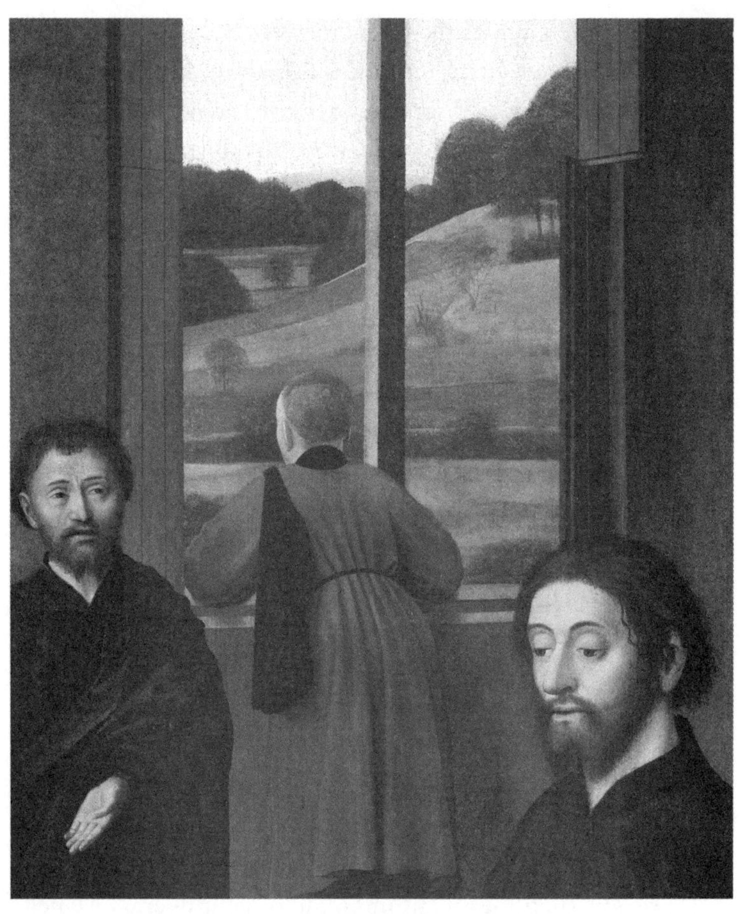

Abb. 35 Petrus Christus, Marientod, Detail: Rückenfigur, San Diego, Timken Museum of Art

nung zweier Räume: einmal die empirische zwischen Wohnung und Umgebung und dann die symbolische zwischen der irdischen und der überirdischen Welt.

Die Trennung zweier Räume durch ein Fenster, die wir schon aus der Miniatur der Maria von Burgund kennen (Abb. 21, S. 88), blieb auch sonst offen für einen mehrdeutigen Sinn. So öffnet sich in einem Marienbild des Dieric Bouts mit einem Fenster, auf dessen Brüstung das nackte Jesuskind sitzt, ein Innenraum, der sich hinten noch einmal mit einem Fenster öffnet, diesmal auf eine Landschaft mit einer Idealstadt.[31] Es ist nicht eindeutig, wie wir diese Folge dreier Räume – den Raum dahinter, den Raum im Bild und den Raum davor – lesen sollen, aber sie dient deutlich der Absicht des Malers, den *Ort des Bildes* von unserem *Standort* zu entfernen. Das Bild, so nahe es unserem Blick kommt, ist doch «woanders» und nicht dort, wo wir sind. Maria erscheint hinter dem Fenster und hält damit den Abstand ein, den ein Bild immer zur Wirklichkeit einnimmt. Das Kind spielt aber vorwitzig mit der Grenze des Bildes, als wollte es sie überschreiten, wobei es sofort eine Geste macht, als müßte es sich unserer körperlichen Berührung erwehren. Das Bild als Fenster ist nicht das Problem, sondern das zweite Fenster ist es, welches das Bild nach hinten noch einmal öffnet. Die Theologen konnten sich ihren Reim auf diese dreiteilige Raumfolge machen, wenn sie an die Menschwerdung Gottes dachten, die sich zwischen Diesseits und Jenseits ereignete. Das ästhetische *Spiel mit dem Raum* verwendete einen theologischen Trumpf, ohne sich jedoch ganz dem Diktat der Theologie auszuliefern.

Das tut auch Hans Memling nicht, so gut er seine theologische Lektion gelernt hatte. In dem späten (1489) Diptychon mit dem Porträt des Bürgers Martin Nieuwenhove aus Brügge macht er aus dem ästhetisch-anthropologischen Doppelsinn ein kühnes Bildrätsel (Abb. 36, 37). Er fordert uns zuerst vielsagend auf, im Gemälde den Spiegel und das Fenster zu suchen, aber entzieht

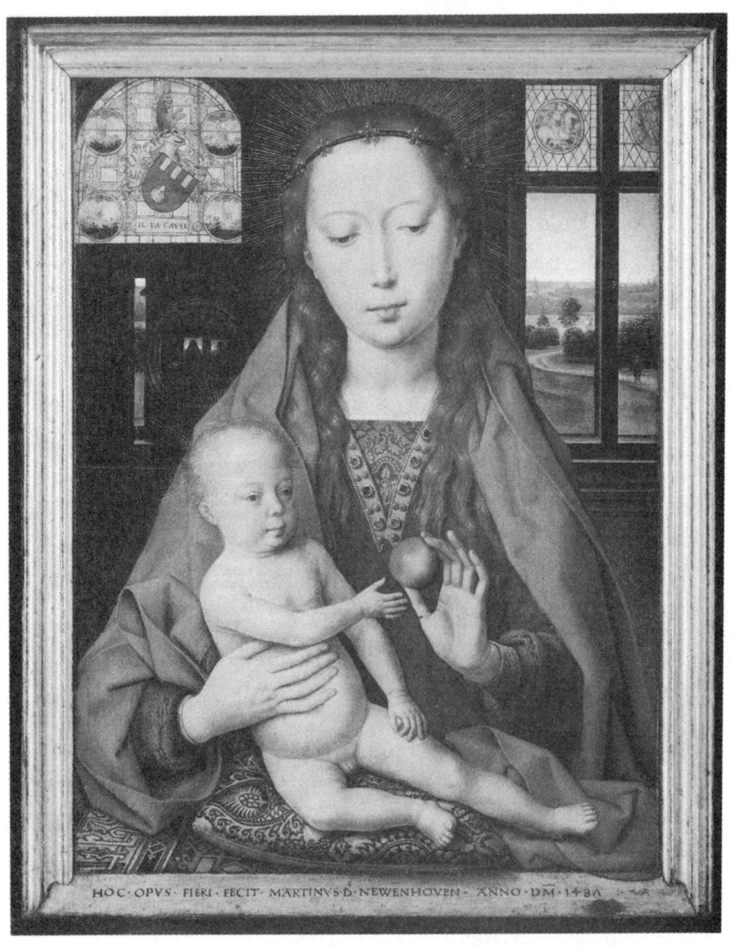

Abb. 36 Hans Memling, Diptychon für Martin van Nieuwenhove, linker Flügel: Maria mit Kind, Brügge, Memlingmuseum

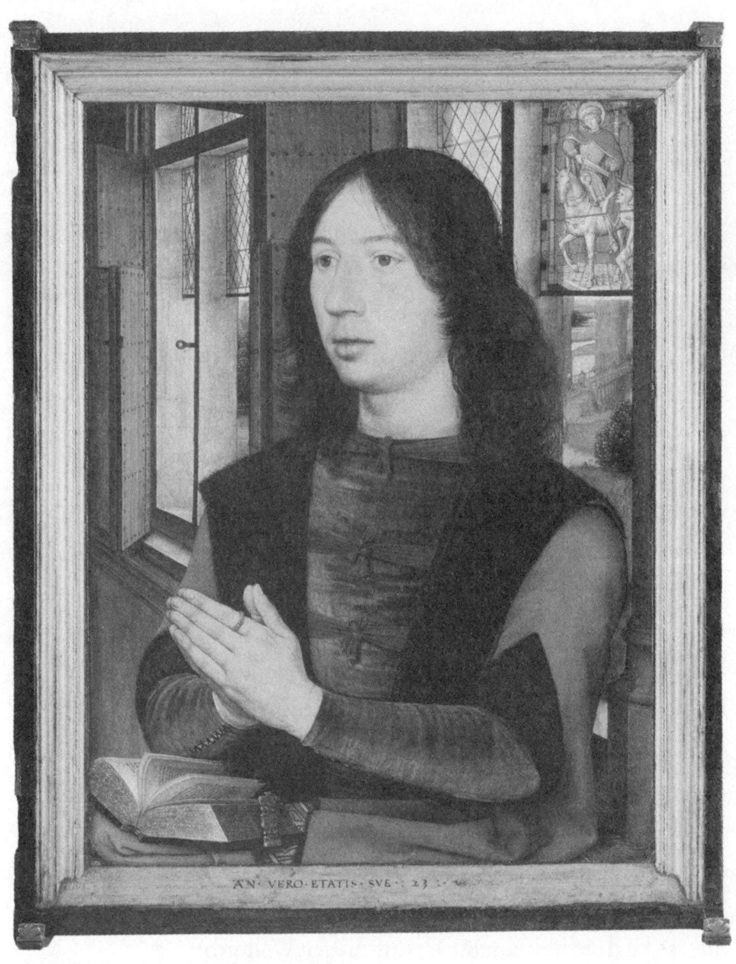

Abb. 37 Hans Memling, Diptychon für Martin van Nieuwenhove, rechter Flügel: Stifterporträt, Brügge, Memlingmuseum

uns sofort jede Antwort, mit der wir uns zufriedengeben könnten, um das Spiel mit dem Raum offenzuhalten. Wenn die beiden Tafeln einen gemeinsamen Innenraum darstellen, in welchem der Stifter der Maria begegnet, dann möchte man das Zimmer, in dem das Wappen des Stifters die Fensterscheiben ziert, gerne in Nieuwenhoves Wohnhaus suchen, doch geht diese einfache Rechnung nicht auf.

Auf der Marienseite ist ein Rundspiegel vor den geschlossenen Fensterläden an der Rückwand dieses Raumes aufgehängt.[32] In ihm spiegeln sich nicht nur die Rücken des Figurenpaars, sondern auch die beiden Hälften eines *Doppelfensters*, in dem man unschwer die Rahmen der *Doppeltafel* erkennen kann, vor der wir selbst stehen. Damit wird uns erklärt, daß wir wie durch ein Fenster in das Bild hineinsehen. Aber diese Erklärung erfolgt mit einem ungewöhnlichen Nachdruck, der uns davor warnt, sie wörtlich zu nehmen. Warum brauchten wir sonst einen Spiegel, wenn er uns nur bestätigt, was wir ohnehin schon wissen? Das Fenster ist mehr als die übliche Schwelle zwischen Bild und Betrachter. Wir sollen es «wie in einem Spiegel» sehen, der den einfachen Augenschein aufhebt, und damit verstehen, daß sich das Fenster auf einen symbolischen Raum öffnet, der «woanders» liegt als dort, wo wir es erwarten: also nicht im realen Wohnhaus des Stifters, sondern am Ort unserer Vorstellung, für die es wiederum keinen Ort auf dieser Welt gibt.

Immer wieder leiten uns die Maler dazu an, uns über den Spiegel als Symbol Gedanken zu machen, um mit seiner Hilfe das Bildprinzip des Gemäldes zu verstehen. In der Arnolfini-Hochzeit ebenso wie im Ladenbild des Petrus Christus und im Triptychon für Heinrich von Werl zieht er nicht nur die Augenzeugen des dargestellten Rechtsakts ins Bild, sondern fordert uns selbst dazu auf, uns dem Bild wie einem objektiven Spiegel anzuvertrauen. In der Badestube Jan van Eycks, die übrigens von einem künstlichen Licht beleuchtet war, setzt der Spiegel die

Kunst einer Malerei, die mehrere Ansichten eines einzigen Körpers zustande bringt, ins rechte Licht.

Im Bild des «Geldwechslers mit seiner Frau» (1514) setzt Quentin Massys den Rundspiegel auf der Ladentheke auffällig neben ein Stundenbuch, in dem die fromme Ehefrau ein Marienbild aufschlägt, als wollte sie ihren Ehegatten ermahnen, nicht allein an das irdische Geld zu denken (Abb. 38). Im Rundspiegel bildet sich ein Fenster ab, das nur wieder eine Metapher sein kann. So leitet uns der Spiegel, in der Nachbarschaft des Stundenbuches, dazu an, den einfachen in den symbolischen Bildsinn zu «übersetzen» und das dargestellte Ehepaar nicht allein in der Situation des Alltags zu belassen. Die ganze Bildanlage deutet darauf hin, daß Quentin Massys das Ladenbild gekannt hat, das Petrus Christus für die Goldschmiedezunft gemalt hat. Vielleicht spielt er aber auch auf ein anderes Werk an, das Petrus Christus seinerseits als Vorbild benutzte. Wenn der venezianische Chronist Marcanton Michiel von einem Bild des Jan van Eyck (Zuan Heic) aus dem Jahre 1440 berichtet, auf dem in Halbfiguren «der Patron mit dem Faktor Geld zählt» (*fa conto cun el fattor*), dann liefert er uns vielleicht den Hinweis auf eine weitere Bilderfindung van Eycks, in welcher auch der Spiegel schon vertreten war.

Der ältere Rivale van Eycks, Robert Campin, verwendet das Motiv des Spiegels auf eine so eigenwillige Art und Weise, daß darin möglicherweise eine kritische Entgegnung anklingt. Es handelt sich um die kleine «Doppel-Ikone» in Philadelphia, auf welcher Maria bei ihrem Sohn, beide im Schulterstück, Fürbitte einlegt.[33] Die beiden Nimben sind ganz reale Artefakte aus massiven Goldscheiben mit Steinbesatz, welche nur deswegen an die Ästhetik der höfischen Kunst erinnern, um sie zur bloßen Folie der neuen, lebensechten Malerei zu stempeln. In Christi sonnenhaftem Auge spiegelt sich kein Fenster, aber auf dem Gewandsaum über seiner Brust – dort, wo man den Sitz des Lebens vermutete – wird ein Glasstein zum Spiegel, in dessen abgedunkelter

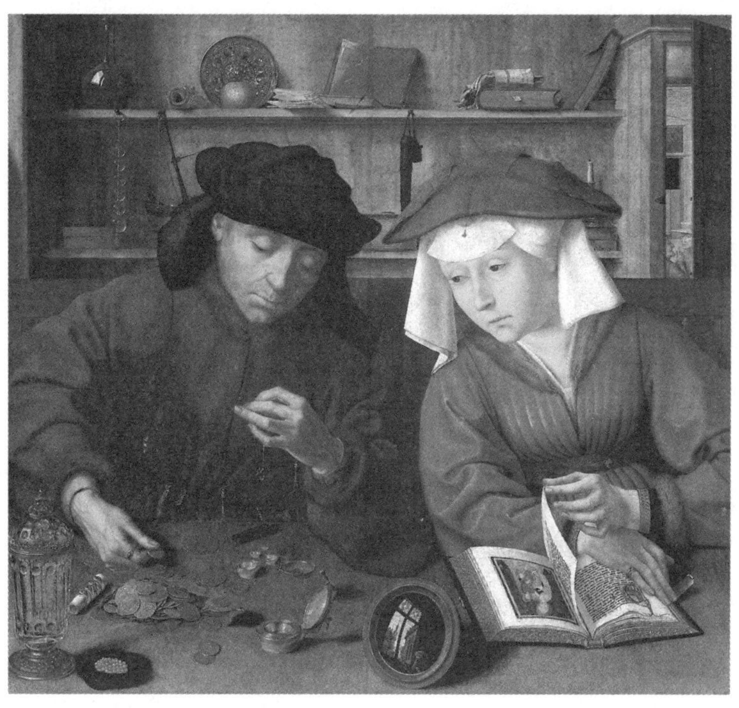

Abb. 38 Quentin Massys, Der Geldwechsler und seine Frau, Paris, Louvre

Hälfte sich ein Doppelfenster abbildet. Es scheint, als wollte Campin dem Auge als Organ der empirischen Wahrnehmung ein symbolisches Auge (Fenster im Spiegel) gegenüberstellen, in dem man das unsichtbare Leben der Seele erahnt.

Der Spiegel, der inmitten des Gemäldes sitzt und als dessen Symbol auftritt, hat die Maler schließlich dazu angeregt, dem Gemälde insgesamt die Form eines Rundspiegels zu verleihen. In einem Andachtsbild aus der Schule Campins, das sich heute in Cleveland befindet, erinnert der Bilderrahmen an den Rahmen eines Rundspiegels, hinter dem wir aber nicht unser eigenes, sondern ein Bild ganz anderer Art sehen.[34] Es ist die Mutter Gottes, die ihr Kind so stillt, wie es eine irdische Mutter tun würde, als könnten wir mit unserem Blick ihr Schlafzimmer betreten. Aber das Gemälde, das natürlich eine flache und keine konvexe Oberfläche besitzt, ist nur ein symbolischer Spiegel, in dem uns der Maler das zeigt, was wir sonst nicht sehen könnten. In den meisten Lukas-Bildern der Zeit ist deshalb ein Rundspiegel beziehungsreich neben die Staffelei gehängt, auf welcher der heilige Maler die Madonna in einer Live-Sitzung porträtiert. Erst Hieronymus Bosch gibt diesen symbolischen Spiegel auf, weil er dessen *idealistische* Bildwahrheit nicht mehr anerkennt, und ersetzt ihn durch einen allegorischen Spiegel, in dem die *erbärmliche* Wahrheit der Welt erbarmungslos bloßgestellt wird (Abb. 60, vgl. S. 260).

12 Orte im Bild und das Bild als Ort

Meist spricht man heute ganz unspezifisch von dem neuen «Bildraum», mit dem die Maler plötzlich die Goldgründe ihrer Vorgänger ersetzt hätten. Aber dieser «Raum» ließ sich nur darstellen, wenn man der Raumerfahrung einen konkreten Ort zuwies. Mit der Wahl eines Handlungsortes hatte man eine folgenreiche Entscheidung getroffen, welche jede Bilderfindung unermeßlich komplizierte. Die biblischen Themen waren bisher in einer ortlosen Umgebung gemalt worden, die zu der zeitlosen Auffassung paßte, die man aus der liturgischen Wiederholung im Kirchenjahr kannte. Jetzt fanden sie an einem Ort statt, der in der Malerei das eigentlich Neue war, während die Handlung, wenngleich sie moderner nacherzählt wurde, die gleiche blieb.

Man spricht also besser, statt vom Raum, von *Orten* in Bildern, die nach einer eigenen Identität verlangten, sobald man Orte überhaupt darzustellen begann. Bilder *sind* nicht nur selber Orte, die für einen Betrachter erfunden sind, sondern *haben* jetzt auch Orte, die man sich vorstellen konnte, wenn man sich ein biblisches Ereignis erzählen ließ. Der Ort *im* Bild hebt, bis zu einem gewissen Grade, das reale Bild *als* Ort auf, den es durch den fiktiven Ort der Erzählung ersetzt. Schon in der höfischen Buchmalerei der Internationalen Gotik hatte man phantastische oder realistische Orte, ja sogar die ersten Landschaften entworfen, und noch der junge Jan van Eyck hatte seine höfischen Auftraggeber in Holland mit Erfindungen überrascht, welche die heimatliche Landschaft wie im Spiegelbild festhielten. Aber solche Experimente befriedigten nur die spielerische Laune eines höfischen Auftraggebers und wurden noch nicht zur Norm des Tafelbildes, dessen Bauprinzip sie bald von Grund auf veränderten.

In den 1420er Jahren entstehen die neuartigen Gemälde, mit ihrem konkreten Ort, in der Werkstatt Robert Campins in Tournai, der damals schon seit zwanzig Jahren als Freimeister bezeugt ist, aber keine älteren Werke hinterlassen hat. Aus diesen Bildern spricht eine wahre Begeisterung für die Erweiterung der Bildsprache, mit der sich die eigene Umwelt entdecken ließ, in welcher jetzt die immer wiederholten, biblischen Themen stattfanden. Man wurde in ihnen von einem Detail zum anderen gezogen, nachdem sich die Maler einmal darauf eingelassen hatten, eine Realität «auszumalen», deren Beweis gerade in den Details lag. Wenn die bürgerlichen Interieurs der Marienbilder heute realistisch wirken, so liegt der Realismus schon darin, daß man die Orte überhaupt darstellte. Campin liebte die handgreiflichen Gegenstände mehr als das ungreifbare Licht, so sehr er es auch zur Definition der Dinge brauchte. Er zog die festen Türen, welche die Räume öffnen und verschließen, den Fenstern vor, hinter denen eine andere Welt liegt, und mied auch gewöhnlich das Motiv des Spiegels, welcher die Welt so leicht verrätselt. Anfangs ging er noch Kompromisse ein, indem er den Goldgrund hinter den Fenstern und hinter den Landschaften beibehielt, so daß er ihn im Falle des sogenannten Mérode-Triptychons später übermalen mußte. Die Orte waren zuerst da, bevor sich dann das Bild mit einem atmosphärischen «Raum» füllte, wie ihn Jan van Eyck, der Poet des Lichts, so souverän entwarf.

Das Triptychon aus der Sammlung Mérode ist das älteste erhaltene Werk aus Campins Werkstatt, in welchem die topographische Darstellung voll entwickelt ist (Abb. 39). Es stellt nicht nur eine Wohnstube dar, in welcher die Verkündigung an Maria spielt, sondern mit Hilfe der Seitenflügel ein ganzes Wohnhaus, das die Werkstatt des Zimmermanns Joseph umfaßt und sich durch Treppenstufen und eine Tür auf einen ummauerten Hof öffnet, der wiederum durch ein Hoftor mit der umliegenden Stadt verbunden ist. Das Werk ist so oft interpretiert worden, daß es genügt, auf einige Elemente hinzuweisen, an denen die Intentionen des malenden Bühnenbildners zu fassen sind.

Die Stube Mariens ist wie eine Puppenstube mit drei Wänden, Decke und Fußboden gebaut, so daß jedes Detail an seinem Ort erscheint. Die Figuren bleiben so groß, wie sie immer waren, und sind daher nur mit Mühe dem Maßstab des pedantisch beschriebenen Interieurs angepaßt. Der Engel tritt in dem liturgischen Gewand eines Diakons ein, das in dieser privaten Umgebung deplaziert wirkt, als wollte der Maler damit andeuten, daß er aus einer anderen Welt kommt. Der Bruch zwischen kirchlichem Auftritt und privater Umgebung ist bewußt herbeigeführt, um in der Erscheinung des Engels zwei Welten zu kontrastieren. Aber er betritt das Zimmer in ganz handgreiflichem Sinne durch die Tür, deren offener Flügel sich auf der linken Tafel nach außen öffnet, während das Jesuskind als Embryo mit geschultertem Kreuz durch eines der beiden Rundfenster einfliegt, dessen Glas bei diesem Durchflug – wie man in der Marienliteratur immer wieder beteuerte – intakt blieb, ebenso wie der Leib Mariens bei der Empfängnis seine Jungfräulichkeit bewahrte.

Auf dem linken Flügel kniet der Stifter mit seiner Ehefrau draußen hinter der offenen Tür, durch welche der Engel eingetreten ist, andächtig mit gelüftetem Hut. Die Tür, die sich nur für den Engel geöffnet hat, setzt dem Körper des Stifters ein Hindernis entgegen, das dieser nur in seiner Vorstellung überwinden kann. Der Ort der Verkündigung ist für ihn ohnehin ein Ort der Vorstellung, sosehr er auch einen Ort aus der Welt des Bürgers schildert. Die Malerei repräsentiert hier die private Laienandacht, die sich mit all den sinnlichen Bildern aus dem eigenen Milieu füllen sollte, die im Gedächtnis des Stifters schon gespeichert

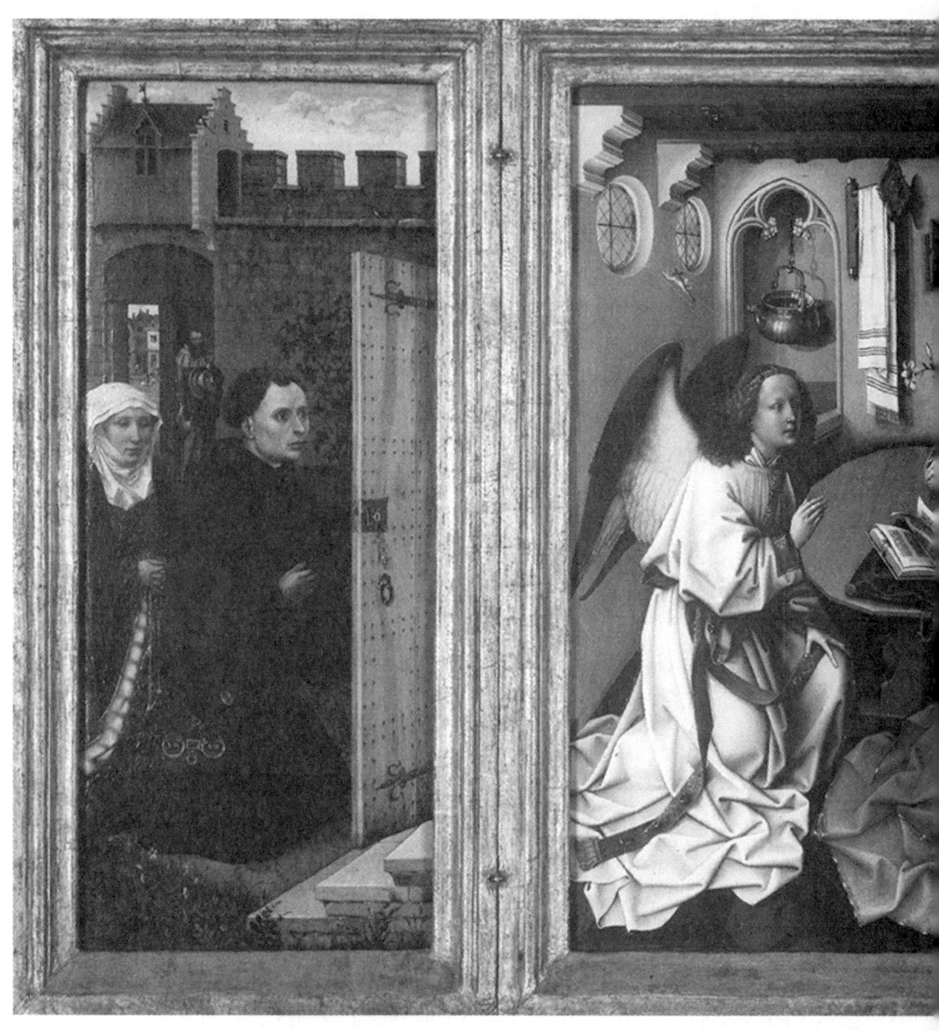

Abb. 39 Robert Campin, Mérode-Triptychon, New York, Metropolitan Museum of Art

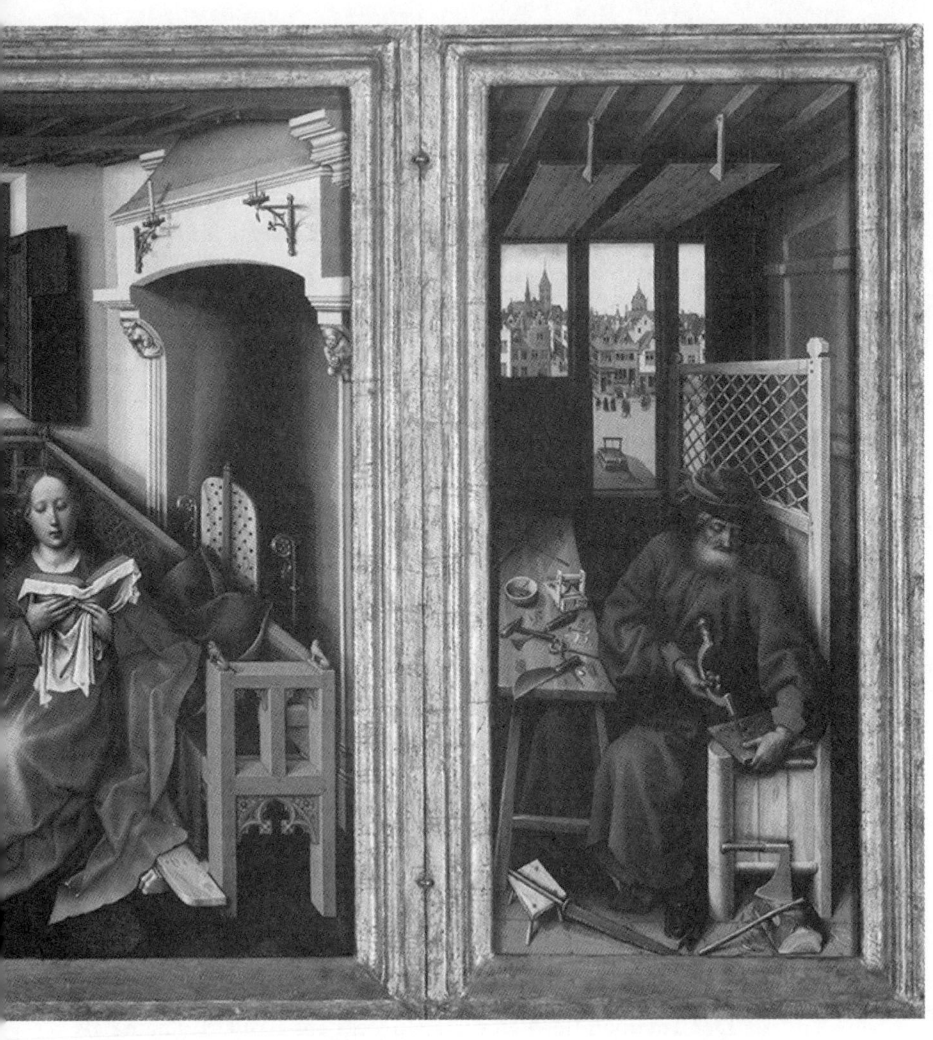

waren. Die Unterscheidung der drei Orte, die in dem gemalten Haus aneinandergrenzen (Wohnstube, Werkstatt und Hof), kulminiert in der symbolischen Antithese von außen und innen. Das Bild appelliert an das Gedächtnis, sich das biblische Ereignis zu «vergegenwärtigen», es also aus der fernen Vergangenheit in die eigene Gegenwart zu holen. Gedächtnis, Einsicht und Willenskraft waren in den Texten der Zeit die drei Kräfte der Seele.

Man weiß inzwischen, daß der linke Flügel nachträglich ausgetauscht wurde und heute ein anderes Bild desselben Stifters trägt, das nicht einmal mehr von Campin, sondern wohl von seinem berühmteren Schüler Rogier van der Weyden gemalt wurde. Die Ehefrau ist noch einmal später ergänzt worden, nachdem der verwitwete Stifter ein zweites Mal geheiratet hatte. Das Werk kam immer wieder in das Atelier zurück, wenn sich die persönlichen Verhältnisse des Stifters geändert hatten. Nicht deutlicher könnte sich die private Konstitution dieser Kunst entlarven, in welcher sich die Bürger selbst spiegeln wollten. Die Fiktion in der dargestellten Realität – das Marienleben in Flandern – diente der privaten Aneignung durch eine bürgerliche Familie, die alle Motive im Bild auf sich selbst bezog. Nach den letzten Archivfunden von Henri Installé hat Felix Thürlemann diesen Bildtext so überzeugend als Rebus entschlüsselt, daß die jahrzehntelange Debatte um den theologischen Bildsinn mit einem Schlage gegenstandslos wurde – gegenstandslos insofern, als alle investierte Theologie nur wieder auf eine bürgerliche Mentalität zurückweist.

Der Tuchhändler Peter Engelbrecht aus Köln, der heute als der Auftraggeber des Werks gelten darf, hatte zwischen 1425 und 1428 die reiche Erbin Gretchen Schrinmechers geheiratet und den Kinderwunsch des Paares durch die Stiftung des Werks bekräftigt, das in der Verkündigung an Maria ein damals ungewöhnliches Hauptthema besitzt. Im Bild «bringt der Engel», wie es der Familienname des Stifters nahelegt, was dieser im Leben erwartete, also die leibliche Nachkommenschaft. Er tritt von der

Seite des Stifters her in das Gemach Mariens ein, während diese hinter sich die Werkstatt des «Schreiners» Joseph hat, dessen Beruf auf ihren eigenen Familiennamen verwies. Das Ganze wirkt wie ein versteckter Ehetraktat, wobei die Ähnlichkeit der ehelichen Reinheit zur jungfräulichen Reinheit von Mariens Leben anklingt.

Gerade der kühne Bezug des himmlischen Themas auf die Familiensituation des Stifters war Anlaß genug, den Unterschied der fleischlichen Liebe zur Jungfrauengeburt durch einen ausgedehnten Indizienbeweis selbst für einen theologisch ungebildeten Betrachter festzumachen. Schon die «Mausefalle» in der Schreinerwerkstatt war eine Metapher für jene Täuschung des Teufels, die in der Scheinehe Mariens mit Joseph angelegt war. In Mariens Zimmer ist das Herdfeuer, als Symbol der sexuellen Begierde, ausgegangen und wird die Kerze auf dem Tisch durch einen Luftzug gelöscht, der auch die Seiten im aufgeschlagenen Buch flattern läßt. Der in der Bibel immer wieder genannte «Hauch des Herrn» verwies auf den Hl. Geist, der, wenn man das Thema überhaupt ernst nahm, die Stelle des Mannes in der Zeugung Jesu innehatte.

Das alles klingt genau nach jener «versteckten Symbolik», die man immer in solchen Bildern gesucht hat, aber die gemalte «Spurensicherung» diente nicht dem Sinn, an den wir dabei immer dachten. Die Wahl des Themas und der einzelnen Motive entstammte damals dem Wunsch, im Gemälde die Namensembleme des Ehepaars zu veranschaulichen und selbst dessen Kinderwunsch ins Spiel zu bringen. Die Analogie mit dessen eigener Situation forderte aber dazu heraus, den Vergleich vor falschen Ähnlichkeiten zu bewahren. Erst die gewollte Analogie trieb im Gegensinne die notwendige Unterscheidung hervor. Sie begann schon in der Schilderung eines zeitgenössischen Wohnhauses, das mit dem Ort des biblischen Geschehens in eins gesetzt wurde, damit sich das Wunder gerade in der alltäglichen

Umgebung erst recht als Wunder erwies. Die Mimesis, die in der Aneignung des biblischen Themas durch eine Kölner Kaufmannsfamilie angelegt war, zwang wiederum zur Markierung der Grenze, an welcher jeder Vergleich endete.

Noch ist es unklar, warum Peter Engelbrecht den Stifterflügel mit dem ursprünglichen Ehebildnis austauschen ließ. Er lebte bereits mit einer gewissen Heylwich Bille zusammen, als er, lange vor dem Tode der ersten Ehefrau, in Köln durch einen Rechtsfall gezwungen wurde, nach Mecheln auszuwandern. Auf dem neu gemalten Flügel war er offenbar zunächst alleine dargestellt, bevor er die zweite Ehefrau und den Stadtboten von Mecheln am Hoftor ergänzen ließ. So wirkt das Gemälde wie ein Familienstammbuch, in welchem stets der letzte Stand der Dinge registriert ist, und wendet sich mit seiner topographischen Akribie und erzählerischen Komplizenschaft direkt an den Auftraggeber. Die Andachtsliteratur der Laien hat diesen Realismus vorbereitet, aber erst die bürgerliche Mentalität hat ihm jene Anschaulichkeit eingeräumt, in welcher die Stifter ihre bürgerliche Umwelt, um sich gegen die höfische Welt zu behaupten, idealisiert sehen wollten. So erklärt es sich auch, daß man damals, wie es im Vertrag mit einem Bildschnitzer in Valenciennes lautete, in den biblischen Bildern Betten sehen wollte, wie man sie «in Brabant und Flandern herstellte».

Jan van Eyck ist in der Regel umgekehrt verfahren und hat seit der Verkündigung auf dem Genter Altar für religiöse Bilder ideale Räume erfunden, statt reale Räume nachzubilden, sosehr er sie auch mit realen Details ausstattet. Seine Marientafeln unterscheiden sich in dieser Hinsicht drastisch von jenen Campins, auf denen Mutter und Kind in ihrem privaten Milieu buchstäblich «zu Hause sind». Campins «Madonna vor dem Ofenschirm»[35] in London wirkt deshalb wie eine Antithese der Eyckschen Lucca-Madonna in Frankfurt,[36] wenn sie nicht umgekehrt die Antithese bei Eyck überhaupt erst herausgefordert hat. Schon im Frauenideal der Maria, die beide Male ihrem Kind die Brust reicht, könnte die Distanz kaum größer sein, wenn Campin damals, in den Zeiten der «Schönen Maria», die ganz ungewöhnliche Wahl eines unschönen Modells aus dem Volk trifft. Seine Maria sitzt nicht auf dem Baldachinthron, auf dem sie bei van Eyck erscheint. Campin bildet einen realen Ort ab, den er dann mit symbolischen Motiven für den religiösen Zweck legitimiert. Seine Kunst der Ortsschilderung findet ihren intimsten Ausdruck in einem ganz winzigen Marienbild in London, das mit seiner Fülle häuslicher Details ein weibliches Auge dazu einladen mochte, sich an dieser Verklärung des eigenen Alltags verstohlen zu ergötzen.[37] Der Rahmen ist hier als Tür aufgefaßt, und Türen bilden, in wörtlichem Sinne, das Schlüsselmotiv für die realen Orte, die in der gemalten Fiktion Campins entstehen.

Allerdings gehört die offene Tür im Mérode-Triptychon, hinter welcher der Stifter kniet, erst einer zweiten Fassung des Werkes an, doch darf man sie auch in der ersten Fassung voraussetzen. Der Stifter wollte jetzt kaum eine neue Komposition, sondern nur ein abgeändertes Bildnis haben. In einer Zeichnung im Louvre, die Campin zugeschrieben wird, sind die zugehörigen Stifter beiderseits durch Türen eingetreten, um Maria ihre Aufwartung zu machen.[38] Schwieriger ist der Tatbestand in dem schon beschriebenen Triptychon für Heinrich von Werl zu deuten (Abb. 33, vgl. S. 146). Hier kniet der Stifter nicht hinter, sondern vor der Tür, die sich auf Mariens Gemach öffnet, wo er sich dem Gegenstand seiner Vision mit einem unbeschreiblich diskreten Blick nähert. Das Problem dieses Werks liegt weniger in der Ausführung, die man heute lieber Rogier zuschreibt, als in der Bilderfindung, die unverkennbar auf Ideen Campins zurückweist. Es ist nicht leicht, hier die Grenze zwischen den beiden Meistern zu ziehen, weil Rogier sonst seine eigenen Wege geht. Die steinerne Fassade, mit welcher das Bild vorne abschließt, gehört zur Fiktion des Gemäldes, während die reale Tür der

Zelle, durch die wir zwei Mönche eintreten sehen, nur im Spiegel sichtbar wird. Ort und Bild sind hier auf eine subtile Weise differenziert, die dennoch zur alten Thematik Campins Stellung nimmt: Orte in Bildern und Bilder als Orte.

Rogier tritt in den gleichen Jahren mit dem großen Altar für die Schützengilde in Löwen wie mit einem Paukenschlag in die Kunstgeschichte ein (Abb. 40). Der Ort dieser gemalten Aufführung der Kreuzabnahme ist ein Schreinkasten der zeitgenössischen Kirchenkunst: ein Gehäuse, das sonst für Skulpturen bestimmt war. Der Ort *im* Bild, an dem die biblische Handlung spielt, fällt also mit dem Ort des Bildes, das in einer Kirche auf dem Altar stand, zusammen. Die Kreuzabnahme findet in einem Altarschrein der Zeit statt, womit das «Hier und Jetzt», das auch der Sinn der liturgischen Handlung war, restlos zur Anschauung kommt. Zwar sind die lebenden Personen nur gemalt, wie auch der Altarschrein nur gemalt ist. Aber die beiden Metamorphosen stützen sich gegenseitig. Der gemalte stand an der Stelle eines wirklichen Altarschreins, und die fast lebensgroßen Figuren nehmen die Stelle lebender Personen ein. Die übliche Fiktion wird hier gesteigert zur Illusion leibhafter Realität. Für Rogier rechtfertigte die gewünschte Wirkung selbst die Wahl paradoxer Mittel.

Diese Betrachter-Ästhetik war in einem offiziellen Altarbild, wo die Kirche so gerne in einen dozierenden Gestus verfiel, ungewöhnlich, und sie reagierte vielleicht auf den privaten Auftrag, der schließlich von einer Bruderschaft stammte. Doch lag diese Bildinszenierung im Horizont der Zeit, nachdem das Thema des Bildorts gebieterisch nach einer persönlichen Stellungnahme verlangte. Die Simulation von realen Bildwerken, die man aus dem aktuellen Kirchenraum kannte, war auf den Außenflügeln der Altäre seit kurzem die Regel. Rogier durchbricht diese Mediengrenzen, als er sich an die Erfindung von «lebenden

Skulpturen» wagt, die im Altarschrein wie auf einer Bühne handeln und weinen (Abb. 41, 42). Die Metamorphose der Skulpturen, die sich in der engen, vergoldeten Nische drängen, zum «tableau vivant» erfaßt auch den Nischenboden, der sich vor unseren Augen in einen grünen Rasen wandelt.

Aber die Erfindung Rogiers holt das neuartige Bild nicht allein in das «Hier und Jetzt», wo der Betrachter selber weilt, sondern verlegt es ebenso entschieden hinter eine Schranke, die ihm ein für allemal den Zutritt verwehrt. Man kann einen Altarschrein schlechterdings nicht betreten, und wenn er uns noch so nahe vor Augen steht: schon gar nicht einen Altarschrein, dessen Figurenkasten nur gemalt ist. Ein Altar ist inmitten eines Kirchenraums, zu dem alle Zugang haben, der unzugängliche Ort der Liturgie, an der man nur im Blick teilnehmen kann. Er ist auch der Schauplatz der Verwandlung des Brotes in jenen Leib Christi, der im gemalten Schauspiel, auf Rogiers Bühne, die Hauptperson bildet. In der Wahl des Altars als Bildort hat Rogier seine ästhetischen Absichten mit einem unfehlbaren Gespür durchgesetzt. Aber das Thema des Bildorts beschäftigt ihn weiter.

Im kleinen Marienbild erinnert Rogier wiederholt an eine Statuennische, nur um die Verwandlung der Statue in die lebende Madonna wie ein wahres *Bildwunder* zu inszenieren.[39] Seine Malerei imitiert mit gleicher Überzeugungskraft die lebende Person wie den toten Stein, um diese «Inkarnation im Bild» glaubhaft zu machen. In dem winzigen Täfelchen der Sammlung Thyssen wartet er mit der poetischsten Feinmalerei auf, wenn er die Lebensfarben der Figur von den Steinfarben der Nischenumrahmung trennt, unter der die Madonna sitzt.[40] Dort wirft sie, statt nur ein Phantom zu sein, einen körperlichen Schatten auf die Nischenwand. Unser Blick kann die Wand nicht durchdringen, aber die Madonna kommt uns diesseits der Wand, an welcher unsere empirische Wahrnehmung endet, am Ort des Betrachters entgegen.

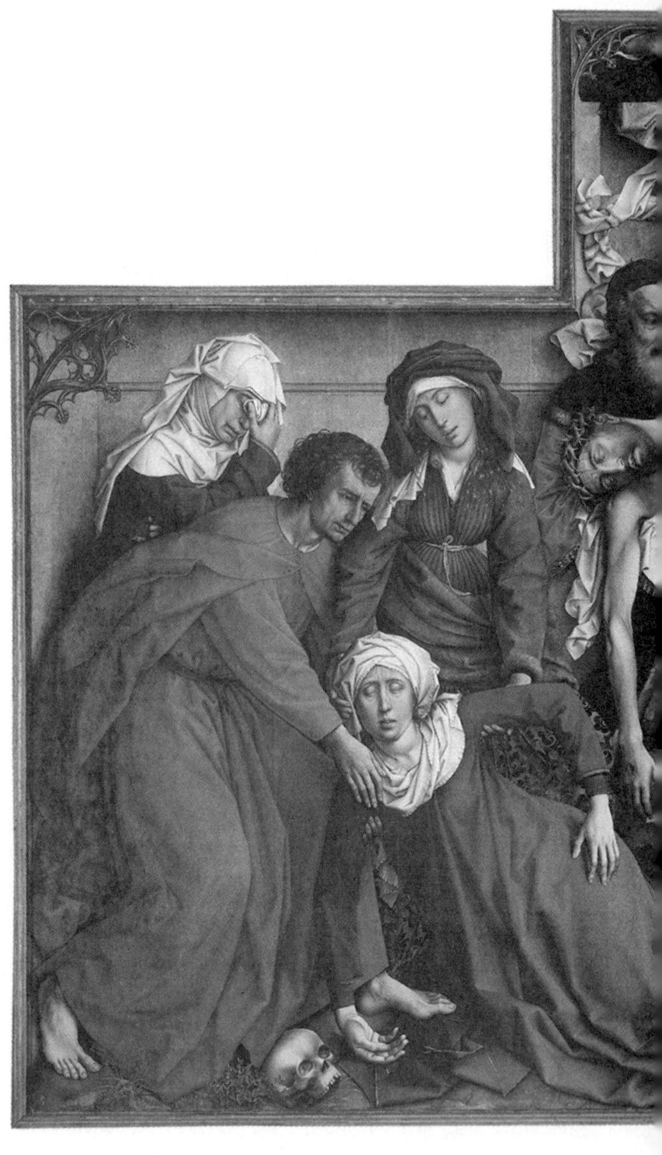

Abb. 40 Rogier van der Weyden, Kreuzabnahme, Madrid, Prado

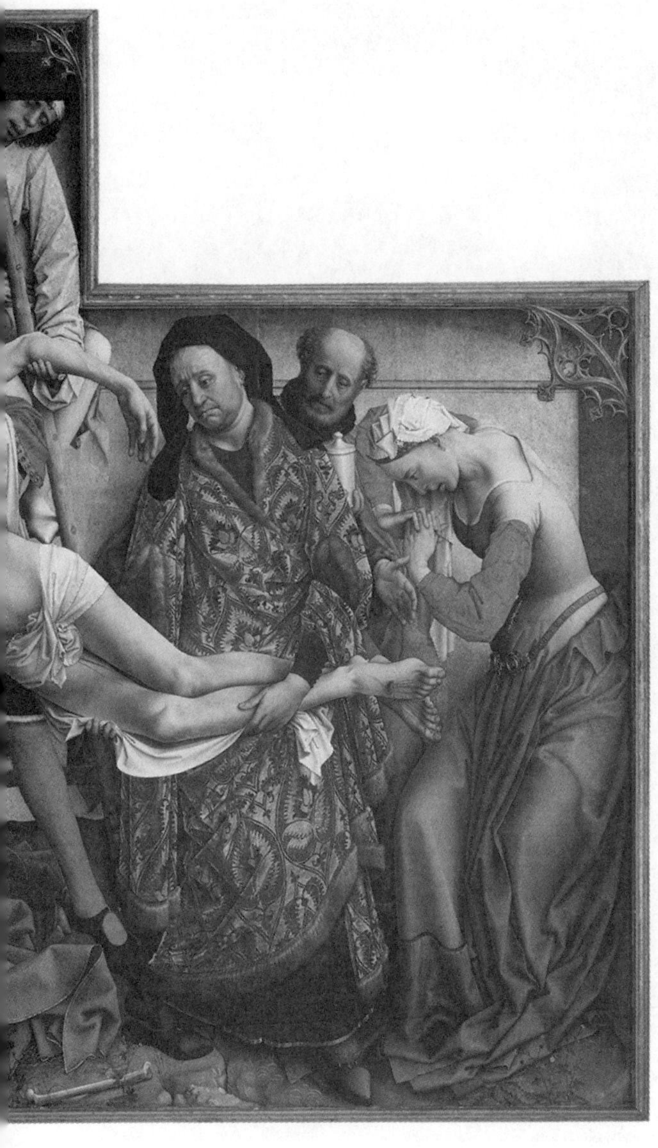

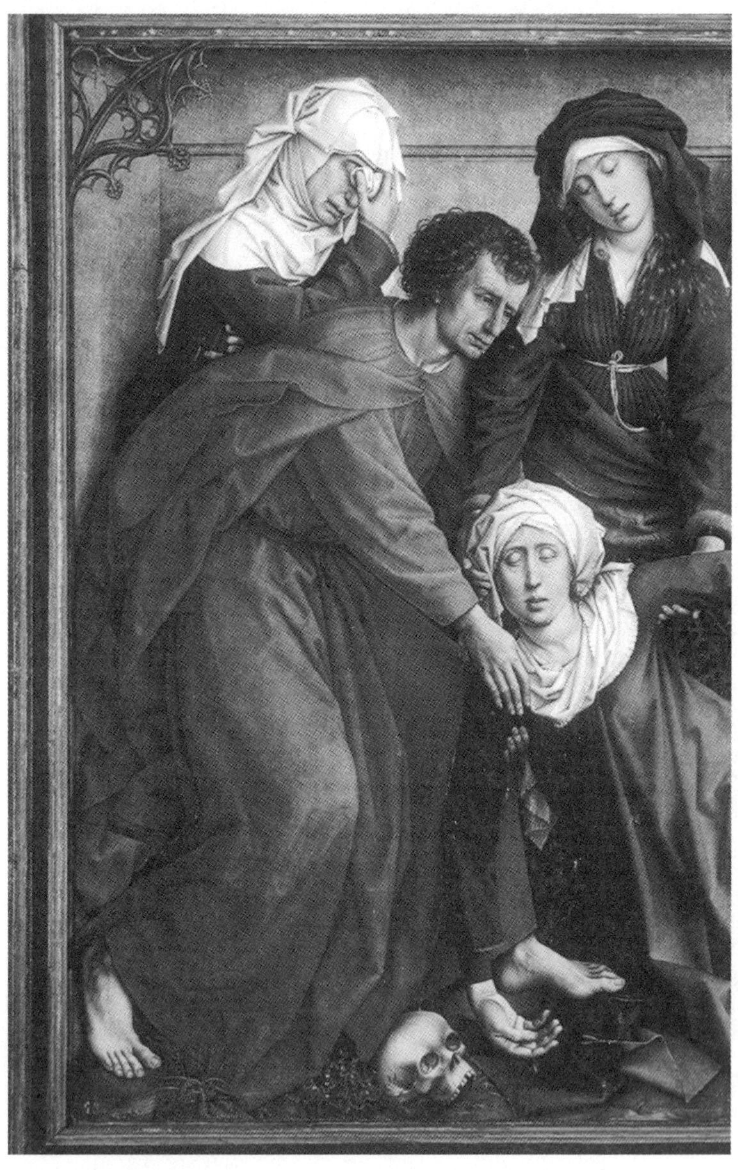

Abb. 41 Rogier van der Weyden, Kreuzabnahme, Detail, Madrid, Prado

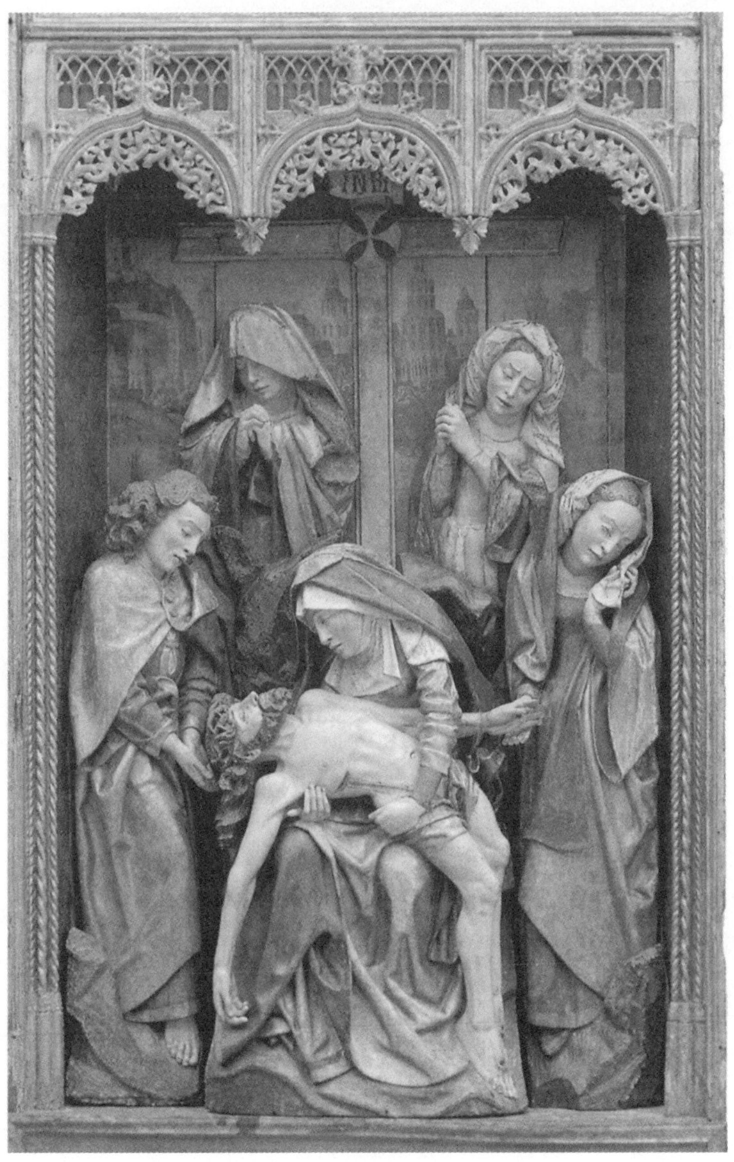

Abb. 42 Schreinkasten mit Vesperbild (15. Jh.), New York, Metropolitan Museum of Art

In der großen Madonna des Prado ist dieses Spiel mit der Wahrnehmung auf die Spitze getrieben, wenn die in leuchtendes Rot gekleidete Madonna ihre Beine auf einen runden Steinsockel stellt, der uns vor der Wand (und der Bildebene) im Raum des Betrachters entgegenragt (Abb. 43). Das Bild entführt uns also nicht an einen anderen, an einen imaginären Ort, sondern hält uns an dem realen Standort fest, den wir mit der Madonna teilen, die vor unseren Augen Körper zu werden scheint. Sie löst sich von ihrer Umgebung, aus welcher die übrige Bildfläche besteht, ab, als sei sie allein das Bild, das feierlich in unserer Gegenwart inszeniert wird. Im Spiel mit den Elementen von Rahmen, Figur und Hintergrund bleibt die Frage nach dem Bild und dem Ort des Bildes nur deswegen offen, um unsere Bildphantasie anzuregen.

In der Gattung eines Altarbildes, das gleich mehrere Themen miteinander verbindet, gelang Rogier bald eine weitere Erfindung, welche sofort von allen Malern der Zeit aufgegriffen wurde. Der Marienaltar aus dem spanischen Kloster Miraflores wartet mit einer doppelten Ansicht oder der Ansicht auf einen doppelten Ort auf: den Ort *im* Bild und das Bild *als* Ort.[41] Jede der drei Tafeln öffnet sich auf einen verschiedenen Ort des Geschehens, aber alle drei schließen dennoch vorne mit einem gemeinsamen Ort ab: einem hölzernen Portal mit Füllfiguren aus Stein, das dem dreiteiligen Altarwerk ein einheitliches Gesicht gibt. Man hat allzu rasch von Portalrahmen gesprochen, als lägen sie *vor* den Bildern und vor dem eigentlichen Handlungsort. Aber das Gegenteil ist der Fall. In zweien der drei Tafeln spielt die Handlung *unter* dem Portal, gleichsam auf der «Schwelle des Bildes», während sie den dahinter liegenden «Bildraum» als Bühne ungenutzt läßt. Nicht genug damit, wird das Portal ausgerechnet nach innen durch einen Portalvorbau erweitert, was jeder architektonischen Logik widerspricht, aber der bildnerischen Logik des Malers zugute kommt. In der Geburt Christi ist das so erweiterte Proszenium vom üblichen Bildraum sogar noch

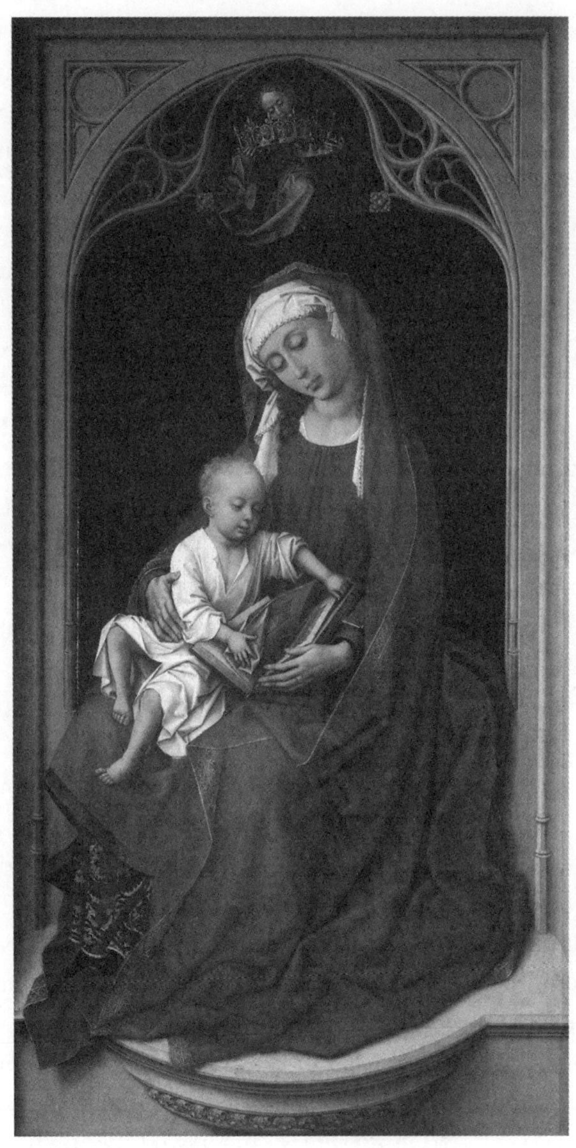

Abb. 43 Rogier van der Weyden, Durán-Madonna, Madrid, Prado

durch einen Vorhang abgetrennt, womit ihr eine eigene Handlungsbühne kategorisch entzogen wird. In der Beweinung steht das Kreuz, von dem Jesus abgenommen wurde, «back-stage» in der offenen Landschaft, während die Handlung vorne unter der Öffnung des Portals spielt wie auf einem Proszenium.

Dieses Verfahren erscheint paradox und verrät dennoch ein genaues bildnerisches Kalkül, das auf nichts weniger als auf eine Kritik des «Fensterbildes» Eyckscher Bauart hinausläuft. Ein Portal öffnet sich gewöhnlich auf einen Innenraum, und so haben es auch die Nachfolger Petrus Christus und Dieric Bouts verstanden. Rogier begreift das Portal aber als Rahmen der Bilderzählung, womit er das Bild aus der Bindung an eine historische Topographie völlig löst. Der Effekt, den er damit erreicht, ist unmittelbar einsichtig. Die Figuren bleiben gleichsam vorne und nahsichtig im Blick des Betrachters und behalten so ihre unabhängige ikonische Präsenz, ohne daß wir sie in der Distanz eines tiefen Bildraums verlieren. Die Handlung spielt, vor den Augen des Betrachters, im Hier und Jetzt, während der historische Schauplatz wie eine Kulisse weitab auf Distanz gerückt wird.

Rogier hat den Perspektivraum im Sinne Campins und Eycks, wenngleich mit einschneidenden Korrekturen, immer dann benutzt, wenn er ein religiöses Thema in die Landschaft verlegen wollte oder verlegen mußte. Aber seine Lieblingsideen entwickeln sich dort, wo er freie Hand hatte und den Kirchenraum als Ort einer zeitlosen Gegenwart wählen konnte, an welchem die Liturgie die biblischen Ereignisse immer wieder nachvollzieht. Ein Kirchenraum war inmitten der Lebenswelt gleichsam als alternativer Ort ausgesondert, der in jeder Stadt, wo immer sie lag, die Erfahrung eines «anderswo» anbot. Hier waren auch die Bilder aufgestellt, in die Rogier manchmal mit einem Kirchenportal einleitete. Doch hält er den Blick des Betrachters gleich unter dem Portal fest, weil er die biblischen «Mysterien» ins Bild bannt und nicht in den gemalten Kirchenraum verlegt. In der

Kreuzigung in Philadelphia verwandelt sich der Kirchenraum mit seiner Steinwand suggestiv in den Berg Golgotha, auf dessen zerklüfteten Boden der Maler das Geschehen zurückholt (Abb. 44, 45). Im liturgischen Denken fand die Wiederholung der Kreuzigung an einem Ort statt, der mit Begriffen wie real und fiktiv nicht zu fassen ist. Rogiers Bildideen enthüllen dort ihren tiefsten Sinn, wo er die Metamorphose des Orts vor unseren Augen entfesselt.

Der Kirchenraum ist einmal selbst das Thema, als Rogier den dreiflügeligen Sakramentsaltar im Auftrag des Bischofs von Tournai malt.[42] Die Sakramente sind ihrerseits Hinweise auf die Institution Kirche, die der Maler im Kirchenraum veranschaulicht, wobei er das Thema mit einer Polyphonie von einzelnen Orten und Stationen dieses Raums durchspielt. Er leitet diesmal sein Bild nicht durch gemalte Steinportale ein, wie es gerade hier naheläge, sondern benutzt goldene Torbogen, die sich einst bruchlos mit dem vergoldeten Bilderrahmen, statt mit der Steinarchitektur dahinter, verbanden. Die historische Kreuzigung ist so nahe an die Bildfläche gerückt, daß sie sich von dem zeitgenössischen Kirchenraum, in dem sie spielt, auch im Maßstab wieder ablöst.

In dem dreischiffigen Kirchenraum, den wir zuerst als Ort wahrnehmen, entdecken wir bei näherem Hinsehen eine ganze Geographie von Orten, die sinnreich miteinander kommunizieren. So werden die meisten Sakramente vor den Kapellen der Seitenschiffe gespendet, deren Eingänge miteinander eine Sequenz von Orten bilden. Das «Altarsakrament» ist dagegen am Laienaltar in der Raumachse lokalisiert, wo der Priester das Zeichen der Hostie in dem Augenblick vorzeigt, in dem er es in den Leib Christi verwandelt. Das sichtbare Kirchenschiff erstreckt sich zwischen dem Ort des Meßopfers (hinten) und dem Ort der historischen Kreuzigung (vorn), die einander in der Antithese von Zeichen und Bild, aber auch von Liturgie und historischem Ereignis antworten. Anders gesagt, korrespondieren der *Ort der Litur-*

gie und der *Ort der Kreuzigung* miteinander auf der Mittelachse der Raumperspektive. Die bildnerische Phantasie des Malers gipfelt in dem Kreuz Christi, das in das Gewölbe hineinragt, wie es damals die schwebenden Triumphkreuze taten, und zugleich auf dem Boden steht, wo sich die Augenzeugen darum versammeln, wie es vom Thema vorgeschrieben wird. Damit kommt das Bild der Erfahrung (Gegenwart) mit dem Bild der Vorstellung (Bibel) auf eine einzigartig «plastische» Weise zur Deckung. Der «doppelte Blick» entdeckt in diesem zeitlich-überzeitlichen Raum den Doppelsinn von Augenschein und Innenbild.

Rogier faßte die religiösen Themen, die er für einen kirchlichen Standort malte, betont kirchlich auf, während Campin sie der bürgerlichen Mentalität und einem privaten Gebrauch nahebrachte. Lehrer und Schüler unterscheiden sich im gleichen Medium so programmatisch voneinander, daß man von einer gegensätzlichen Ästhetik des Gemäldes sprechen kann. Da er für das Öffentliche und Sakrale eine eigene Tonart entwickelte, gewann Rogier einen europäischen Erfolg, sobald er das universale Stilidiom der Gotik in einer zeitgemäßen Sprachform erneuerte und sich damit vom regionalen Rahmen unterschiedlich entwickelter Gesellschaftsformen in seiner Zeit unabhängig machte. Im Porträt fand er schließlich zu einer neuen Repräsentation der höfischen Ideale, die aber hier nicht das Thema ist.

Ein Kronbeispiel für Rogiers originelle Erfindung kirchlicher Themen ist das Doppelbild der Kreuzigung in Philadelphia, das den Golgothafelsen mit der Kirchenwand, einer Art Klagemauer, so suggestiv verbindet, daß die Brüche in der Ortsschilderung vom Betrachter kaum bemerkt werden (Abb. 44, 45). Der Goldgrund ist hier durch den schmalen Streifen eines dunklen Grunds ersetzt, und die Steinwand, auf der scharlachrote Tücher hinter den Figuren aufgehängt sind, läßt noch einmal eine zeitlose Folie für das immer wieder aufgeführte Drama entstehen. Die drei Figuren teilen zunächst einen gemeinsamen Ort, wie man an der abschüssigen Felskuppe ablesen kann, aber die gemeinsam trauernden Jünger befinden sich dennoch an ihrem eigenen Ort, der mit dem analogen Ort des einsam gestorbenen Jesus im Blick verbunden ist, ja diesen sogar durch einen zärtlichen Zipfel des Mariengewandes berührt. Dieser doppelte Ort wird durch den doppelten Vorhang unterstrichen, der die Figuren so ins Bild setzt, wie man damals einzelne Bildwerke im allgemeinen Kirchenraum mit einem eigenen, abgehobenen Ort der Verehrung inszeniert haben mag. Die Figuren selbst wirken zunächst eigentümlich unfarbig, wie Kunstgebilde eines Bildhauers, denen Rogier ein diskretes Leben einhaucht. Der Gedanke an die Grisaillen auf den Außenflügeln der Gemälde, wo man Steinskulpturen darzustellen pflegte, liegt nahe, doch wird die Anspielung nur dazu benutzt, die Phantasie des Betrachters anzuregen.

Rogier wurde berühmt durch den psychologischen Realismus, der in einer solchen Schilderung des Leidens liegt und die Malerei kompromißlos für den seelischen Ausdruck freigibt. Aber diese dramatische Regieführung wird ergänzt durch die Reflexion über die Erscheinungsform einer erneuerten Figurenkunst, die hier, in der nächsten Generation, den Fortschritt nicht mehr auf der Linie van Eycks sucht. Im Wechselspiel von Skulptur und Malerei und in der Abtönung von farbigen, halbfarbigen und zeichnerischen Gewandpartien kommt ein Künstler zu Wort, der das Gemälde ganz anders definiert als seine Vorgänger, so kurz auch seine Geschichte gewesen war: als ein rituelles Bühnenspiel, in dem die Bühne wichtiger ist als der natürliche Bildraum. Im Weiß der Gewänder versteckt der Maler subtile Farbnuancen, die von gelben bis zu zart blauen und violett bräunlichen Schattierungen reichen, als wären sie Regungen der Seelen, während das harte Rot der Tücher auf der neutralen Steinwand die leblose Materie unterstreicht und den Bildort im Kontrast erklärt: einen Bildort, der für die Figuren und ihre emotionale Wirkung souverän erfunden wurde.

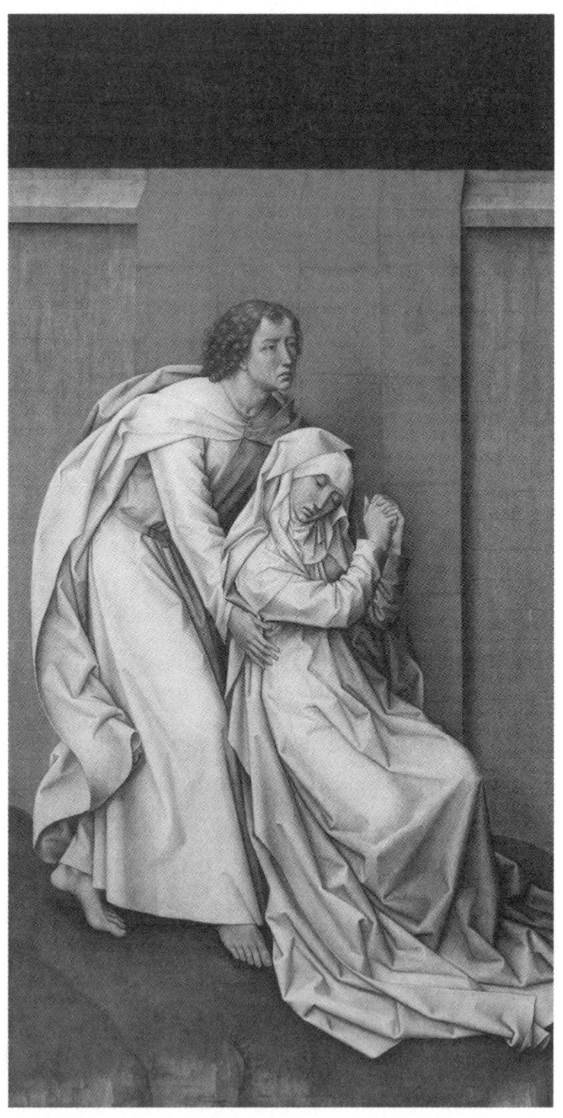

Abb. 44 Rogier van der Weyden, Kreuzigungs-Diptychon, linker Flügel: Maria und Johannes, Philadelphia, Philadelphia Museum of Art, John G. Johnson Collection

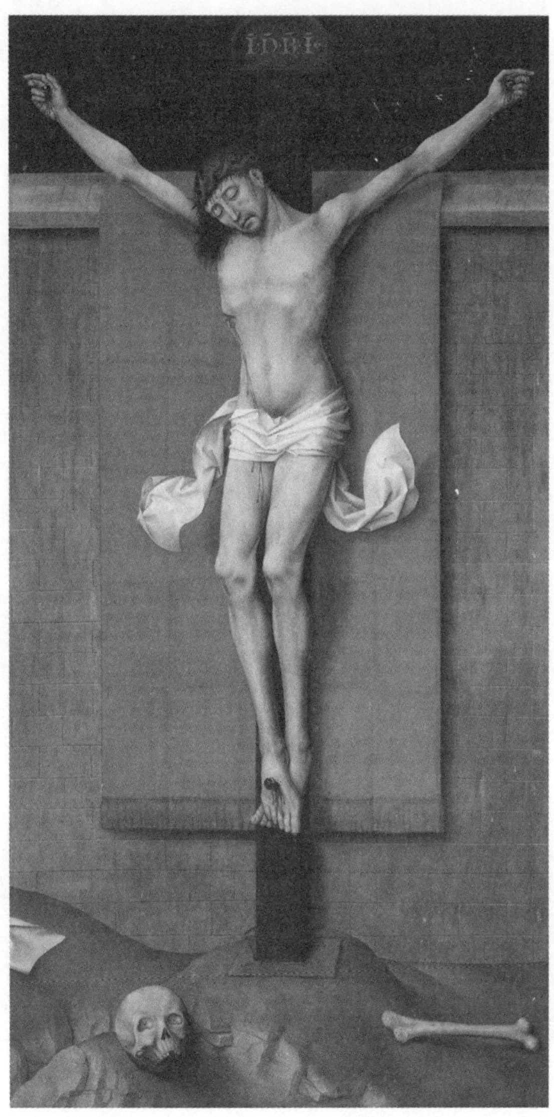

Abb. 45 Rogier van der Weyden, Kreuzigungs-Diptychon, rechter Flügel: Kruzifixus, Philadelphia, Philadelphia Museum of Art, John G. Johnson Collection

13 Jan van Eyck: Ein Panorama der Malerei

Der Genter Altar hat schon früh einen Ruhm erworben, der in seinem Jahrhundert einzig dasteht und in den folgenden Jahrhunderten eher noch gewachsen ist (Abb. 46, 47). Er wurde nicht nur unter Eingeweihten berühmt, sondern war der Stolz der ganzen Stadt. Die sogenannte Rhetorikerkammer (*Rederij Kammer*), das Sprachorgan der Bürgerschaft, führte beim Einzug des burgundischen Herzogs im Jahre 1458 ein «lebendes Bild» auf, in dem die Figuren des Altars als Beispiele «der heiligen Mysterien» nachgestellt waren. Die Beschreibung dieser Festaufführung, die uns auch einen Schlüssel zum Verständnis des Bildprogramms liefert, schwelgt in höchsten Worten von der wundervollen Malerei der Innenseite, als wollte die Rhetorik zu einem Wettbewerb mit der Malerei antreten. Zugleich aber wollte man mit dem Altar dem Hof, der kein Werk dieser Art besaß, den Rang streitig machen. Dem Nürnberger Humanisten Hieronymus Münzer wurde 1495 erzählt, dem Meister seien sechshundert Kronen über die Vertragssumme hinaus ausgezahlt worden. «Ein Nachahmer trat auf, wurde aber von der Melancholie befallen und verlor den Verstand. Der Meister ist vor dem Altar begraben.» Eine Gedenkinschrift, die der Rat der Stadt 1639 anbringen ließ, spricht von einem «Wunder der Kunst der Malerei» *(artis pictoriae miraculo)*.

Hier besitzen wir einmal Einblick in die öffentliche Diskussion über ein Kunstwerk, das zunächst nur eine religiöse Stiftung erfüllte, aber sofort in aller Munde war und als ein unerreichbares Modell viele anregte und zugleich abschreckte. Dennoch handelte es sich nicht um einen öffentlichen Auftrag, der in dieser revolutionären Gestalt gar keinen Konsens einer öffentlichen Jury gefunden hätte. Das Altarbild war vielmehr Bestandteil der Familienkapelle des begüterten und kinderlosen Ehepaars Jodocus Vijd und Elisabeth Borluut. Die Stiftungsurkunde vom 13. Mai 1435 verschweigt allerdings das Bild selbst und spricht nur von «der Kapelle und dem Altar, die die Stifter zur Ehre Gottes, seiner seligen Mutter und aller Heiligen auf ihre Kosten an der Südseite der Kirche errichteten», damit dort «auf ewig eine tägliche Messe zur Rettung ihrer Seelen und der Seelen ihrer Vorfahren» gefeiert werde. Wenn es einen Vertrag mit dem Maler gab, so ist er nicht erhalten geblieben.

Wollte man aber von einem privaten Auftrag sprechen, so würde auch das nicht den Kern der Dinge treffen, denn der Stifter trat am Ort der Kirche St. Bavo, die damals noch dem Täufer, und Stadtpatron, Johannes geweiht war, im Rahmen des patrizischen Rates der Stadt auf. Die Pfarrkirche war von den Häusern der Ratsherren umstanden, die hier als Kirchenvorsteher amtierten, und erhielt damals einen neuen Chorbau, in welchem die Kapelle Vijds einen markanten Eckpunkt bildete. Jeder, der sich hier verewigte, stellte sich zugleich als Mitglied der bürgerlichen Selbstverwaltung vor. 1433 wurde der schon betagte Stifter zum Bürgermeister der Stadt gewählt. Schon die Stiftungsurkunde enthält, so wenig sie auch von dem Altarbild spricht, einen versteckten Hinweis darauf, daß die Öffentlichkeit Zugang begehrte, denn sie erlegt einem dafür bezahlten Kleriker die Pflicht auf, die Kapelle täglich auf- und abzuschließen (*sluten ende ontslutene*).

Die berühmte Stifterinschrift des Altars in Form eines Vierzeilers hat für viel Diskussion gesorgt, die jedoch seit der Erstpublikation dieses Textes durch einen neuen Vorschlag ein überraschendes Ende gefunden hat. Sie scheint erst ein Jahrhundert nach Vollendung des Werks hinzugefügt worden zu sein, als man

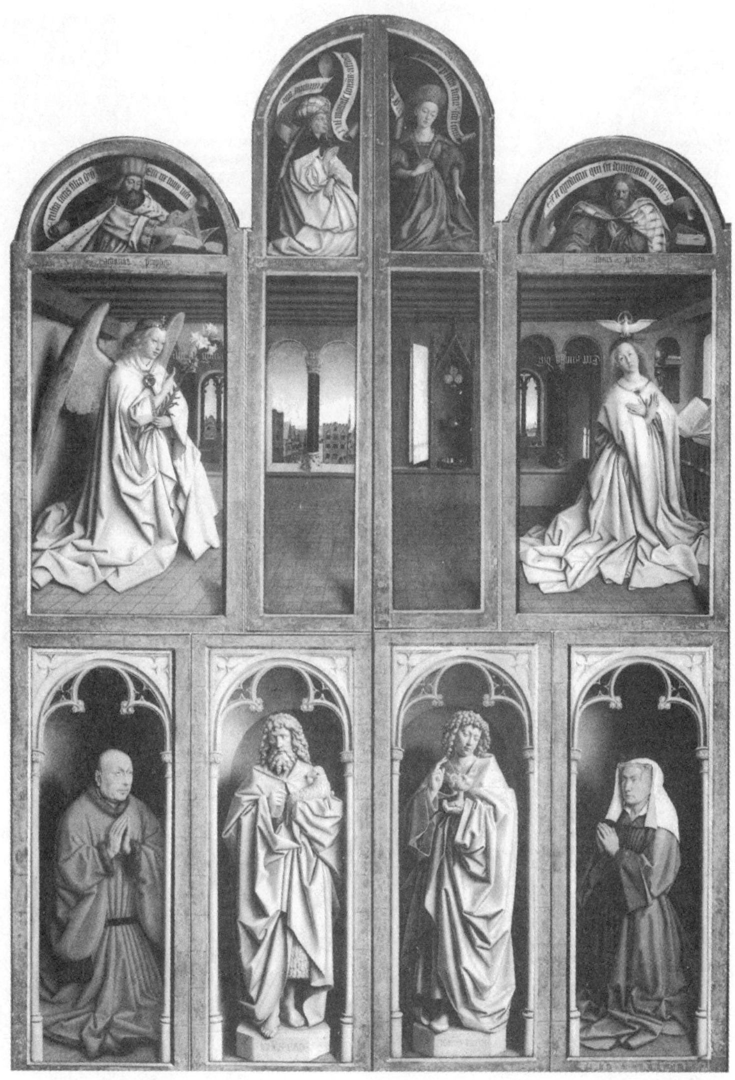

Abb. 46 Jan van Eyck, Genter Altar, Außenflügel, Gent, St. Bavo

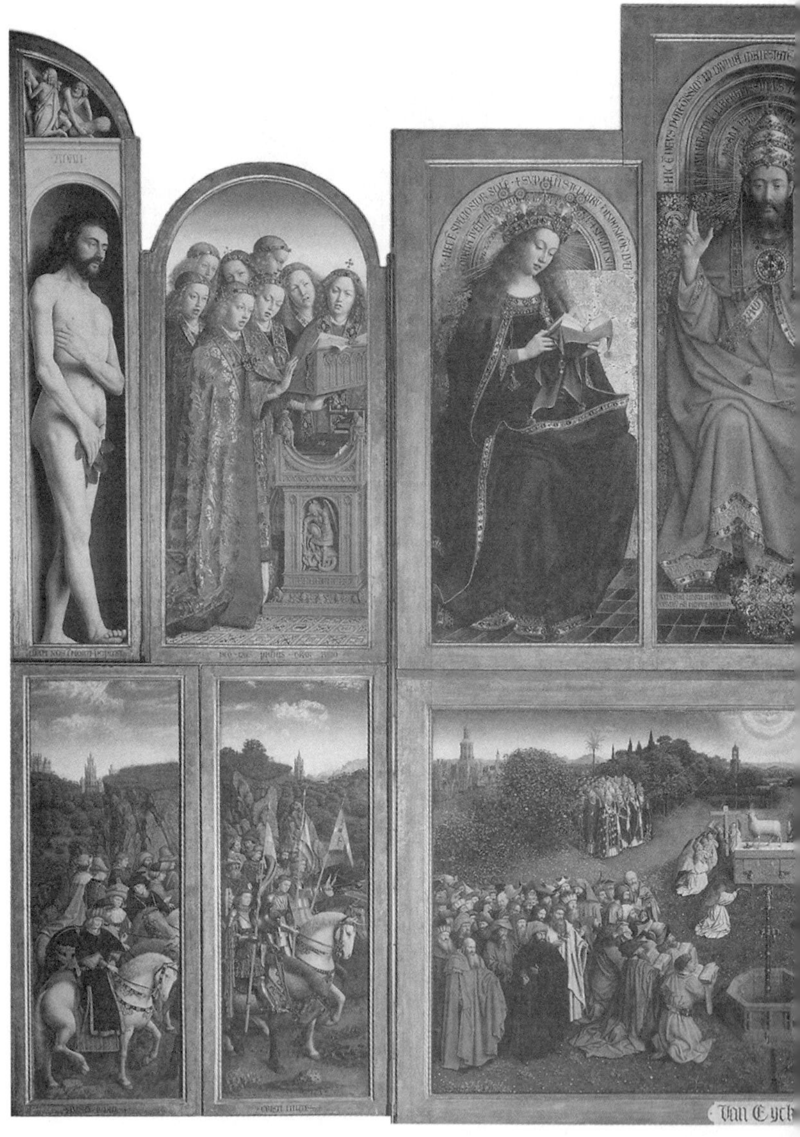

Abb. 47 Jan van Eyck, Genter Altar, Innenseiten, Gent, St. Bavo

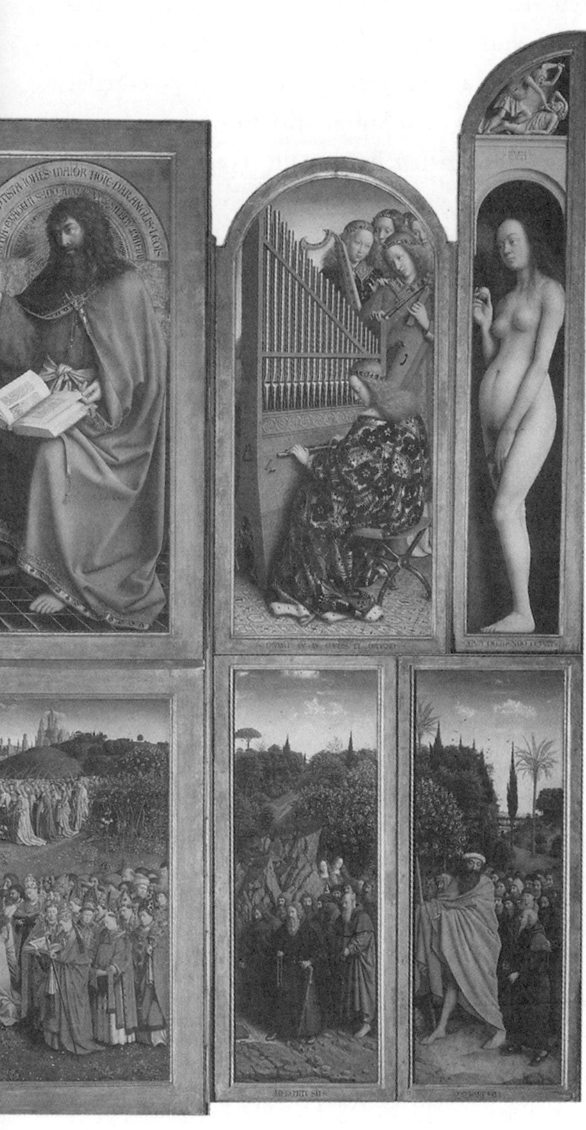

auf den Goldleisten der unteren Rahmen der vier Außentafeln eine Versilberung anbrachte und darauf die Verse schrieb (Abb. 46). Halten wir uns in Erinnerung, dass der Vierzeiler mehr von dem Maler als von dem Stifter spricht und somit aus dem Brauch von Stifterinschriften herausfällt. Genauer gesagt, spricht er von zwei Malern, von Hubert van Eyck, «der dies Werk begann», und von Jan van Eyck, der «es vollendet hat». Hier liegt der Grund für alle Fragen, denn von den beiden Malern kennt man nur Jan, der nach heutigem Wissen das Werk allein geschaffen hat. Der Vierzeiler endet mit der Beschwörung, man möge das Werk erhalten (*tueri*) und bedenken, «was am 6. Mai 1432 geschah (*acta*)». Aber was geschah wirklich an diesem Tag? Sicher nicht die Altarweihe, denn von der Altarstiftung ist erst am 13. Mai 1435 die Rede. Vielmehr ist auf einem Zettel, den man 1950 in dem Werk fand, die Altarweihe für den 13. Januar beglaubigt. Nils Büttner hat aus diesem Befund mit Recht geschlossen, dass sich der 6. Mai 1432 nur auf das große Ereignis der Taufe des Erbprinzen von Burgund beziehen kann, bei welcher der ganze Hof in der Kirche versammelt war. Folglich, so Büttner, hatte die Inschrift den Sinn, Philip II., der 1559 ein Ordenskapitel in der Stadt abhielt und damals den Genter Altar für sich kopieren ließ, beschwörend daran zu erinnern, welche Bedeutung die Stadt (und ihr Stolz, der Genter Altar) in der Geschichte der burgundischen Dynastie besaß. Der Genter Altar ist folglich nicht 1432 vollendet worden, sondern wohl erst im Zuge der Altarstiftung im Mai 1435. Doch bleibt noch das Rätsel des Hubert van Eyck, der vor dem Altar in der Kapelle begraben gewesen sein soll, was schon 1495 der Besucher Thomas Münzer bezeugt. Wer war dieser Maler? Und wieso liegt er in einer Kapelle begraben, wo nur die Stifterfamilie ein Grabrecht besaß? Handelt es sich um ein altes Mißverständnis? Auch hierfür wird es eine Lösung geben, aber wir kennen sie noch nicht.

Nimmt man das Werk selber in Augenschein, so findet man es dem Anspruch ganz und gar konform, ja geradezu dafür eingerichtet, den Begriff von einer neuen Kunst zu liefern, von der sich die Zeitgenossen noch keinen Begriff gebildet hatten. Wie fromm und stiftungsbezogen, wie kirchenpolitisch sein Programm auch erfunden sein mag, so ist es zugleich und erst recht dafür angelegt, alle Register einer neuen, selbstbewußten Kunst der Malerei zu ziehen und ihr volles Repertoire vorzuführen. In geöffnetem Zustand entwirft es im unteren Register die erste, große Landschaft, für die es auf fünf verschiedenen Tafeln die suggestivste Raumeinheit herstellt. Darüber trumpft es mit den ersten, dazu gleich lebensgroßen Aktfiguren der Kunstgeschichte auf (Abb. 50, 51). In geschlossenem Zustand überrascht es durch zwei voll entwickelte und nie übertroffene Porträts, die zugleich in ihrer Variante als Ganzfiguren die eigene Gattung in den Schatten stellen (Abb. 48, 49). Direkt daneben simuliert es exquisite Steinfiguren nur zu dem Zweck, um für die Porträts die Wirkung der lebensechten Natur mit um so größerem Nachdruck zu reklamieren. In der Verkündigung darüber wird ein Interieur erprobt, das schließlich auch noch dazu Gelegenheit bot, die Metaphern des geöffneten Fensters und der geschlossenen Wandnische auf das Gemälde selbst zu lenken.

Blickt man auf das Werk als Ganzes, so führt es erstmals die doppelte Ansicht einer Außen- und einer Innenseite (S. 95) in einer ganz durchdachten Antithese vor. Auch Robert Campins Altäre machen damals von einer solchen Antithese Gebrauch, aber im Genter Altar ist sie reicher orchestriert. Außen suggerieren die Maler eine geschlossene Fassade, deren Wand sich nur in der Mittelzone, entgegen der ursprünglichen Planung, in eine Kammer mit allseitig sichtbaren Raumgrenzen öffnet. Innen gaukelt uns der Maler die verführerisch schöne Vision einer grenzenlos fernen, paradiesischen Landschaft vor oder läßt unseren Blick an die Stufen eines bedrängend nahen Thronraums prallen,

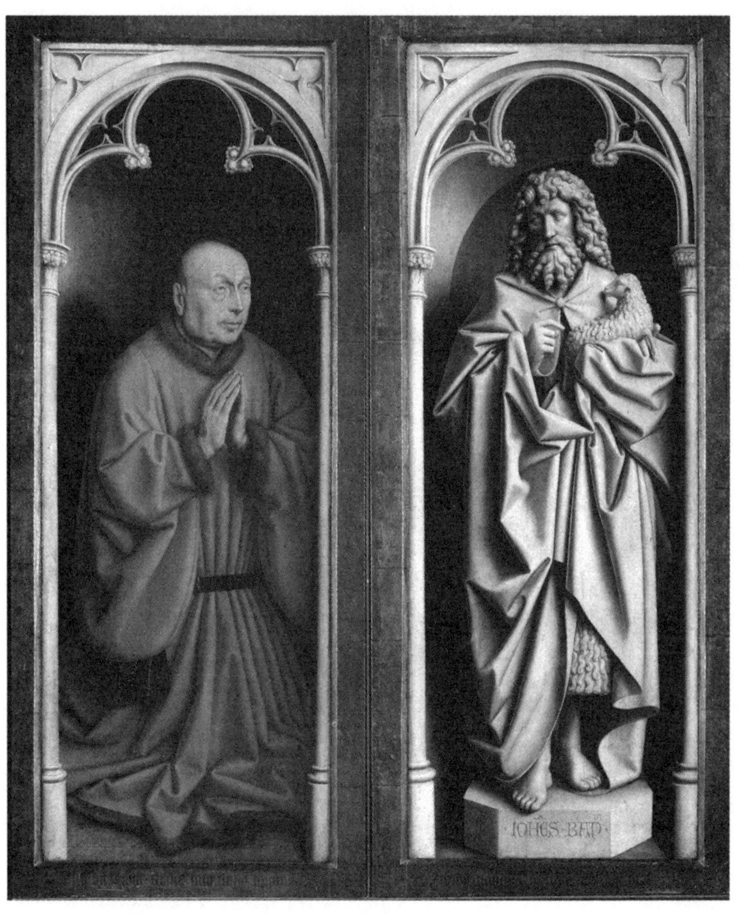

Abb. 48 Jan van Eyck, Genter Altar, linker Außenflügel, unteres Register: Stifter und Johannes der Täufer, Gent, St. Bavo

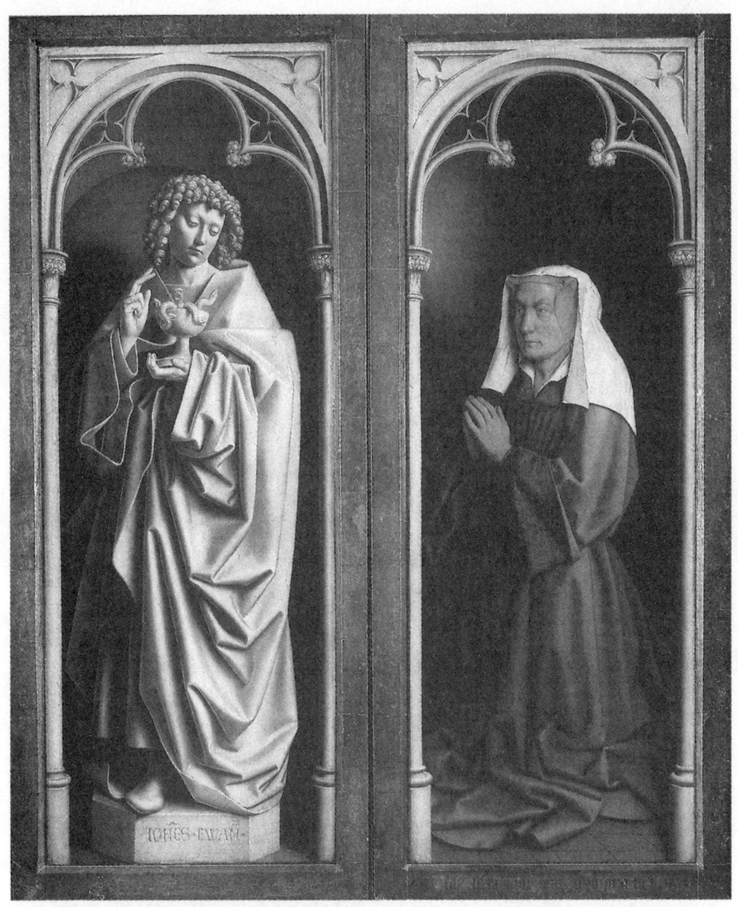

Abb. 49 Jan van Eyck, Genter Altar, rechter Außenflügel, unteres Register: Stifterin und Johannes der Evangelist, Gent, St. Bavo

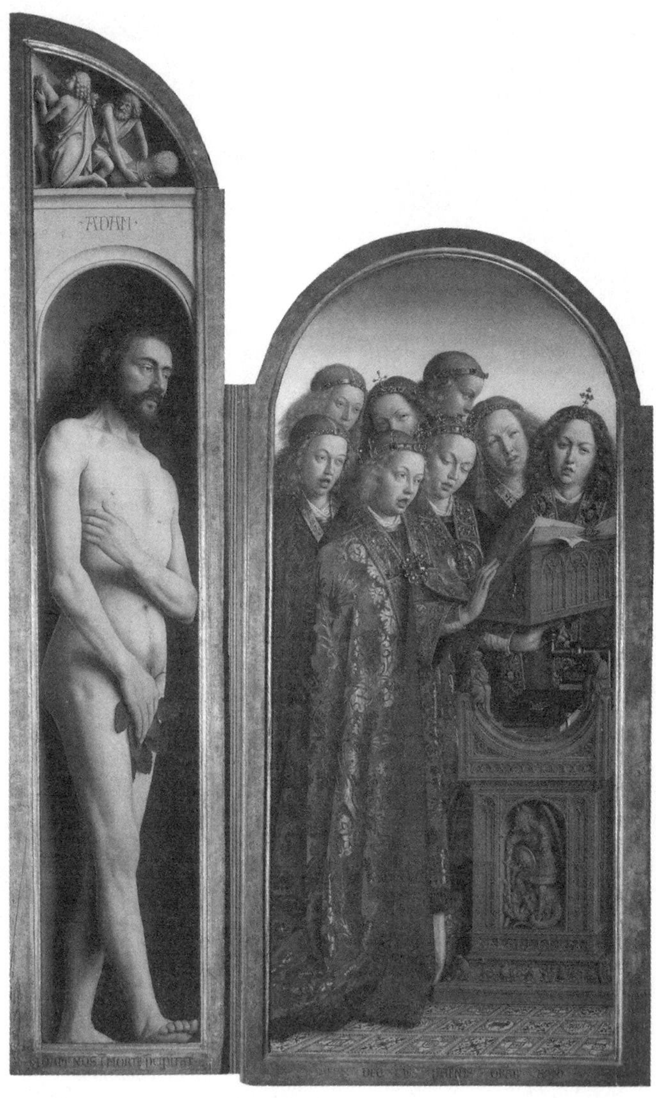

Abb. 50 Jan van Eyck, Genter Altar,
linker Innenflügel, oberes Register: Adam, Opfer Kains und Abels,
singende Engel, Gent, St. Bavo

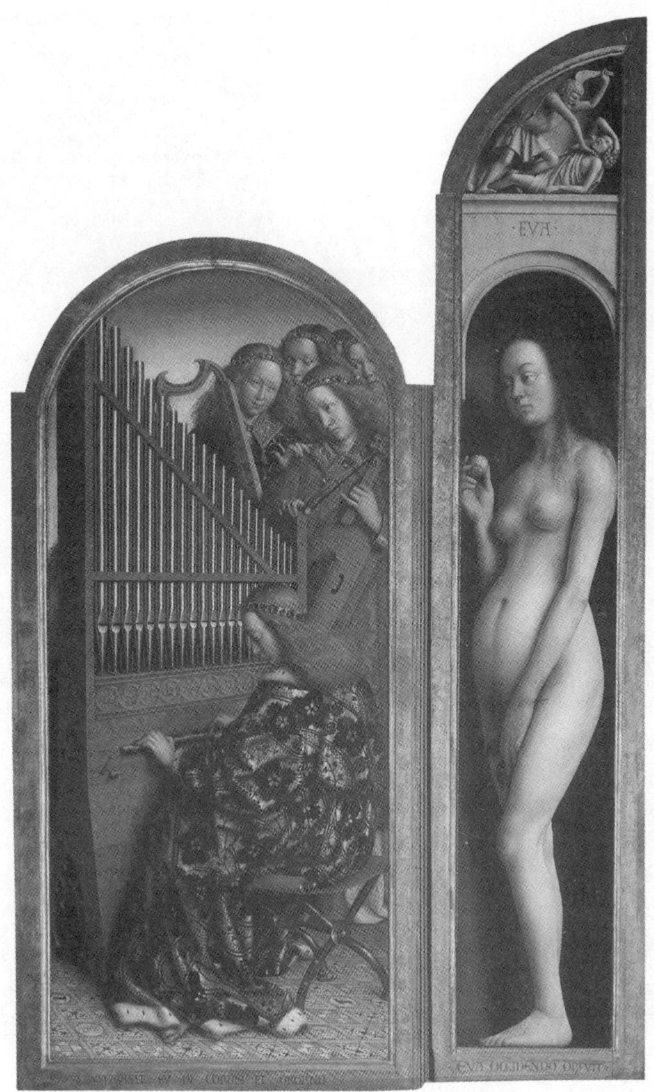

Abb. 51 Jan van Eyck, Genter Altar,
rechter Innenflügel, oberes Register: Eva, Brudermord,
musizierende Engel, Gent, St. Bavo

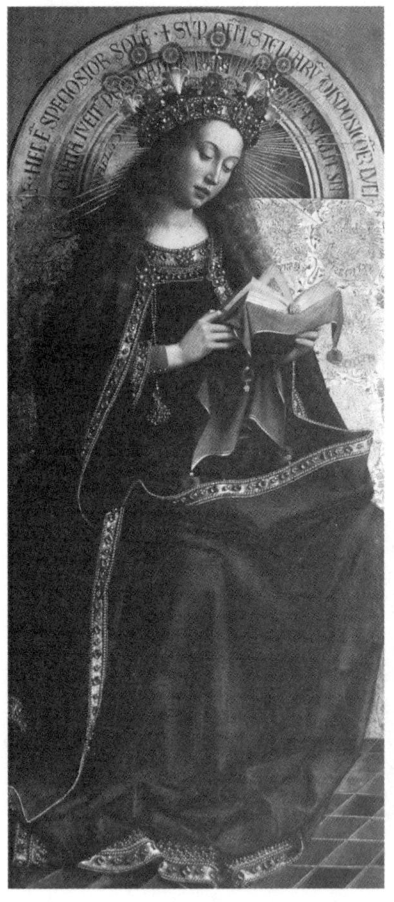

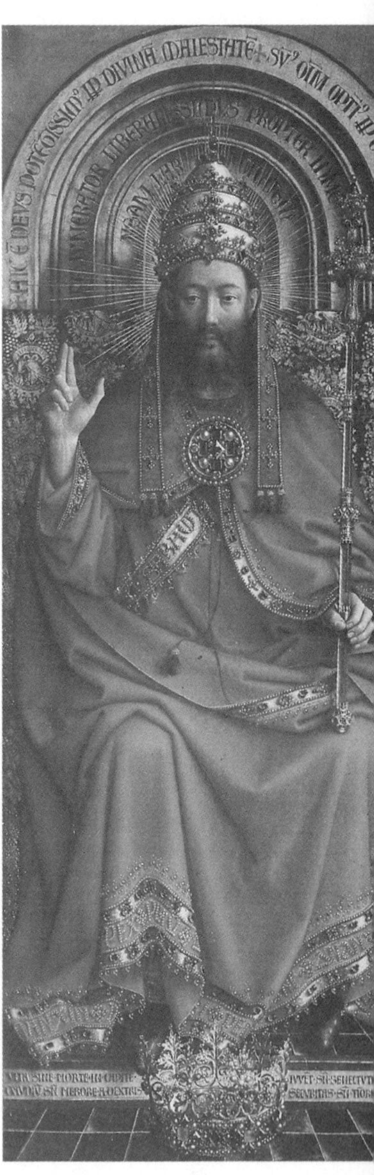

Abb. 52 Jan van Eyck, Genter Altar, Mitteltafel, oberes Register: Deesis (Gottvater zwischen Maria und Johannes dem Täufer), Gent, St. Bavo

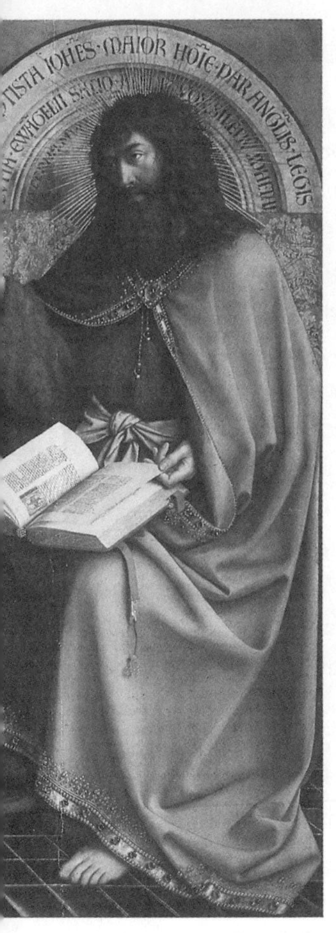
TISTA IOHES·MAIOR HOIE·PAR ANGLIS·LEGIS

in dem er den Himmel mit allen Farben irdischer Pracht ausmalt (Abb. 52). Die doppelte Inszenierung lebt aus dem Gegensatz des «Hier», das uns auf die Grenzen unserer äußeren Wahrnehmung zurückwirft, und des «Dort», das uns auf der Innenseite zum Spiel der inneren Vorstellung befreit. Das Altarbild, als Bühne eines gemalten Theaters, konnte deshalb auf einer Schaubühne als lebendes Theater nachgestellt werden: als reine Figurenbühne ohne Handlung.

Auf der gemalten Bühne wird dagegen ein stiller Vergleich von Bild und Text entwickelt, für den überall interne Wegweiser aufgestellt sind. So machen die Bilder das Wort in einer solchen Vielzahl von Medien und Gebrauchsweisen anschaulich, daß sie den Schluß nahelegen, die Malerei sei selbst ein souveränes Medium des Wortes – und zugleich dessen Gegenpart. Das Wort ist geschrieben (die Inschriften auf Stein, Metall oder Pergament belegen es), gesungen (im Musikchor der Engel), gelesen (in den Büchern von Maria und Johannes) und endlich gesprochen (wenn aus dem geöffneten Mund des Engels Gabriel eine körperlose Wortzeile den Raum durchquert). Führt man das Argument auf der theologischen Ebene weiter, so erfüllt allein die Malerei die Realität des Satzes, daß «das Wort Fleisch geworden ist» (Joh. 1,1), durch körperliche Anschauung.

Der Vergleich der Künste dient der Behauptung, daß die Malerei den Anspruch auf die Geltung als autonome «Kunst» besitzt (S. 103). Handwerke wie die Goldschmiedekunst oder die Textilkunst, die am Thron der Himmelsbewohner das festliche Design liefern, erinnern an die handwerkliche Basis, von welcher sich die Malerei als Kunst emanzipieren will. Das Argument der Kunst liegt deshalb im systematischen Vergleich mit drei anderen Künsten, die in je verschiedener Weise auf die Malerei bezogen werden. Das beginnt mit der Skulptur, die hier im nackten Stein belassen ist, in dem jede Verwechselung mit der Natur (lebende Personen) und auch mit Malerei (mit ihren Farben) ausgeschlossen ist (Abb. 48, 49). Wenn die Malerei uns die Skulptur als Kunstgattung vorzeigt, so handelt sie auch von sich selber. Dann kommt die Musik an die Reihe, deren Aufführung in Händen der Engel liegt, die hier ein Vokal- und ein Instrumentalensemble bilden und dabei auch auf die gerade entdeckte Polyphonie anspielen (Abb. 50, 51). Das Paradox der körperlosen Engel, die auf ganz realen, zeitgenössischen Instrumenten spielen, enthüllt den Doppelcharakter der Musik (als Technik und als spiritueller Ausdruck), der ihre Kunstform ausmacht. Die Dichtung endlich ist in all den Texten, Rollen und Büchern präsent, in denen sie aufgeschrieben ist. Neben den biblischen Sehern tritt auch Vergil, mit dem Lorbeerkranz im Haar, im Gefolge des mystischen Lammes als Kronzeuge der Dichtung auf: Seine Beschreibung des Elysiums ist das Gegenstück der Apokalypse, deren Jenseitsvision hier ins Bild gesetzt ist.

Es handelt sich hier also um ein regelrechtes Kompendium der Malerei, in dem diese alles vorführt, was sie jetzt kann. Dennoch ist es alles andere als leicht, den Altar stimmig zu beschreiben, wofür es mehrere Gründe gibt. So hat der Altar, nach einer langen Odyssee, schon früh die obere Rahmengestalt verloren, so daß er wie ein riesiger Torso (in geöffnetem Zustand 3,75×5,20 m) überliefert ist, in dem uns wichtige Anschlüsse heute fehlen. Sodann ist er offenbar das Produkt einer langen und widersprüchlichen Planung, in deren Verlauf sich auch das Konzept vermutlich geändert hat. Es sind nicht allein die unter der Malschicht liegenden Korrekturen oder *Pentimenti*, sondern die ästhetischen Unstimmigkeiten zwischen den einzelnen Teilen, die an einer einheitlichen Planung zweifeln lassen. Der Größenmaßstab und der gewählte Blickwinkel wechseln mehrmals abrupt, und die Verkündigung an Maria nimmt, in der endgültigen Planung, mit ihren zwei Figuren ganze vier Bildtafeln ein, von denen die beiden mittleren nur mit Accessoires des Wohnraums gefüllt sind.

Die Problematik des Werks beginnt aber schon im Aufbau selbst, in dem gleichsam zwei Altäre übereinandergesetzt sind. Das ist im Rahmen der Gattung eine absolute Ausnahme, und alles weist auf eine Lösung hin, welche *ad hoc* getroffen wurde, nachdem die Planung zu einem bestimmten Zeitpunkt aus den Fugen geraten war. Zwar tauchen überall so viele und so geistreiche Verknüpfungen der ungleichen Teile auf, daß sich die heutigen Interpreten, ebenso stolz auf ihr theologisches Wissen wie die damaligen Kleriker, davon beeindrucken lassen können und lauthals die inhaltliche Einheit des Ganzen behaupten. Aber dieses ist eine Einheit *ex post*, die man auf keinen Originalentwurf zurückführen, sondern nur als das letzte Stadium einer Planungsgeschichte würdigen kann, über die wir heute nur Vermutungen anstellen können. Allein die untere Zone der Außenseite wirkt wie aus einem Guß (Abb. 48, 49), und auch die fünfteilige Ansicht des Paradieses, zu dem vier Gruppen von Pilgern auf dem Wege sind, im unteren Register der Innenseite ist stimmig entworfen, wann immer sie geplant wurde. Aber die Anbindung an die obere Zone, mit ihrer lastenden, ja erdrückenden Körperlichkeit, erzeugt einen ästhetischen Mißklang, und die kompositionelle Einheit geht innerhalb der oberen Zone vollends zu Bruch.

Solche Mängel schmälern nicht den Rang des Werks, sondern erklären sich daraus, daß es mit einem Stifter ausgehandelt wurde, der seine Wünsche innerhalb der langen Entstehungszeit geändert haben mag. Sie warnen uns aber vor dem Versuch einer naiven Beschreibung, welche im Werk hoffnungsvoll die «Idee» eines Künstlers wiederfinden will, der in seinen Entscheidungen frei war. Schon die komplizierte Handhabung eines doppelgeschossigen Wandelaltars mit einer Alltags- und einer Festtagsseite nötigte den Malern mehrfach technische Überlegungen ab. Sehr viele Tafeln von ganz ungleichem Format mußten aufeinanderpassen, sobald man den Altar öffnen und schließen wollte. Was außen gut aussah, mochte innen problematisch sein und umgekehrt. Die Seitenflügel, die in geöffnetem Zustand das Mittelbild erweitern, verwandeln sich bei der Schließung des Altars in Türen, die ihrerseits wiederum Bilder tragen, und das gleich in beiden Zonen. Das Werk ist in jeder einzelnen Tafel ein Gipfel künstlerischer Vollendung und in seinem Aufbau dennoch ein virtuos bewältigter Kompromiß. Deshalb hat es sich auch nicht in der Folgezeit bewährt, so oft es auch mit ungläubigem Staunen studiert und im Detail nachgeahmt wurde.

Der Kirchenraum, in welchem die Kapelle Vijds lag, besaß eine eigene, spannungsvolle Öffentlichkeit, weil hier die bürgerlichen Magistrate mit dem höfischen Ritterorden rivalisierten, dessen Wappenschilde nach einem festen Plan aufgehängt waren und zugleich als Epitaphien der verstorbenen Ritter dienten. Die Kapelle war inmitten dieses öffentlichen Bereichs, der durchaus politisch geprägt war, zwar ein privater Ort, der aber zugleich am öffentlichen Raum der Rats- und Pfarrkirche Teil hatte und auch räumlich nicht von ihm abgetrennt war, es sei denn durch eine Schranke und die Tür. Privater Natur war die Ausübung des Stifterrechts, vor allem wenn es der familiären Grablege diente (die hier aber gar nicht zustande kam). Öffentlich hingegen war die Form, in der man das Stifterrecht ausübte, denn sie bot den erwünschten Anlaß, den eigenen Stand und die eigene Gesinnung zur Schau zu stellen, in unserem Falle auch die Gelegenheit, sich durch das finanzielle und künstlerische Niveau der Stiftung feiern zu lassen.

Schon das Bildprogramm war gleichsam an die Öffentlichkeit adressiert, wenn es über den eigentlichen Zweck der Stiftung, zur Fürbitte um das Seelenheil der Stifter aufzufordern, so weit hinausging. Am Genter Altar weitet es sich zu einem Panorama der kirchlichen Heilsordnung aus, das an einem solchen Ort des familiären Gedächtnisses eigentlich überraschen muß. Auch der «Wandelaltar», der sich an Festtagen öffnen ließ, paßt besser für den kirchlichen Hochaltar, wo er die Liturgie des Kirchenjahrs spiegelt, während er an einem Ort täglicher Seelenmessen redundant wirkt. Man kann sich mit Fug und Recht fragen, ob er nicht eine Zeitlang als Hochaltar des neuen Chorraums geplant war, dessen Finanzierung in den Händen der gleichen Genter Ratsherren lag. Auch in der Aufstellung in der Familienkapelle weist er über seinen unmittelbaren Anlaß hinaus und drückt vielleicht die theologischen Ambitionen des ganzen Magistrats aus, der schließlich in den Tagen des Kirchenschismas aufgefordert war, Stellung zu beziehen. Wenn man sich damals an dem überzogenen Anspruch nicht gestoßen und ihn sogar in einer städtischen Theateraufführung nachgestellt hat, geschah das wohl in der Überzeugung, daß er für das ganze Gemeinwesen Ehre einlegte.

Bis vor kurzem stand das Altarbild noch an seinem alten Standort, den es allerdings in der Zwischenzeit verlassen hatte, und füllte die enge Chorkapelle mit seinem gemalten Schauspiel der kirchlichen «Mysterien». Seine interne Lichtführung setzte an diesem Ort den natürlichen Lichteinfall aus dem angrenzenden Südfenster so nahtlos fort, als wäre es das Naturlicht, das die Rahmen von außen her durchquert und innen die Körper der Figuren modelliert. Sogar die Rahmen werfen auf dem Fliesenboden des Zimmers der Verkündigung lange Schlagschatten, womit unser Blick dazu aufgefordert wird, die Kontinuität des Außenlichtes im Bildinnern als gelungene Fiktion anzuerkennen. Es war damals bald eine allgemein geübte Praxis, daß sich die Malerei selbst zum Spiegel der Wirklichkeit erklärte. Am Genter Altar aber besaß diese Praxis den zusätzlichen Sinn, das Werk ganz auf den Ort seiner Aufstellung festzulegen, wie es ohnehin die Absicht seiner Stifter war, denn nur an diesem Ort ging die ästhetische Rechnung auf, welche die Maler anstellten.

Wenn die Stifter in Person auftraten, so spielte allerdings das Medium eine Rolle, in dem sie dies taten, und auch die Pose, die sie dabei einnahmen. Hierbei gerieten sie rasch an Grenzen, die dem bürgerlichen Stand gesetzt waren, um die Distanz zur Aristokratie zu wahren. Schließlich war es der Hof, der diese Präsenz im Bild geradezu als Monopol beherrschte. Er benutzte dabei gewöhnlich die Steinskulptur, die er als öffentliches Medium mit den kirchlichen Autoritäten teilte. Auch Privatkapellen, die sich der Adel erbaute, waren im burgundischen Stammland mit Steinfiguren ausgestattet, die man auf den Altar setzte, wofür die Anlage in Rouvres-en-Plaine ein gutes Beispiel ist. Stand man noch höher im Rang, so konnte man sich, wie es die Könige in Paris taten, auch am Hauptportal im eigenen Abbild verewigen. So kniet das burgundische Herzogspaar, begleitet von seinen heiligen Patronen, in ganzer Figur und in offiziellen Steinskulpturen, die von dem berühmten Claus Sluter stammen, vor der Muttergottes am Portal des Kartäuserklosters von Champmol bei Dijon.

Diese Situation scheint sich auf der Außenseite des Genter Altars, die entfernt einer Kirchenfassade ähnelt, zu wiederholen. Das bürgerliche Stifterpaar kniet hier ebenfalls in ganzer Figur vor seinen heiligen Patronen, die in steinerne Nischen als Statuen eingestellt sind (Abb. 48, 49). Aber die Ähnlichkeit wird durch einen Medienwechsel aufgehoben, der die Maßstäbe wieder zurechtrückt. Die Steinfiguren sind hier nicht steinern, sondern gemalt, und die Stifterfiguren verlassen das gleiche Medium selbst im gemalten Zitat: Sie zitieren gar kein Medium, sondern die Natur selbst, so daß sie wie die lebenden Betrachter der Heiligenstatuen wirken. Sie sind zwar so groß wie Statuen, aber können in ihrer ungefilterten Körperlichkeit keine Statuen sein. Das Gemälde reproduziert den unbelebten Stein mit gleicher Bravour, mit der es das lebendige Fleisch simuliert. In dieser Parforce-Tour führt das Werk sich als ein «neues Medium» ein, in dem nicht mehr die Normen der höfischen Medien gelten.

Tafelmalerei hatte es zuvor schon gegeben, z. B. an den Höfen, aber sie stand hier deutlich hinter der kostspieligen

Skulptur zurück, die höher im Prestige und öffentlicher in der Wirkung war. Deshalb bot sie für die neue Kundschaft einen Freiraum an, der in der höfischen oder kirchlichen Skulptur nicht gegeben war. Verewigte sich der Adel im skulptierten Grabmal, so tat es das Bürgertum im gemalten Epitaph oder im Andachtsbild. Der Genter Altar erweitert das Repertoire des gemalten Mediums mit einem Schlag. In einem delikaten Balanceakt nimmt er die Herausforderung der höfischen Kunst an, welcher er in den Themen ähnelt, während er im gewählten Medium die Ähnlichkeit vermeidet.

Die Individualisierung des Motivs wird zur Domäne des Gemäldes, welches eine eigene Welt des Scheins erfindet, während die Skulptur immer an den realen Raum gebunden bleibt. Selbst die gemalten Statuen, die um des Gegensatzes willen eingeführt werden, bleiben nicht ganz so unbelebt, wie sie es im Original wären, sondern verlassen in einer behutsamen Metamorphose die technischen Möglichkeiten der Bildhauerei. Während reale Statuen von den Malern farbig gefaßt wurden, sind die gemalten Statuen, um eine Tautologie zu vermeiden und die Differenz aufrechtzuerhalten, ungefaßt. Die Beispiele, die am Genter Altar erscheinen, waren allenfalls in der Skulptur Sluters vorbereitet, aber dürfen ansonsten als Neubildungen gelten, die auf die Zukunft der Bildhauerei vorgreifen. Die Oberflächen sind so erfunden, daß sich das Licht auf ihnen und an den gestauten Gewandfalten hart bricht, womit sich die Differenz von Körper und Gewand dramatisiert. Der Täufer ist ein niederländischer Zeus und der Evangelist ein nördlicher Apollo. Die eingefrorene Bewegung in ihren Gewändern kontrastiert mit den unbewegten Körpern der Stifter, die in ihren schweren Kleidern förmlich erstarrt sind. Ebenso kontrastiert das stille Pathos, das von den Gesichtern der Statuen widerscheint, mit dem nüchternen Ernst, der von den verschlossenen Gesichtern der Stifter ausgestrahlt wird.

Die Außenseite (Abb. 46) wirkt trotz der Anpassung an die heterogene Innenseite auch in der gedämpften Farbigkeit homogener als diese. Unten muten uns die Maler allerdings einigen guten Willen zu, wenn sie in die Nischengliederung um der Gesamterscheinung willen auch die größeren Stifterfiguren einbeziehen, die einen eigenen Lebensraum brauchten und die Statuennische sprengen, in der sie sich gar nicht zu ihrer vollen Größe aufrichten könnten. Das würde auch dem Figurenpaar der Verkündigungsszene darüber nicht gelingen, wo man die ursprünglich geplante Nischengliederung durch einen Wohnraum unter niedriger Balkendecke ersetzte. Die Figurengröße ist hier nicht auf die Wohnstube, sondern auf die Einheit der mehrstöckigen Schauseite als ganze bezogen. Die Akteure erscheinen hier nicht als Steinfiguren, wie es sonst für dieses Thema auf Außenflügeln üblich war, weil man in einem realen Innenraum keine Steinfiguren agieren lassen konnte. Dennoch hielt man die Unterscheidung von steinerner Kunstfigur und lebender Person wiederum der Gesamtwirkung zuliebe virtuos in der Schwebe und näherte die weißen Gewänder und die bleichen Gesichter diskret einem Grisaille an.

Das Programm der Außenseite ist auf die Einleitung des Heilswerks abgestimmt, das von den Propheten angekündigt war und mit der Empfängnis Christi begann. In der unteren Zone ist eine dritte Zeitebene eingeführt, welche die beiden biblischen Epochen des Alten und des Neuen Testaments ergänzt. Oben dagegen, in den Lünetten (Abb. 46), findet gleichsam das Vorspiel vor Gottes Menschwerdung statt, wobei die jüdischen Propheten und die heidnischen Sibyllen wie Ansager auf einer Bühne des geistlichen Schauspiels wirken. Die erythräische Sibylle, eine junge Hofdame mit den Zügen der neuen Herzogin Isabel, erfährt die künftige Schwangerschaft Mariens gleichsam am eigenen Leibe. Oben links zeigt der Prophet Zacharias eifrig auf seinen Text im aufgeschlagenen Buch, in dem er den kommenden König in Sion weissagt. Der Prophet Michäas schaut neugierig aus seiner Loge auf die biblische Bühne darunter herab, auf der seine Weissagung in Erfüllung geht und Maria vom Heiligen Geist empfängt. Die Blicke überbrücken die fehlende Raumeinheit zwischen den einzelnen Tafeln und erzeugen eine symbolische Bedeutung des Raums als Zeitraum.

In der Hauptszene füllen Maria und der Engel nur die Außentafeln und lassen dazwischen eine leere Mitte frei, die als ein Paar figurenloser Tafeln in der Malerei ein Novum bildet. Diese Tafeln warten mit einem Fenster und einer Wandnische auf, die einerseits zum realen Gemach gehören und andererseits an dieser Stelle im Zentrum der Schauseite, ähnlich wie der Spiegel im Zentrum des Arnolfini-Bildes, wie ein Bild im Bild die ästhetische Doppelgestalt des Gemäldes selbst zum Thema haben. Das Fenster, hinter dem eine zeitgenössische Stadt zu sehen ist, lädt zum Blick in die Ferne ein, die sich aus der Malfläche öffnet. Die Wandnische, aus der die symbolische Waschschüssel uns vorne entgegenragt, fordert umgekehrt zum Blick auf die nahe Grenze zwischen uns und dem Bild auf, die im *Trompe l'œil* und in der Illusion der Gegenstände unscharf wird. Die Metapher des *Fensters* wird sich später in der Gattung der fernen *Landschaft*, jene der *Wandnische* in der Gattung des nahen *Stillebens* verwirklichen. Die beiden Metaphern rufen in diesem Werk zugleich die Polarität zwischen der geschlossenen und der geöffneten Seite des Genter Altars auf. Die geschlossene Seite hält unser Auge vor der sprichwörtlichen Wand aller irdischen Erfahrung fest, während die geöffnete Seite uns die Überschreitung dieser Wandgrenze in der inneren Vision anbietet.

Der Wohnraum, eine Anspielung auf Mariens schwangeren Leib, beantwortet eine Frage aus dem Buch der Sprüche, wie es denn geschehen könne, daß «ich jenem ein Haus erbauen soll, den nicht einmal das Weltall umschließt». So lesen wir es in einer der beiden Textstellen, die in Mariens Gebetbuch aufgeschlagen sind. Ihre Einwilligung in die übernatürliche Befruchtung geschieht in jener körperlosen Inschrift, die auf den Kopf gestellt ist, damit sie vom Himmel her gelesen werden kann. Der Raum, der Mariens Leib andeutet, ist unbetretbar, wenn man, wie es hier geschieht, Mariens Jungfräulichkeit auch in der Schwangerschaft ernst nehmen will. Nur das Licht, das man damals für körperlos hielt, kann in diesen verschlossenen Raum von außen eindringen.

Dabei unterscheidet der Maler den realen Raum, in welchem der Engel mit Maria redete, hintersinnig vom symbolischen Raum, in welchem Licht und Materie die Doppelnatur des Gottesmenschen Jesus erzeugten. In dem realen Raum wirft selbst der körperlose Engel tiefe Schlagschatten an die Wand, weil jeder, so möchte man diese Pointe übersetzen, welcher als Körper sichtbar ist, auch einen Körper haben muß. Und die Schlagschatten der Bildrahmen definieren ihrerseits die Merkmale der dinglichen Welt. Das Licht dagegen wirft hinter Maria einen doppelten Sonnenfleck auf die Wand, der zu allen Schlagschatten eine scharfe Antithese bildet. Diese Wand gehört zu einer zusätzlichen Kammer, die nun wirklich durch eine Mauerbrüstung verschlossen ist. Sie besitzt drei Fenster, aber keine einzige Tür und empfängt paradoxerweise das Sonnenlicht aus dem Norden, als ob es dieses Hinweises noch bedürfte. Der Ort dieses Sonnenlichts, einer zweiten Lichtquelle im Bild, liegt hinter dem Engel, der einen zweiten, verschlossenen Raum mit seinem Körper verdeckt. Die Bilder lassen sich wie Texte entschlüsseln, aber argumentieren anders als Texte mit rein visuellen Argumenten. Alles Gedachte entspringt dabei der bildnerischen Phantasie und ihrem neuentdeckten Ausdrucksreichtum.

Die geöffnete Innenseite des Altars (Abb. 47) wirkt wie eine kunstreiche Synthese aus ganz heterogenen Teilen, die keiner gemeinsamen Planung angehören. Der Wechsel vom Fernblick unten zum Nahblick oben, von offener Landschaft zu geschlossenen Innenräumen und der Wechsel im Figurenmaßstab enthalten einen ähnlichen Widerspruch wie der Wechsel des Blickwinkels von der Aufsicht zur Untersicht, bei Adam und Eva in der oberen Zone. Diese gehören, in ihrer irdischen Nacktheit, deren sie sich nach dem Sündenfall bewußt wurden, ebensowenig in diese himmlische Umgebung, wie ihre steinernen Nischen mit den gemeißelten Begleitszenen auf die Innenseite eines Altars passen. Aber je größer die Probleme waren, mit denen der Maler rang, desto kühner und geistreicher fielen die Lösungen aus, die dafür gefunden wurden.

Es liegt ein merkwürdiges Paradox darin, daß die erste *Landschaft* in großem Format, an welche sich die Malerei je gewagt hat, einen Ort der Phantasie aus der Welt des Jenseits schildert. Ein anderer Ort hätte auch am Altar kein Recht gehabt, und die Landschaft als eigene Gattung war noch gar nicht erfunden. Dieser Ort der Phantasie war beschrieben in den kühnen Wortgemälden der Geheimen Offenbarung des Johannes, welche hier in eine gemalte Vision umgesetzt sind, wobei sich die neue Kunst mit der alten Dichtung auf einen Wettbewerb einläßt, für den es damals keine schwerere Aufgabe geben konnte. Erst wenn man diesen Wettbewerb ernst nimmt, kann man den Enthusiasmus verstehen, mit welchem die Schönheit des Paradieses im Idealbild einer blühenden Natur ausgemalt ist. Das Paradies war kein neues Thema, aber seine Darstellung wurde zur neuen Aufgabe, auf welche sich die Kunst jetzt einließ. Der Ortswechsel, von der heimischen Nordseelandschaft zu einer exotischen Vegetation des Südens, in welcher Palmen, Zypressen und Orangenbäume wachsen, dient als eine Metapher, um ein fernes Land an die Stelle des imaginären Paradieses zu setzen. Es sind Traumlandschaften oder gemalte Reisebeschreibungen, welche nach Gent den Zauber einer fernen Welt holen, um die Vorstellung des Betrachters zu beflügeln.

Die Malerei wagt sich dabei an das Motiv der größten Schau, die je ein Mensch erfahren hat: der Schau des künftigen Jenseits.

Der Seher Johannes «sah einen neuen Himmel und eine neue Erde» entstehen. Einer der sieben Engel war zu ihm getreten mit der Aufforderung: «Komm, und ich zeige Dir.» Was Johannes mit eigenen Augen gesehen hatte, macht die Malerei zum Thema des Blicks. Sie führt uns an einen Ort, «wo der Tod nie mehr sein wird», vor dem sich die Stifter fürchten (Apk. 21). Der Fluß, der Lebensbaum und der Wasserquell gehören zur Metapher des Paradieses als Garten. Die phantastischen Stadtveduten am Horizont, wo sich Dichtung und Wahrheit einer zeitgenössischen Stadt mischen, verbinden die Metapher des *Gartens* mit der Metapher der Himmlischen *Stadt* Jerusalem, mit welcher Johannes ebenfalls das Paradies beschreibt, zur imaginären Einheit. Im einzelnen fiel es dem Maler schwer, die Sprache der Allegorie in die Sprache sichtbarer Realität zu übertragen. Der Lebensbrunnen, statt einer Quelle, paßt ebensowenig auf eine Wiese wie der Altar, und man möchte das wohlgenährte Lamm, aus dessen dichtem Fell das Opferblut in den Kelch sprudelt, lieber im Gras sehen als auf dem Altartuch, wo es jedoch die Eucharistie mit dem Wortbild der Apokalypse anzeigt. Dort heißt es, daß die Himmelsstadt keinen Tempel mehr haben werde, weil Gott selbst und das Lamm ihr Tempel seien (Apk. 21). So steht der Altar dort, wo er in einem realen Kirchenchor stehen würde, aber der Kirchenchor weicht der freien Natur, und die Kirche hat keine Wände mehr. Die Bibel beschreibt ein *Bild*, welches die Malerei zu ihrem eigenen Bild macht, indem sie es – wie die Renaissancemaler im Falle der antiken Ekphrasis – aus der Beschreibung rekonstruiert. Der ewige Frühling und die ewige Sonne, von denen Johannes spricht, leuchten uns aus dem Gemälde entgegen.

Das gewollte Paradox in dieser gemalten Vorstellung des Paradieses liegt darin, daß der Garten kein Garten mehr ist und auch die Stadt keine Stadt mehr, wie es sie auf Erden gab. Garten und offene Landschaft, die in der damaligen Zeit streng getrennt waren, fallen hier in eins: Die ganze Natur bietet die Schönheit und die Geborgenheit eines Gartens, aber sie hat keine Grenzen und keine Gartenmauern mehr. Die Stadt ist polyzentrisch und über den ganzen Horizont verteilt, und es fehlt ihr die Stadtmauer, wenngleich diese im Text der Apokalypse so ausführlich beschrieben ist. Die beiden Welten, die damals den großen Gegensatz bildeten, die geschlossene Stadt und das offene Land, gehen hier in einer utopischen Einheit auf. Die Bewohner der Himmelsstadt leben außerhalb der Stadt an jenem Ort, den die antike Literatur mit dem Wort *amoenus*, außerhalb der Mauern, als Ort der Muße und der Idylle benannte.

Das «mystische Lamm», wie man das Bild viel später nannte, wird erstmals aus Anlaß des *Tableau vivant* beschrieben, in dem es die Genter im Jahre 1458 nachstellten. Damals lautete sein Titel: «Der Chor der Seligen beim Opfer des Lammes.» Es ist also ein Allerheiligenbild, in welchem die endzeitliche Utopie der Kirche entworfen wird, genauso wie es die Weihe der Kapelle an Gott, Maria und alle Heiligen nahelegte. Die Seligpreisungen der Bergpredigt, die einen Katalog von Belohnungen enthalten, werden in der Beschreibung der Theateraufführung auf die verschiedenen kirchlichen Stände (Apostel, Märtyrer, Jungfrauen usw.) bezogen. Das endzeitliche Idealbild der Kirche forderte aber zum beschämenden Vergleich mit dem zeitgenössischen Chaos des Kirchenschismas heraus, und hier war der aktuelle Anlaß zu einem Kontrastbild gegeben, das die Betrachter, wie Norbert Schneider dargelegt hat, energisch zum Kirchenfrieden ermahnen sollte. Daneben erinnert das gleiche Bild an das Meßopfer auf dem zugehörigen Altar, von dem sich die Stifter den Nachlaß ihrer Sünden erhofften. Es fußt auf dem Argument von Schuld und Erlösung, das auch in der Antithese von Schöpfer und Geschöpf in der oberen Zone anklingt.

Die Fortsetzung der Ideallandschaft auf den Seitenflügeln, so großartig sie auch erfunden ist, verschleiert den Umstand, daß hier die Christen erst auf dem Wege sind. Es ist die «Irdische Kirche», die sich in vier Gruppen auf den Weg macht, um in die «Himmlische Kirche» einzugehen. Rechts außen wandeln die «heiligen Pilger», die der Riese Christophorus um Haupteslänge überragt, aus fernen Landen heran, in denen Palmen und Zypressen wachsen. Ihnen schließen sich nach innen «die heiligen Einsiedler», romantisch gesehene Heroen, auf steinigem Boden an, die unten eine Felsschlucht durchqueren, während oben bereits das Paradies mit Zypressen und Pinien winkt. Links reiten «die gerechten Richter», welche die Beamten des Hofes und der Zünfte vertreten, protokollgemäß hinter den «Streitern Christi» her, in denen der Hochadel sich in der Rolle der Kreuzritter gefällt. Der Klerus ist bereits auf der Paradieswiese angekommen. Die Ständeordnung der damaligen Gesellschaft wird in einem neuartigen Gruppenbild der «Irdischen Kirche» anschaulich – einem Gruppenbild, in dem die weltliche Oberschicht den Aussteigern und Weltflüchtigen gegenüber gestellt ist. Die vier Gruppen, die den Lebensweg des Christen zurücklegen, kommen gleichsam von den vier Enden der Welt, die in der Metamorphose zum himmlischen Gegenbild verschwinden wird, wenn der Tag des Jüngsten Gerichts gekommen ist

Sie alle machen sich auf den Weg, aber ihr Ziel liegt nicht in dieser Welt. Die Ritter wollen das irdische Jerusalem zurückerobern, wie es Philipp der Gute, der Dienstherr Jan van Eycks, immer wieder gelobte. Die Pilger wiederum wollen Jerusalem oder einen anderen Ort, an dem sie ihr Heil erhoffen, in der Ferne suchen gehen. Nur die Einsiedler ziehen sich aus der Welt zurück, um auf einen anderen Weg zu warten. So wird die einheitliche Bewegung zur Mitte an einer Grenze enden, wo sich Raum und Zeit ändern. Das Mittelbild liegt an einem Ort außerhalb der Welt und außerhalb der Zeit. So sind die Blicke, die alle zur Mitte hin richten, eine Metapher für den Blick in die Zukunft, der den Christen aufgegeben ist.

Die Anbindung an die obere Zone des Altars geschieht eher inhaltlich als formal durch die Taube des Heiligen Geistes, welche unseren Blick zwischen dem Lamm und der Thronfigur festhält. So finden auf der Mittelachse alle drei göttlichen Personen ihren Platz, als wollte der Maler uns bedeuten, daß diese Achse ganz von Zeit und Raum ausgenommen ist. Wenn man den Text der Apokalypse zu Rate zog, konnte man dort lesen, daß es dort nicht mehr des Wechsels von Sonne und Mond bedürfe, weil «die Herrlichkeit Gottes das Paradies erleuchte», was hier von der goldenen Strahlenaureole des Hl. Geistes angedeutet wird. Die «Wohnung Gottes bei den Menschen» wird von jenem ausgerufen, «der da auf dem Throne saß» (Apk. 21). Dort würde er auch das Weltgericht vollziehen, bevor das Paradies eröffnet wird.

In der oberen Zone kannte man die Mittelgruppe aus der Ikonographie des Jüngsten Gerichts, wo Maria und Johannes als die Anwälte der Menschheit auftreten (Abb. 52). Hier sind aber alle drei Personen neu erfunden. Maria liest in einem Gebetbuch, wie sie es der Tradition nach tat, als ihr der Engel die Leibesfrucht ankündigte. Auch Johannes kniet nicht am Thron des Weltenrichters, sondern zeigt mit der rechten Hand auf jenen, den er einst am Jordan als das Lamm Gottes identifiziert hatte. Jesus ist in seiner Doppelnatur als Gott(mensch) aufgefaßt, was diskret mit der Referenz auf die Einheit von Papsttum (Tiara) und Kaisertum (Krone) erläutert wird, die in der irdischen Geschichte nur koexistieren können. Die Prachtentfaltung an seinen Gewändern und Herrschaftszeichen ist wieder ein Textbezug auf die Apokalypse, wo das himmlische Jerusalem im Schmuck von Jaspis, Gold, Kristall und Edelsteinen beschrieben wird (Apk. 21). Im vierten Kapitel des gleichen Texts wird der Thronende mit dem «Anblick von Jaspis und Sardonyx» verglichen, aber die Inschriften am Thron und hinter dem Thron drängen uns geradezu, den Text auch im Prolog und im ersten Kapitel aufzuschlagen, wo jener, der «dem Menschensohn ähnelt», mit Namen benannt wird: Es ist Jesus Christus, wie man ihn sehen wird, wenn die Zeit erfüllt ist. Bis dahin ist Johannes, der Seher, ein Zeuge der unsichtbaren Wahrheit. Er hörte, laut wie eine Tuba, eine Stimme, die ihn anrief: Was Du siehst, schreibe in Deinem Buch auf. Als er verwandelt wurde, sah er die Stimme, die mit ihm gesprochen hatte.

Die Worte sind das Medium, von der Vision zu berichten, und so kann man wieder von ihnen zum Sehen zurückkehren, wie es die Malerei hier tut. Wieder verwendet sie zwei ganz verschiedene Metaphern, um dasjenige darzustellen, was man sich eigentlich nicht vorstellen kann. Da ist zunächst der Brokatbehang, der eigentlich aus der höfischen Welt stammt und zum Thron der Fürsten gehörte. Aus der höfischen Welt stammt auch die Verwendung von Emblem und Devise im laufenden Rapport auf dem Stoff, wo wir hinter der Person Gottes den Namenszug «Jhesus Christus» und das Emblem des Pelikans, der die Jungen aus dem eigenen Herzblut ernährt, wie das Wappen eines Fürsten entdecken. Hinter den Stoffen erinnert die zweite Metapher, eine goldene, reich profilierte Bogenstirn, an die Heiligenschreine, die ebenso hinter den Altären aufgestellt waren, wie sie hier die Thronfiguren hinterfangen. Offenbar sollen wir den Thron zugleich als Altar auffassen.

Die goldenen Bogenstirnen tragen wiederum Inschriften in einer altertümlichen, romanischen Majuskel, die stellenweise in die neue antikische Humanistenschrift überwechselt, und diese Inschriften beschreiben, was sich nicht beschreiben läßt, mit einer Vielzahl von poetischen und theologischen Formeln, die nur als Umschreibungen gelten können. Sie heben in allen drei Fällen mit der epideiktischen Formel an: «Dieser ist» (*Hic est*) oder «Diese ist» (*Haec est*), womit sie unsere Neugier auf den Wettbewerb von Wort und Bild, von Text und Malerei wecken, der hier offen ausgetragen wird. Das gebildete Publikum war dazu eingeladen, die Inschriften zu lesen und ihre Aussagen über die drei Personen mit deren Darstellungen zu vergleichen. Im Falle der Maria griff der Maler auf das siebte Kapitel des Buchs der Weisheit im Alten Testament zurück, wo vom «Abglanz des ewigen Lichts» und vom «Spiegel ohne Flecken» die Rede ist. Das waren Lieblingstexte Jan van Eycks, die er auf allen Marienbildern verwendete und also selbst gewählt hat.

Auf den Seitenflügeln wird die himmlische Szene etwas abrupt durch einen Sängerchor und ein Orchester erweitert, welche gemeinsam die «Musik der Engel» aufführen, über welche Reinhold Hammerstein ein Buch verfaßt hat (Abb. 50, 51). Acht Engel singen etwas angestrengt an einem hölzernen Sängerpult, wo der erste Engel den Takt schlägt, vielleicht dreistimmig nach Noten. Gegenüber spielen sechs Engel konzentriert auf zeitgenössischen Instrumenten wie Harfe, Viola und Orgel, wo der Akkord, den der Engel greift, nachträglich korrigiert wurde, weil er offenbar nicht präzise genug ausgefallen war. Der Kontrast von himmlischen Musikanten und irdischer Musikform, auf den es der Maler geradezu anlegt, liefert die erwünschte Metapher, daß die Musik aus Spiritualität und aus Technik besteht. Außerdem scheint der Maler einer Maxime zu folgen, die besagt, daß die volle Anschauung immer nur irdisch sein kann. Die himmlische Musik war eine alte Vorstellung, die aber erst jetzt von der Malerei aufgegriffen wird, um das neue Bild des Paradieses im Klang zu erweitern. Wenn man die Musik auf burgundischem Boden als eine «neue Praxis der Konkordanz» verstehen darf, dann bildet diese Konkordanz hier auch die Einheit der beiden Bildtafeln. Die Idee einer Polyphonie, in welcher die einzelnen Stimmen auf Sänger und auf Instrumente aufgeteilt wurden, erfüllt sich im Zusammenspiel zweier Ensembles, die gemeinsam eine Messe aufführen.

Adam und Eva waren von Anfang an die berühmtesten Figuren des ganzen Altars, denn sie sind in voller Lebensgröße nach einem lebenden Aktmodell gemalt, mit der gleichen Genauigkeit, mit der die Gesichter der Stifter porträtiert sind, aber jetzt mit dem analytischen Blick auf den ganzen Körper. Erst im 19. Jahrhundert wurde ihre Nacktheit zum Ärgernis, und ein prüder Stiftsherr versteckte sie jahrzehntelang in einem Abstellraum, als sie mit den übrigen Tafeln des Altars von den Franzosen zurückgegeben wurden. 1861 kamen sie alleine in die Brüsseler Museen, und 1902 machten sie in der Eingangshalle der Ausstellung von Brügge den größten Eindruck. In der Renaissance hielt man sie für die «schönsten und naturähnlichsten Bilder in der ganzen Christenheit», wie Antonio de Beatis 1517 schrieb, der den Altar gerne für Spanien erworben hätte.

Dieser frühe Ruhm galt mehr der Eyckschen Kunst als dem Thema an sich, denn es waren schließlich die einzigen Sünder am Altar, deren Darstellung man mit so hohem Lob bedachte. Man sah aber, wie es schon der Maler tat, in diesen ersten lebensgroßen Aktfiguren der Malerei zugleich Urbilder des Menschen, dessen Schönheit die Nachahmung der Natur rechtfertigte: die Schönheit eines Körpers, der von Gott erschaffen war, in der Gestalt von Mann und Frau. Das Bildpaar, das nicht nur die Menschendarstellung, sondern die Malerei revolutionierte, darf als die kühnste Erfindung gelten, die Jan van Eyck, wenn wir ihn hier beim Namen nennen dürfen, je gelungen ist. Auf der Innenseite des Altars setzt der Maler die beiden Körper anders in den Blick als den Rest der Figuren, die wie in einer Vision verklärt und entrückt sind, also dort, wo wir sie sehen, sich nur vorstellen lassen. Adam und Eva scheinen aber dort wirklich zu stehen, wo sie unser Blick trifft, und werden deshalb in einer steilen Untersicht gezeigt, die ihrem erhöhten Standort am Altar entspricht, und das *Trompe l'œil* geht so weit, daß sogar die Zehen Adams über den Rahmen hervortreten. Wie auf der Außenseite ist hier die Illusion, als Technik des nackten Blicks, zugleich eine Einschränkung, weil sie nur das zeigt, was man mit bloßem Auge sehen kann.

Auch die steinernen Nischen, in denen die Körper stehen, gehören der irdischen Realwelt an, aber sie rahmen hier keine Statuen von Heiligen, wie man es gewohnt war, sondern umfangen, in einem kühnen Paradox, lebende Körper, die im Kontrast der atmenden Haut zur toten Steinfläche ihre Blöße erst recht enthüllen. Das Wechselspiel von Natur und Skulptur findet schon auf der Außenseite des Altars statt, wo die Stifter in einer ähnlichen Körperwendung und in einer ähnlichen Platzverteilung aus ihrer steinernen Umgebung hervortreten. Aber die Pointe liegt darin, daß für die Innenseite andere ästhetische Regeln gelten und die nackten Sünder hier gleichsam aus dem Rahmen fallen. Die ungewöhnliche Regie sorgt dafür, daß sie von ihrer Umgebung isoliert bleiben und dennoch dialogisch und geradezu antithetisch darauf reagieren, als würde sie eine Vorbühne von der himmlischen Gemeinschaft ausschließen und doch im Blick mit ihr verbinden.

Erst jetzt enthüllt sich das Vexierbild von Trennung und Nähe, das der Maler entworfen hat. Die Ureltern treten hier so vor das Angesicht Gottes, wie sie es taten, als sie noch im Paradies weilten. Die Augen wurden ihnen geöffnet, als sie vom verbotenen Baum aßen, und sie erkannten, daß sie nackt waren. Deshalb verhüllten sie sich mit Feigenblättern, als Gott nach ihnen rief: Adam, wo bist Du? (Gen. 1.3). Dieser Prolog der Menschheitsgeschichte rahmt auf dem Altar den Epilog, der mit der Wiedergewinnung des Paradieses in der Zukunft bevorsteht. Zwischen dem einstigen und dem künftigen Paradies liegt die Geschichte, die mit dem Fluch Gottes über die ersten Menschen begann. Die Schwangerschaft Evas, die Gott über sie verhängte, löste erst die menschliche Geschichte aus. Im gemalten Steinrelief über Eva findet der erste Mord zwischen Kain und Abel statt, die sie beide geboren hat. Die zugehörigen Inschriften leiten aus der Schuld das Schicksal des Todes ab, der seither allen Menschen auferlegt ist. «Adam hat uns in den Tod gestürzt», und «Eva hat uns durch ihren Fall das Leid gebracht». Die Stifter des Altars, die im Zustand der Erbsünde geboren wurden, fürchteten sich vor dem Tod und der Strafe, die ihnen als Nachkommen der Ureltern drohten. Deshalb boten sie die Stiftung von Kapelle, Altar und Seelenmessen in der Hoffnung auf Erlösung an, die im Paradies der Seligen, einer christlichen Utopie, so befreiend ausgemalt ist. Die Antwort auf Adams Tod ist das «Leben ohne Tod», das in der Inschrift auf den Thronstufen Gottes allen jenen versprochen wird, die es sich verdient haben.

Im Argument von Schuld und Erlösung sind die ersten Menschen negativ bestimmt, ja ist der Mensch nur ein sterblicher Sünder. Im Argument der Schöpfung, die das gleiche Buch Genesis im Prolog schildert, liegt aber das positive Gegenbild im Gedanken, daß der Mensch «nach unserem Bilde und Gleichnis» (wörtlich: Ähnlichkeit oder *similitudo*) geschaffen wurde, wie sich der Schöpfergott verlauten läßt. Der Mensch, der das Bild Gottes in sich trägt oder ein Bild Gottes ist, besitzt eine ursprüngliche Schönheit, die sich, wenn man den Theologen zuhörte, erst nach der Erlösung in der Seele wiederherstellt. Aber Jan van Eyck ist ein Maler, der es sich erlaubt, den Gedanken von der Ebenbildlichkeit Gottes beim Wort zu nehmen und auf den Körper zu beziehen, so, wie er geschaffen wurde, bevor mit dem Prozeß des Alterns immer wieder die Folge der Sünde beginnt. Nur der Schöpfer trägt, wie wiederum eine Inschrift auf den Thronstufen hervorhebt, eine «Jugend ohne Alter auf der Stirn». Das Geschöpf aber empfängt diese Jugend nur, um sie wieder zu verlieren. So ist die Jugend das wahre Bild des Schöpfungsentwurfs.

So etwa mag der Maler gedacht haben, als er sich an das Wagnis machte, die Ähnlichkeit von Schöpfer und Geschöpf ernst zu nehmen und damit ein positives Menschenbild zu entwerfen. Adam, ein reifer Mann mit dunklen Locken und einem geteilten Kinnbart, ist dem thronenden Schöpfergott wie aus dem Gesicht geschnitten – während sich Eva und Maria wie

Schwestern gleichen. Aber schon graben sich Falten, die ersten Anzeichen des Alters, in seine Stirn ein, und in dem traurigen Blick liegt das Wissen um die Schuld, welche die schutzsuchende Armbewegung nicht hat verhindern können. Die subtilen Unterschiede im Antlitz Gottes enthalten den Hinweis auf die wahre Ikone Jesu, der in der Menschwerdung als Schöpfer den Körper seines Geschöpfs annahm. Das Thema der «Ähnlichkeit» (*similitudo*), das alle Theologen beschäftigt hat, involviert den Maler in besonderem Maße, denn es macht sein Werk zum Gleichnis der Schöpfung. Er malt Adam, den er im schönen Menschen studieren konnte, nach der Natur und also so ähnlich, wie dieser wiederum Gott ähnlich war.

Im Bild der ersten Menschen wird der Doppelsinn in dem neuartigen Altarwerk evident, das nicht nur einen Auftrag erfüllte und das Anliegen der Stifter in ein theologisches Programm umsetzte, sondern auch «eine neue Praxis» der Malerei vorstellte, wie man es damals von den Musikern sagte. Hier eroberte die Malerei ein Terrain, auf dem die Skulptur bisher den Ton angegeben hatte, und führte sich als eine Kunst für Kenner ein. Im Aussehen des ersten Menschenpaares liegt eine Verführung zum Blick, die nicht von der biblischen Geschichte allein erklärt wird. Es sollte keine zehn Jahre mehr dauern, bis Jan van Eyck für Kunstsammler in Italien die nackte Frau, die Toilette macht, zu einem eigenen Bildthema machte. Auf dem Altar sind die Ureltern Bestandteil einer ausgefeilten Polyphonie der Bilder, die von den Zeitgenossen als Wunderwerk bestaunt wurde.

14 Hugo van der Goes: Ein gemaltes Schauspiel

Über den Weihnachtsaltar, den der rätselhafte Maler von Gent, Hugo van der Goes, um 1475 für den Florentiner Bankier Tommaso Portinari schuf (Abb. 53), läßt sich mehr erzählen als über die Tafel mit der Anbetung der Hirten (Berlin), die wenige Jahre später das gleiche Thema völlig anders aufführt (Abb. 54). Fast alles ist über das frühere Werk bekannt, über das spätere rein gar nichts, nicht einmal, ob es sich, in Anbetracht des seltsam breitgezogenen Formats, überhaupt um einen Altar handelt, geschweige denn, wer es in Auftrag gegeben hat und wohin es gelangt ist. Dennoch, seiner ganz ungewöhnlichen Erfindung wegen, fordert die Berliner Tafel aus Eichenholz (245×97 cm) unsere ganze Neugier heraus. Es ist nicht die Lust an einem Rätsel, sondern der Spielraum im Gemälde, der die Fragen auslöst, die vor diesem Werk entstehen.

Als er den Portinari-Altar schuf, der in Florenz eine wahre Sensation hervorrufen sollte, befand sich der Genter Maler noch auf dem Höhepunkt beruflicher Anerkennung und gesellschaftlicher Geltung. Er wirkte als Doyen oder Dekan seiner Zunft und unterhielt ein großes Haus, für das er allerdings Miete bezahlte und in dem er allerdings unverheiratet lebte, was beides Verwunderung hervorrufen muß. Als er die Anbetung der Hirten malte, die ein Spätwerk ist, hatte er sein bürgerliches Leben verlassen und lebte im «Roten Kloster» bei Brüssel, das einer strengen Richtung der «Brüder vom Gemeinsamen Leben» (*Devotio moderna*) angehörte, als Laienbruder, bevor er dort im

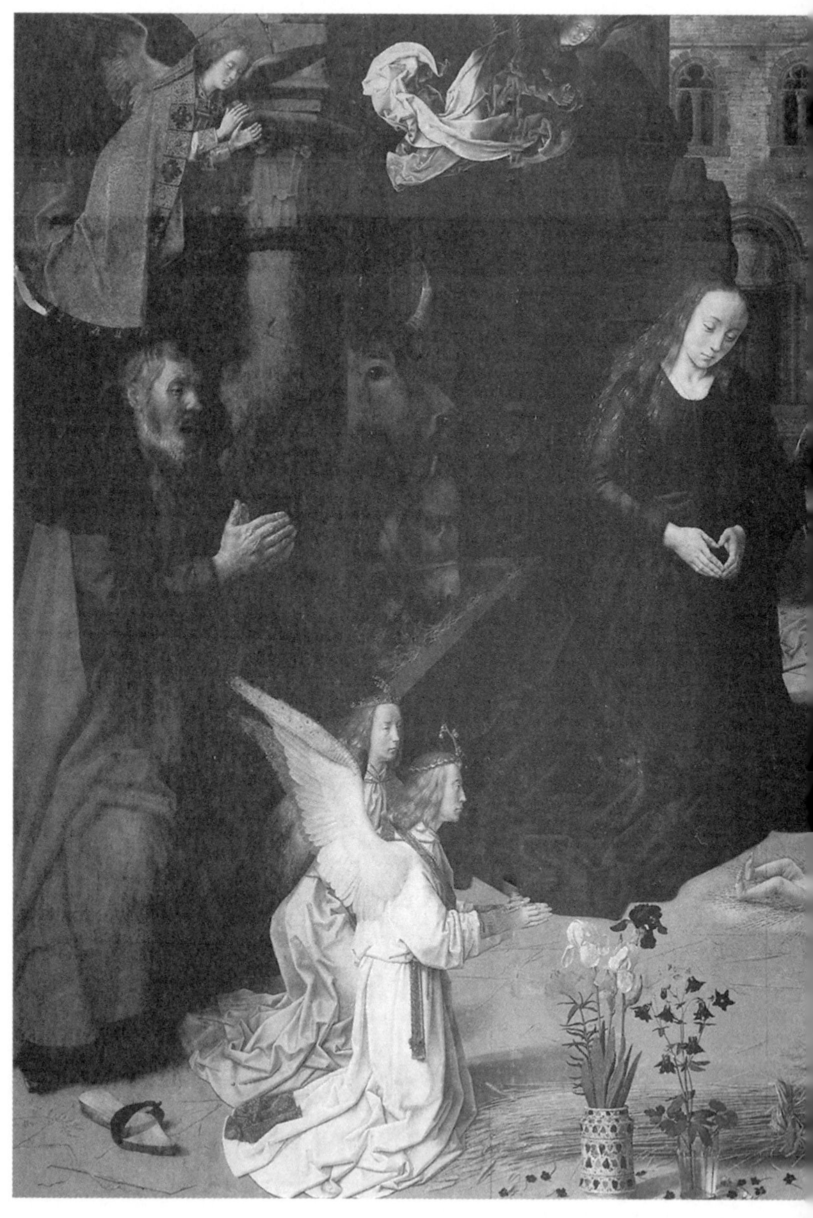

Abb. 53 Hugo van der Goes, Portinari-Altar, Mitteltafel: Anbetung der Hirten, Florenz, Uffizien

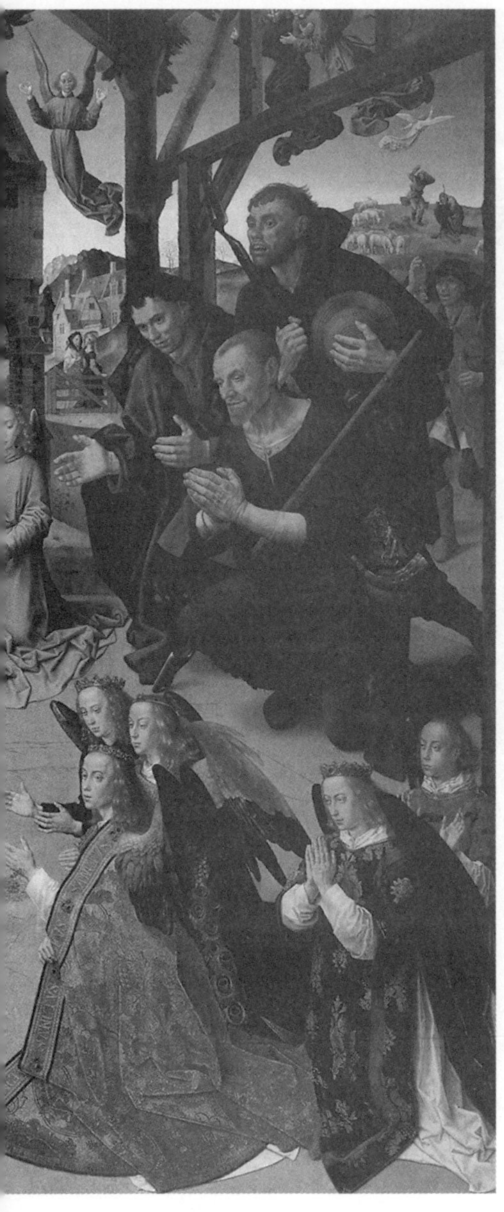

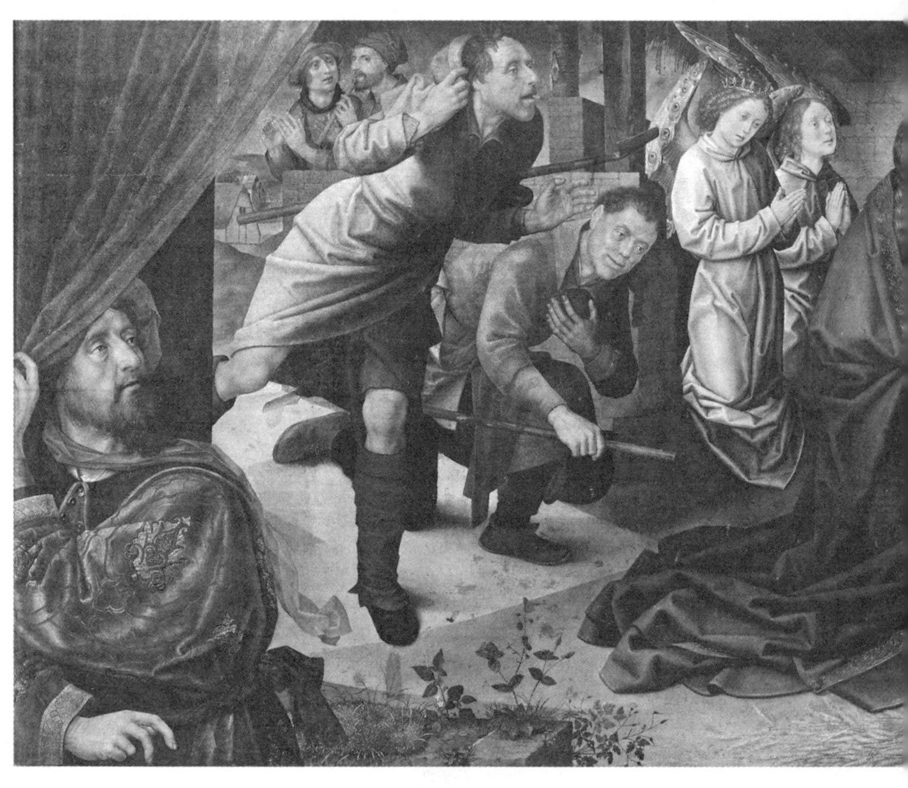

Abb. 54 Hugo van der Goes, Anbetung der Hirten, Berlin, Staatliche Museen, Gemäldegalerie

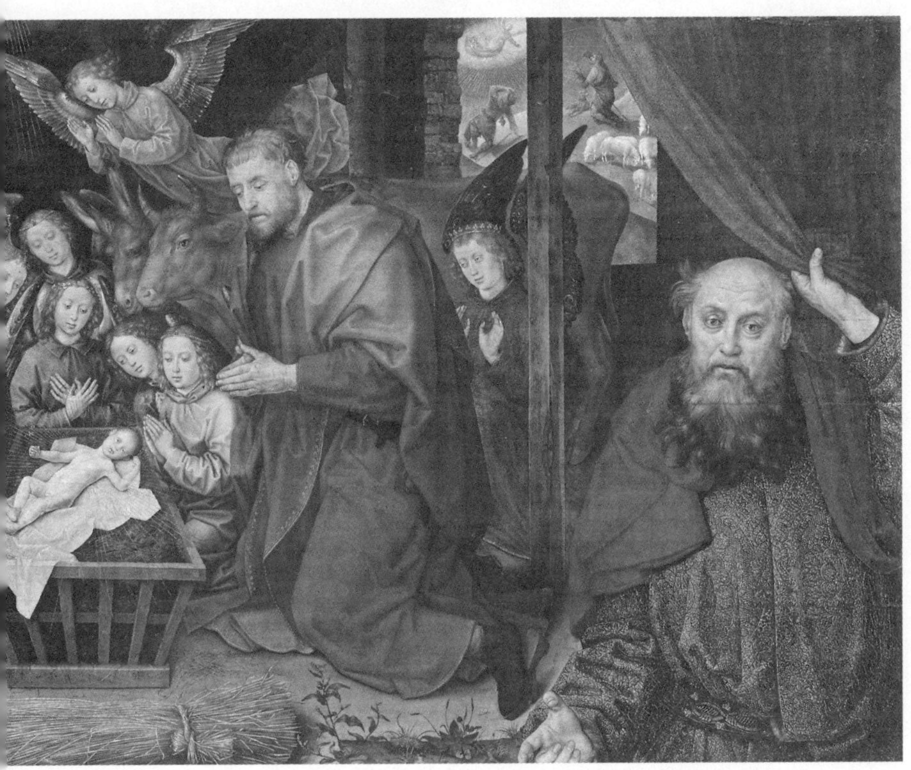

Zustand einer Gemütskrankheit 1482 starb. Hier eröffnet sich ein Spielfeld für Vermutungen, die späte Bilderfindung, die aber im Charakter des Künstlers und seinem Kunstideal schon angelegt war, einfach mit der Biographie zu erklären und Innovation mit Extravaganz zu verwechseln. Gerade deshalb eignet sie sich dazu, einmal über die Gründe und über die Grenzen der Erfindung in der Kunst des Gemäldes nachzudenken.

Die Berliner Tafel ist ebensowenig eine Anbetung der Hirten, wie es der Portinari-Altar ist, aber die Hirten sind so wirklichkeitsnah geschildert und betreten die Bühne des Geschehens, auf der alle Hauptpersonen in stiller Kontemplation verharren, mit einem solchen Tempo, daß sie sofort unseren Blick auf sich ziehen (Abb. 56). Die Bühne ist eine solche im buchstäblichen Sinne, denn vor dem Stall von Bethlehem werden Vorhänge aufgezogen, als beginne in diesem Moment ein Bühnenspiel, und vor der Bühne stehen zwei lebensgroß wirkende Personen, die an der Aufführung nicht teilnehmen, sondern wie Ansager auftreten, die zwischen dem Publikum und dem Bühnenstück vermitteln wollen. Der Bühnenraum entzieht sich unserem Einblick, und der Stall wirkt wie eine bloße Kulisse und nicht wie ein realer Ort, den der Maler beschreiben will. Das Gemälde öffnet nicht, wie es längst Brauch war, ein Fenster auf die Welt, sondern ist wie eine enge Bühne aufgebaut, auf der sich das Wunder der Weihnacht, jetzt, da wir vor dieser Bühne stehen, noch einmal ereignet. Die gemalte Erscheinung lebt aus dem Schein, der im Theater immer Gegenwart erzeugt. Die Zeit des Geschehens fällt mit der Zeit der Wiederaufführung zusammen. Das Bild besitzt die Realität eines Schauspiels, in dem aber keine Schauspieler auftreten, sondern, wie in einem gemalten Zauber, die echten Personen der Weihnachtsgeschichte.

Im Portinari-Altar wurde, wenige Jahre zuvor, die gleiche Geschichte so realistisch und hautnah nacherzählt, daß sie wie das echte Ereignis wirkt und uns zu Augenzeugen macht, als könnten wir den Schauplatz selbst betreten und Joseph die Hand schütteln. Die Täuschung, die in einer solchen Inszenierung liegt, wird im späteren Werk gerade dadurch aufgehoben, daß sie im Schauspiel, zu dem wir die Distanz eines Theaterpublikums einnehmen, als Täuschung entlarvt wird. Der Maler war immer wieder mit dem Thema von Christi Geburt befaßt, als faszinierte es ihn, der es stets im Auftrag malte, auch selber, den Vorgang zu malen, wie das «Wort Fleisch geworden ist» (Joh. 1, 1). Immer wieder erfand er es neu, als könnte keine Fassung und keine Auffassung ihn befriedigen, das Wunder zu malen. Einmal gelang es ihm, die Illusion des Authentischen auf den Höhepunkt zu treiben, und er erfand das erste Nachtstück, das leider nur in Kopien erhalten blieb.[43] In dunkler Nacht, wie es die Tradition wollte, leuchtet der Neugeborene in dem übernatürlichen Licht auf, das noch kein Maler gewagt hatte, als Realität darzustellen. Das Ereignis destabilisiert das Bild, dessen Figuren in die Schwärze der Nacht getaucht sind und nur von dem Wunderlicht gestreift werden, das schwankende Schatten durch einen gestaltlosen Bildraum wirft. Hugo van der Goes war geradezu besessen davon, die eigene Regie durch immer neue Ideen zu überbieten. So kam endlich die Komposition der Berliner Tafel zustande, in welcher er das Drehbuch seiner Regie offenlegt.

Auf der Mitteltafel des Portinari-Altars hatte der Maler dagegen die stille Erzählung der Weihnacht zu einem großen Drama umgeschrieben, für dessen Teilnehmer, die er mehr als verdreifacht, er zunächst einmal einen gewaltigen Bildraum baut. Im Rückblick auf Rogiers Weihnachtsaltar für Bladelin, der in vielerlei Hinsicht seine Anregung bildete,[44] ist die Eroberung des physikalischen Raums atemberaubend. Das gleiche Stallgebäude, das in Rogiers Bild wie ein Requisit herumsteht, ist nun im Handstreich über alle vier Bildgrenzen hinaus erweitert, so daß man das Dach nur mehr an den Schatten ablesen kann, die es von oben her ins Bild wirft. Allein Joseph und die vorderen Engel bleiben außerhalb des Gebäudes, in das die Hirten an der gleichen Stelle hereinstürmen, an der in Rogiers Bild der prätentiöse Stifter kniet. Der Bildraum verwandelt sich in den Lebensraum der handelnden Figuren, die man von fernher kommen sieht. Sie lassen in einem weiten Kreis den Boden im Brennpunkt des Geschehens frei, wo sich aller Blicke auf das nackte Kind, das mit steifen Gliedern auf der bloßen Erde liegt, sammeln. Handlung und Bildort sind mühelos aufeinander abgestimmt (Abb. 53).

Die Lichtregie hat an dieser Erfindung von Raum und Atmosphäre ihren bedeutenden Anteil. Links wird die Raumgrenze durch die Begegnung des Streiflichts mit der Schattenzone des Stallinnern frei und stimmungsvoll suggeriert. Das Streiflicht erfaßt ebenso die schwieligen Hände Josephs, vor der dunklen Steinsäule, wie die Gewänder der einfliegenden Engel. Maria kniet so an der Schattengrenze, als würde ein Scheinwerfer auf sie gerichtet. Hell wird die Bodenfläche ausgeleuchtet, auf der sich die handelnden Personen einfinden. Am vorderen Bildrand formt sich ein Stilleben aus Blumenvasen und Ährenbündel, das die Präsenz der gemalten Realität zur Augentäuschung steigert. Zugleich stellt der Maler den abstrakten oder frei erfundenen Redefiguren, wie sie in der literarischen Allegorie der damaligen Zeit üblich waren, hier eine neue, ganz unrhetorische Allegorie entgegen: Es ist die Lehre, die in den einfachen Dingen liegt. Ein Strohbündel gehört in einen Stall, aber ein Bündel mit reifem Weizen, ein Widerspruch in sich, verweist auf das Brot, das aus dem Weizen gebacken wird: das Brot, das man in der Messe in den Leib Christi verwandelte.

Es sind aber die Akteure, in denen sich der tiefste Sinn dieser Bilderfindung erfüllt. Sie werden in ihrem Aussehen und ebenso in ihrem Auftritt so beschrieben, als würde das Ereignis mit lebenden Personen aus dem Volk spontan und lustvoll aufgeführt, wobei sie sich im Tempo und im Stil ihres Auftritts markant unterscheiden. Maria ist ein sprödes Bauernmädchen, das verlegen als Modell des Malers posierte und in dieser Pose festgehalten ist. Die Engel verhalten sich wie Ministranten, die eifrig und ernsthaft mitspielen, und tragen auch die kirchlichen Gewänder. Dieser Realismus wird aber von den fliegenden Engeln überschritten, die staunend und erschreckt durch die Dachsparren heranfliegen, als wollte der Maler auch das Wunder in die totale Anschauung zwingen. Die Engel wissen um das Paradox der Gottesgeburt, während sich die unwissenden Hirten naiv an dem Kind erfreuen. So spiegelt sich die Doppelnatur dieses Kindes in der doppelten Reaktion, die von den Hirten und den Engeln ausgeht.

Die Hirten, die am Stalleingang mit ungeschlachten Bewegungen in die Knie sinken, während ein Dudelsack-Bläser ihnen hinten im Laufschritt folgt, bringen in das Menschenbild der damaligen Kunst einen neuen, nie dargestellten Typus ein: das einfache Volk vom Lande, das mit psychologischem Scharfsinn, in dem sich die Faszination des Menschenkenners ausdrückt, nach lebenden Modellen beschrieben ist (Abb. 55). Nicht nur beginnen die Menschen, die Jan van Eyck im Ruhezustand so unbestechlich genau wiedergab, zu laufen, zu lachen und zu staunen. Sie behalten ihre Würde auch in dem «petit peuple» bei, um eine Formulierung des Zeitgenossen Jean Molinet aufzunehmen, also dem bisher nur belächelten und mißachteten Bauernvolk, das mit gleichem Respekt in seiner Eigenart entdeckt wird, wie man bisher den Bürger aus den Städten neben dem Adel darstellungswürdig gemacht hatte. Der Mensch, so wie ihn Hugo verstand, war mit Standesidealen und sozialen Rollen nicht zu fassen. Schließlich waren die ungebildeten und besitzlosen Hirten, wenn man die Bibel las, die ersten gewesen, die das neugeborene Gotteskind hatten sehen dürfen. Die Bibel war nicht nur für die Bürger geschrieben. Sie bestand aus Wundern und nicht aus gesellschaftlichen Normen. Und die Armut des Kindes war ein stilles Problem im Altarwerk des reichen Bankiers, der es sich

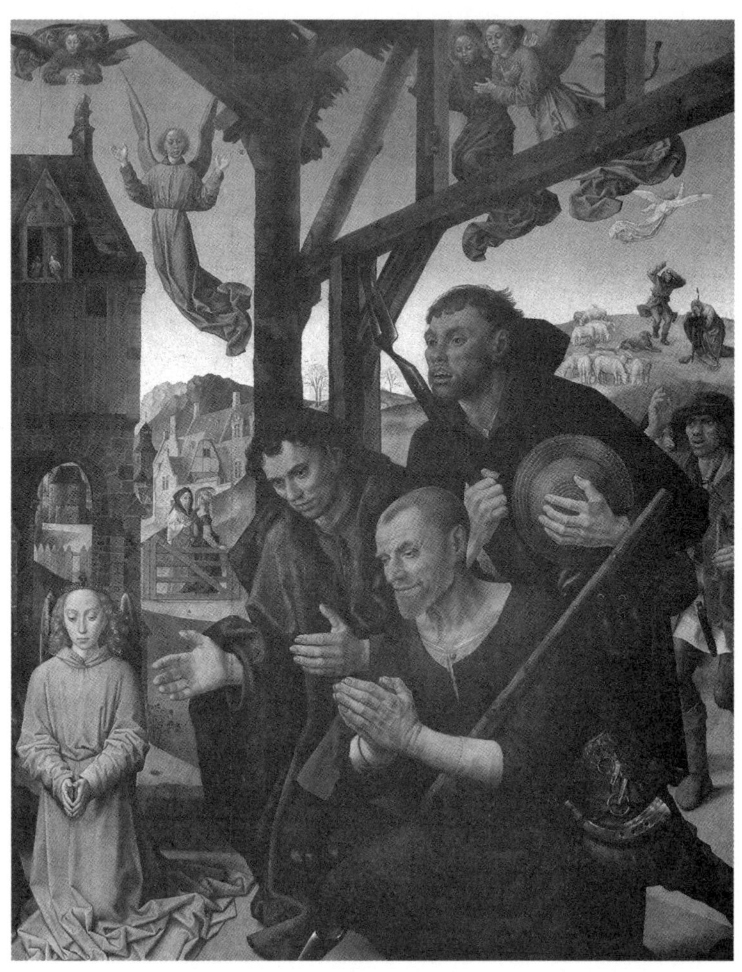

Abb. 55 Hugo van der Goes, Portinari-Altar,
Detail aus der Mitteltafel: Hirtengruppe, Florenz, Uffizien

leisten konnte, diese Armut kostspielig darstellen zu lassen. Der Maler aber rechtfertigte sich dort, wo die Dinge seltsam konkret wurden, mit der Virtuosität seiner Erzählung.

Der Hyperrealismus, mit dem er sein Thema angeht, wird dabei einerseits in ein Extrem getrieben und andererseits von innen her ausgehöhlt, wenn die Realität des Wunders die Grenzen der meßbaren Realität überschritt. Man kann sich vorstellen, daß sich der Maler an einem «lebenden Bild» mit Modellen aus Fleisch und Blut orientierte, aber dabei die Mitwirkenden in ihrer menschlichen Natur studierte, in der ein unmeßbares Innenleben verborgen war. Der Naturalismus, den er dabei entfesselte, diente, wenn man ihn beim Wort nahm, der frommen Einfühlung in einen biblischen Stoff, aber die Malerei entdeckte dabei, daß sie den Menschen in seiner Natur wiedererschaffen konnte. Wenn sich die Kunst so staunenswert mit Leben füllte, so löste sie sogleich den Schrecken darüber aus, daß sie im Bund mit der Magie stehen könnte. Im Bild, gerade wenn es die biblischen Wahrheiten darstellte, drohte die hypnotische Wirkung eines «Trugbilds» oder *phantasma*, vor dem alle religiösen Erzieher warnten. Das perfekte Kunstwerk barg außerdem die Versuchung des Künstlers zur Ursünde des Hochmuts in sich. Der Portinari-Altar, der gleichsam in der Nachbarschaft des Genter Altars entstanden war, forderte zum tollkühnen Vergleich mit dem weltberühmten Vorbild heraus, wie Bernhard Ridderbos so schön gezeigt hat. Der einzige Weg, das Vorbild zu besiegen, mündete aber in jenen halluzinatorischen Realismus, den die Brüder Eyck nur in den Porträts und im ersten Menschenpaar gewagt hatten – und auch dort ohne die tiefe psychologische Einfühlung, die Hugo van der Goes zu Gebote stand.

Die Weihnachtserzählung des Portinari-Altars war also nicht nur ein Triumph der Kunst, sondern auch ein Problem des Bildes, das jedes Maß zu verlieren schien, wenn es den Schein leugnete und mit einer Wahrheit rivalisierte, die sich der persönlichen «Einbildung» entzog und von der Kirche verwaltet wurde. Es war deshalb wohl auch damals ein unerwarteter Schritt, als sich der Genter Maler aus dem weltlichen Leben zurückzog und sich ausgerechnet in ein Kloster jener «Windesheimer Kongregation» begab, welche die «nüchterne Mystik» einer streng kollektiven Disziplin mit heftigem Mißtrauen gegen alle unkontrollierbaren Bilder und gegen jeden persönlichen Weg der Phantasie betrieb, um Johan Huizinga zu zitieren. Es muß offenbleiben, ob Hugo mit diesem «Puritanismus» und mit dieser «geistlichen Dressur» in Konflikt geriet oder ob ihn der eigene Konflikt mit dem Bildermachen umtrieb, als er in die Arme einer solchen Lebenshaltung flüchtete. Lange nach seinem Tode, als der so wenig kongeniale Mitbruder Ofhuys einen kleinlichen Bericht über seine Krankheit schrieb, warf man ihm immer noch vor, er sei für «das Übermaß an Einbildung» zu Recht bestraft worden.

Das Weihnachtsbild in Berlin, das in dieser Umgebung entstand, widerruft in mancherlei Hinsicht den Hyperrealismus des Portinari-Altars und nimmt eine so unerwartete Wendung vor, daß man gerne äußere Gründe, und selbst die Krankheit, dafür verantwortlich machen wollte, daß der Maler hier einen neuen Weg ging (Abb. 54). Dabei sind es in aller Regel innere Gründe, die einen Künstler dazu veranlassen, sein eigenes Medium zum Thema zu machen und, in unserem Fall, über das Medium des Gemäldes Rechenschaft abzulegen, indem er sein Publikum zum Vergleich mit dem geistlichen Schauspiel aufforderte. Es ist schlechterdings nicht möglich, einen Theatervorhang aufzuziehen und dennoch die Realität dessen zu behaupten, was sich dahinter abspielt. Der Schein ist die Bedingung jeder Bühne. Aber das Gemälde reproduziert keine zeitgenössische Bühne und auch keine zeitgenössische Aufführung, sondern wählt die Bühne als Metapher. Das Imaginäre, das im Wesen des Bildes liegt, liegt auch im Wesen des Theaters, wie es im Deutschen allein schon der Begriff «Schauspiel» anzeigt.

Der Eindruck einer Bühne wird nicht nur durch den grünen Vorhang erzeugt, der durchsichtig ist und das Licht an den dunklen Wandgrenzen durchscheinen läßt. Der Vorhang wird für uns aufgezogen von zwei romantisch aussehenden Heroen, die vor dem Bild, ja zwischen dem Bild und uns selbst, über dem Gürtel aufragen und damit bestätigen, daß auch der Vorhang nicht im, sondern vor dem Bild ausgespannt ist (Abb. 56, 57). Im geistlichen Mysterienspiel traten die Propheten, die das Kommen des Messias weissagten, gleichsam vor der Bühne als Ansager und Kommentatoren auf, und im Gemälde erfüllen sie eine ähnliche Bühnenrolle, weil sie im eigentlichen Stück nicht mitspielen, sondern mit Gestik und Mimik zu uns sprechen, als wollten sie uns erklären, was da gespielt wird. Der Vorhang hängt an einer reliefplastisch aufstuckierten, ganz handgreiflichen Vorhangstange, als wollte uns der Maler mit dieser Montage begreiflich machen, daß der Vorhang das einzig Reale ist, während alles übrige sich auf eine Erscheinung reduziert, die uns «bei geöffnetem Vorhang», wie Olivier de la Marche ein solches Schauspiel beschreibt (Mémoires Bd. 2, 357), gezeigt wird.

Nicht nur im Vorhang, sondern auch in der Inszenierung des Themas wird der Bühnencharakter des Gemäldes forciert. Die beiden Propheten stehen vor der Bühne. Die Hirten auf dem Felde empfangen die Botschaft der Engel hinter der Bühne, wohin sich ein Fenster öffnet. Sie umkreisen dann, wie man sich vorstellen muß, den Stall von hinten und betreten auf der anderen Seite die Bühne im Laufschritt. Die Bühne selbst, wo Maria und Joseph sich beiderseits der Krippe niedergelassen haben, füllt sich mit einem Schwarm von flügelschlagenden Engeln, die sich zwischen dem heiligen Paar und den Stalltieren neugierig und andächtig drängeln. Die Krippe ist ganz vorne so aufgestellt, daß wir sie gut einsehen können, aber unser Erstaunen wächst,

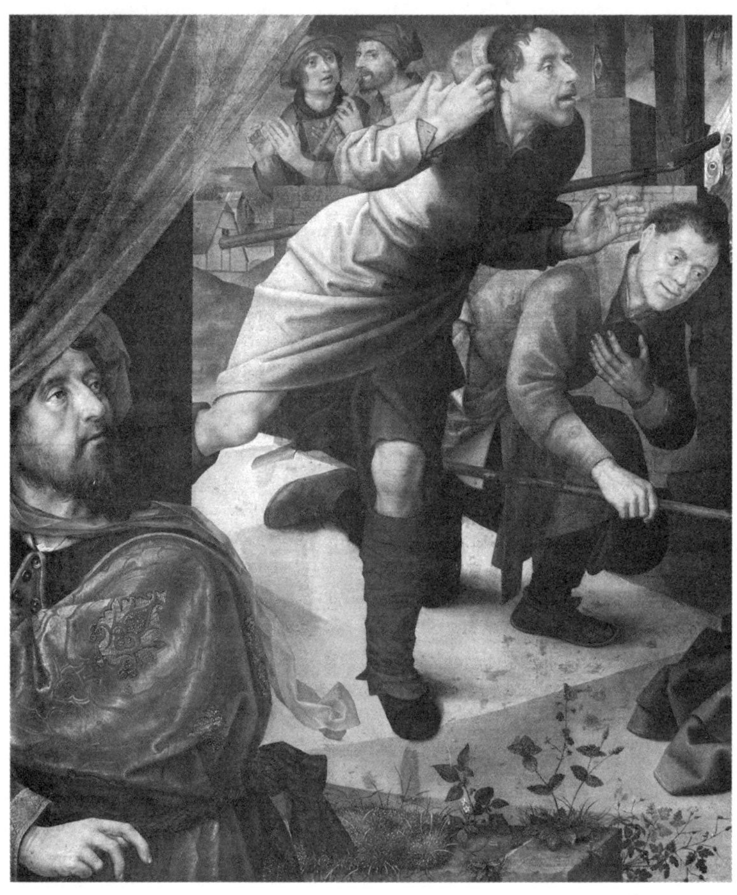

Abb. 56 Hugo van der Goes, Anbetung der Hirten,
Detail: Jesaja und Hirten, Berlin, Staatliche Museen, Gemäldegalerie

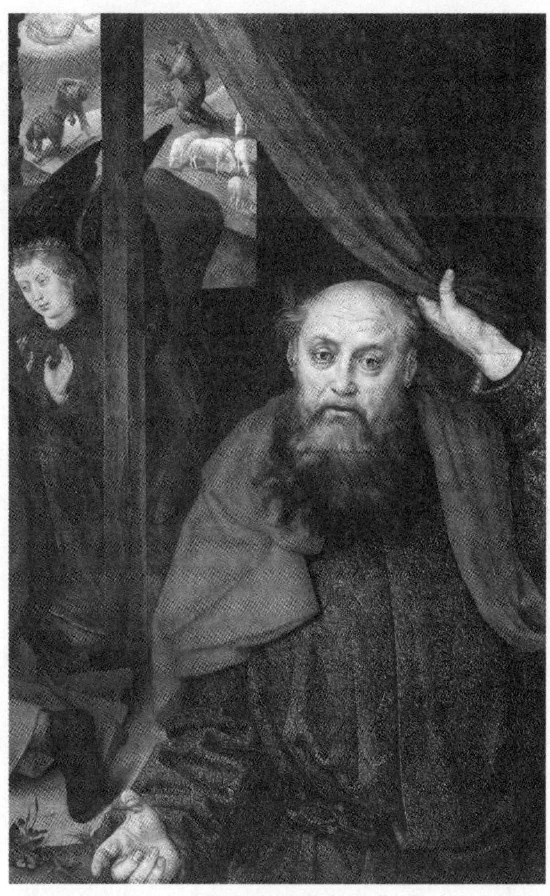

Abb. 57 Hugo van der Goes, Anbetung der Hirten,
Detail: Habakuk, Berlin, Staatliche Museen, Gemäldegalerie

wenn wir bemerken, daß das Jesuskind unseren Blick sucht und uns in seiner rechten Hand ein kleines Pflänzchen des Schwarzen Nachtschattens zeigen will, wie er vorne aus den Ritzen einer kleinen Mauer wächst. Unmißverständlich macht uns der Maler klar, daß hier alles für uns gespielt wird und auf unseren Blick eingerichtet ist. Wir sehen etwas, was uns gezeigt wird, damit wir es sehen. Aber wir können uns leicht mit unserem Blick verirren, wenn wir wissen wollen, wie die Bühne gebaut ist. Der Bühnenraum hat eine halluzinatorische Unwirklichkeit.

Der Blick verfängt sich in einem Labyrinth, wenn er neben der Mauerkante auf das Ährenbündel stößt, das in Wirklichkeit auf dem tiefen Stallboden weit dahinter liegt. Mauern und Pfosten treten in den Blick, die wir im Bild nicht weiter verfolgen können, weil das Stallgebäude nur eine begehbare Kulisse ist. Eine breite Lichtbahn fällt von hinten auf den Laufsteg, auf dem zwei Hirten auf die Bühne stürzen. Die Versammlung an der Krippe reicht vorne bis fast an den Bildrand, aber sie befindet sich, wenn wir zu messen beginnen, auf dem Stallboden in einer unmeßbaren Distanz zur Bühnenrampe. Auch das Licht folgt einer dramatischen Inszenierung, bis hin zu dem übernatürlichen Lichtschein, der sich vor der dunklen Stallwand um das Haupt Mariens bildet. Die Intervalle von dunkel und hell, auch sie vielfach durchkreuzt, dementieren den physikalischen Raum und führen die Ordnung der Dinge ins Ungewisse. Alles wird Erscheinung, Auftritt und Wunder, als wollte uns die Malerei hinter die Oberfläche der Sinnenwelt führen.

Unterbrechen wir an dieser Stelle die Beschreibung, um uns zu fragen, wie denn damals eine Bühnenerfahrung aussah. Man weiß längst, daß der Maler auf ein Mysterienspiel verweist (B. Lane), und die *Nativités* gehörten zum eingebürgerten Repertoire des geistlichen Schauspiels, ja besaßen bald auch, in den Comédies der Marguerite d'Angoulême, der Königin von Navarra (1492–

1549), das Zwischenspiel eines eigenen Hirtenstücks (*Bergerie*), wie es auch unser Maler so liebevoll inszeniert (Les Marguerites de la Marguerite des Princesses. Texte de l'Ed. de 1547, hrsg. F. Frank Bd. II, Paris 1873, 23 ff.). Aber wir erfahren in der passenden Literaturgattung selten etwas von der Wahrnehmung des Publikums, wie sie Olivier de la Marche so anschaulich anläßlich des Hoffestes von Lille im Jahre 1453 beschreibt (Mémoires Bd. 2, 348–378). Es sei gleich vorweggenommen, daß von einem direkten Einfluß jener weltlichen Schauspiel-Einlagen oder Intermezzi (*entremectz mondains*) nicht die Rede sein kann. Sie gehörten zu den Höhepunkten eines Festes am Hof und enthielten übrigens auch geistliche Stücke, wenngleich in der steifsten Allegorie. Vielmehr führt uns der Chronist so lebendig in eine zeitgenössische Erlebnisweise ein, daß wir anschließend gleichsam mit seinem Blick das gemalte Theater der Weihnacht betrachten können. Außerdem wissen wir, daß Hugo van der Goes schon 1468 eigens nach Brügge gerufen wurde, um für die Festaufführungen anläßlich der Hochzeit des Herzogs die Bühnenbilder zu liefern. Er war bald ein Spezialist jener Unterhaltungs-Kunst, die er in seinem Weihnachtsaltar ins Ernste und Metaphysische wendet und also inzwischen, mit diesem Medienwechsel, kritisch reflektiert.

In Lille führte man 1453 unter anderem die Fabel von Jason und den Argonauten auf, weil sie den Ursprungs-Mythos des Ritterordens vom Goldenen Vlies darstellte. «Zunächst bliesen vier Hörner (*clairons*) hinter einem grünen Vorhang, der vor ein hohes Bühnenpodium (*hourt*) am Ende des Saales ausgespannt war. Als ihr Spiel endete, wurde ganz schnell der Vorhang aufgezogen», und das Stück begann, in dem Jason nacheinander viele Heldentaten vollbrachte. «Nach dem Mysterienspiel (*mistère*) erklang die Orgel in der Kirche während der ganzen Länge einer Motette, und drei Sänger sangen mit schönen Stimmen ein geistliches Lied», in das bald auch ein künstlicher Hirsch einstimmte, der inzwischen den Saal betrat. Nach dieser Einlage wurde dann der Vorhang für den nächsten Akt des Jasonstücks aufgezogen, «und dabei kämpften Jason und die Schlange so glaubwürdig miteinander, daß dies kein Theater mehr zu sein schien, denn dafür ähnelte es zu sehr» der Realität. Dieser Aufführung waren eine ganze Reihe von Schauspielen vorausgegangen, die der Chronist als «lebendig und ergreifend» (*vifs et mouvans*) beschreibt. Dazu gehörte auch ein kirchlicher Gesang, der mit Glockengeläut eingeleitet wurde und damit endete, daß «ein Hirte auf ganz neuartige Weise auf einer *musette* spielte», ähnlich wie es uns Hugo van der Goes im Hintergrund seines Bildes zeigt, wo, vor einem Dorf in einer kaltblauen Winterlandschaft, ein Hirte selbstvergessen die Flöte bläst, während sein junger Begleiter, mit sprechenden Handgesten, dazu singt. In Lille wurden die Schauspiele mit einer geistlichen Allegorie fortgesetzt, in welcher die Verkörperung der Kirche laute Klage führte über ihre Gefangenschaft im Lande der Mauren, woraufhin alle Anwesenden einen Augenblick lang wünschten, sofort zum Kampf gegen die Ungläubigen aufzubrechen. Dem Chronisten, so bekennt er freimütig, kamen bald Bedenken wegen der hohen Kosten und der kurzen Dauer dieser Art von höfischer Unterhaltung, und er blieb so tief in diesen «Gedanken und dieser Vorstellung» (*pensée et ymaginacion*) versunken, daß ihn erst ein Hofmann, der ihm den Sinn des Theaters erklären wollte, «aus der Phantasie (*fantasie*) herausriß, in der er sich befand» (Bd. 2, 369).

Unserem Maler mag es ähnlich gegangen sein, und er war im Kloster nicht mehr genötigt, an solchen Unterhaltungen mitzuwirken. Aber malen wollte er um so mehr, wenngleich auch die Bilder, zumal in der neuen Umgebung, tiefe Zweifel nähren konnten, wenn man die Malerei streng nach ihrem Sinn befragte. Seine Zweifel wurden wohl von jenem «flämischen Buch» bestärkt, in welchem er nach der Aussage von Gaspard Ofhuys mit steigender Erregung las. Vielleicht handelte es sich dabei um den berühmten Traktat Geert Grootes über die vier Arten der Meditation, welcher anläßlich einer Weihnachtspredigt die Bilderfrage so beunruhigend mit der Frage nach dem rechten Gebrauch der Meditation verband (Ridderbos 1990 und 1991). Die Sinnenwelt der *sensibilia* war in jeder strengen Mystik nur ein Hindernis bei der Einübung der wahren geistlichen Schau, weil die inneren Bilder oder *phantasmata*, mit denen die Meditation ihren Anfang nahm, noch zu sehr mit sinnlichen Eindrükken behaftet waren. Allzu leicht konnten sich die persönlichen Visionen, wenn man sie nicht zügelte, in Trugbilder verwandeln, welche die Seele täuschten, statt sie zu bilden. Dann entstanden jene «mentalen Phantasien», die Ofhuys unserem Maler noch lange nach seinem Tode vorwarf, weil er darin die Gründe für jenen «Hochmut» sah, an dem Hugo angeblich zugrunde ging. Der Maler aber sah sich, gerade wenn er die Erzählungen der Religion aufführte, vor das Dilemma gestellt, daß er, was immer er auch unternahm, nur Scheinbilder erzeugen konnte. So betrachtet, tritt er im Weihnachtsbild die Flucht nach vorne an und macht den Scheincharakter zum eigentlichen Thema.

Aber gerade dies Eingeständnis befreite ihn von dem Zwang, sein Werk der Konvention zu unterwerfen und die persönliche Vision noch rechtfertigen zu müssen, zu der ihn sein Bewußtsein als Künstler und sein Schicksal als Mensch trieben. Ganz persönlich äußerte er sich in dem unscheinbaren Bild der Pflanzen, die so nahe am Bildrand wachsen, als wollten sie von uns gepflückt werden. Sie sind jetzt nicht mehr, wie noch im Portinari-Altar, der allegorische Kommentar des Hauptgeschehens, wie er Standard war, sondern beruhen auf persönlicher Wahl. Da wachsen am linken Bildrand Schwarzer Nachtschatten und Storchschnabel, mit denen man die Schwermut behandelte, neben Gamander-Ehrenpreis, welcher das Dunkel von den Augen nahm und sie hell machte. Der Maler kannte sie aus dem Klostergarten und wurde vermutlich mit ihnen behandelt. Er verband allerdings den Blick auf die Arznei mit dem Blick auf die Erlösung in Christus, als er dem Jesuskind das Heilkraut des Nachtschattens in die Hand gab, denn dessen Menschwerdung war schon von Augustinus als «Medizin» bezeichnet worden (Ridderbos 1990). So ist das Kind, das eine irdische Arznei in seinem Händchen hält, selbst eine überirdische Arznei. Dennoch bleibt der private Ton im theologischen Argument unüberhörbar. Fast beschwörend ist von der Medizin die Rede, die vom Werk den Verdacht der Krankheit nimmt. Sie machte die Augen hell, mit denen der Künstler dasjenige im Innern erblickte, was er mit äußerlichen Farben malte. Sah er sich vielleicht selbst in jenem Seher am linken Bildrand, welcher über die Schulter dorthin zurückschaut, wo das Bildthema erscheint, und uns dabei mit gebogenem Zeigefinger fast unmerklich auf die Pflanzen aufmerksam macht?

Ich brauche nicht eigens zu betonen, daß er von Theologie genug verstand, um sie geradezu beiläufig, wie selbstverständlich, ins Bild zu bringen. So konnten die beiden alttestamentarischen Ansager jeden Theologen entzücken, wenn er die Pointe bemerkte, daß sie uns etwas erklären, was sie noch gar nicht sehen konnten, wir aber inzwischen, die der rechte Prophet gleichzeitig wissend und fragend anschaut, das Leben Jesu so deutlich gesehen haben, daß wir es auch malen lassen können. In dem Vorhang ist ebenfalls ein theologisches Argument verborgen, denn die Vertreter des Alten Bundes sahen die Wahrheit nur unter einem «Schleier» (*velamen*), wie sich Paulus im zweiten Korintherbrief ausdrückt. «Wir aber sehen alle, nachdem der Schleier von uns genommen ist, die Herrlichkeit des Herrn und werden in das Bild selbst verwandelt» (Kor. 2, 3, 13 und 18). Die Antithese von Blindheit und Blick, von Schleier und Bild mag den Maler nicht nur als Theologen, sondern auch als Philosophen des Bildes beschäftigt haben. Er wußte natürlich, daß das christliche Bild schon deswegen über das jüdische Bilderverbot erhaben ist, weil die Wahrheit, die einstmals verborgen war, im Neuen Testament an das Licht kam – und damit das Bild erlaubte.

Als Bilderphilosoph konnte er aber den Gedanken auf moderne Weise weiterspinnen und auf sein eigenes Werk anwenden. Sein Gemälde bringt einerseits das Wunderbare, das sich ereignet hat, ins Bild, so wie es sich ereignet hat. Aber unser Blick sieht nicht das Ereignis selbst, sondern eine gemalte Oberfläche, und er sieht erst recht nicht den metaphysischen Sinn, der sich in dem Ereignis verbirgt. Deswegen ist das Gemälde zugleich Bild und Schleier: Bild, weil es uns sehen läßt, was unsere Augen sehen können, und zugleich Schleier, weil es den geistlichen Sinn verdeckt, den nur die Seele auffinden kann. Indem Hugo van der Goes den Scheincharakter seines Bildes betonte, machte er es durchsichtig für ein inneres Bild von immaterieller Art, das auf dem Weg der Wahrheit des Glaubens lag. An diesem Punkt angekommen, konnte sich der Maler mit verstohlenem Genuß all den ästhetischen und erzählerischen Fragen überlassen, die ihn insgeheim mehr erregten als die Maximen des Glaubens, mit denen ihm sein Über-Ich ins Gewissen redete. Hier war er schon seiner Zeit voraus, während er in allen Glaubensdingen noch an sie gebunden war.

Rechts öffnet sich im Stall ein Fenster, hinter dem die Engel den Hirten auf dem Felde erscheinen – wobei das himmlische Licht hinter den irdischen Hirten lange Schatten wirft. Links öffnet sich im Stall eine Tür, durch welche die biblischen Betrachter des Ereignisses, in geradezu ungehobelter Bewegung und höchster Eile, den Schauplatz betreten, wobei der eine noch im Laufen in die Knie fällt und der andere seine Kopfbedeckung abnimmt, ohne den Hirtenstab, der in einer kleinen Schaufel endet, aus der Hand zu lassen. Das Nebenmotiv erhält so viel Betonung, daß es der Maler zum Angelpunkt der Bilderzählung macht, mit deren Verzeitlichung er die statische Malerei einer kühnen Belastungsprobe aussetzt. Die Hirten wagen sich an eine Bewegung im

Bilde, die dennoch niemals stattfinden kann. Die geflügelten Engel sind noch schneller gewesen, und zwei von ihnen knien im Flug über den Rand einer Fensternische hinaus. Man spürt, unter welcher Spannung der Maler stand, als er sein Medium bis an die noch unbekannten Grenzen trieb. Das ganze Bild wirkt wie eine plötzlich hereinbrechende Epiphanie, von der die Propheten in dem Augenblick zu sprechen beginnen, als sie den Vorhang aufziehen und sich gleichzeitig uns zuwenden. Die Bewegung im Bild wird durch die Bewegung vor dem Bild verstärkt. Das Bild hält nicht nur ein Ereignis fest, sondern leugnet die Abwesenheit von Zeit in der Malerei, indem es sich selbst zum Ereignis wandelt. Vor den Kultbildern wurden nur an hohen Festen die Vorhänge zurückgezogen. In unserem Werk war der Blick also privilegiert, wenn er die fiktive Enthüllung auf sich bezog.

Die Verzeitlichung dieser neuen Malerei, die, trotz der Beschränkung auf eine einzige Begebenheit, den filmischen Impuls nur mit Mühe bändigt, resultiert auch in einer mehrzeitlichen Erzählung. Das Jesuskind ist schon geboren, und die Hirten haben schon auf den Feldern die Engel gesehen, bevor sie die Szene betreten. Die Propheten vor dem Bild haben in einer früheren Zeit gelebt, aber sie wenden sich im Gespräch an uns, die wir in einer späteren Zeit leben. Für uns ziehen sie endlich den Vorhang auf, welcher einer wiederum anderen Zeit, der Zeit des Schauspiels, angehört. Das Stück selbst ist weder Erinnerung noch Gegenwart, sondern gehört der Spielzeit zu, die allein in der Gegenwart des Betrachters liegt. Die Bildfiguren beginnen zu laufen und beginnen zu sprechen: der rechte Prophet mit weit aufgerissenen Augen, geöffnetem Mund und deklamierender Hand. Aber damit vergrößert sich nur der Schein, dem das Gemälde nicht entrinnen kann. Der Maler wagt sich an den Wettbewerb mit einem geistlichen Drama.

In der Farbbewegung, die ihren eigenen Gesetzen folgt, ist er dagegen ganz Maler. Im rechten Bildteil entwirft er, Schritt für

Schritt, eine Sequenz von vier verschiedenen, warmen und kalten, Rots, die im Überwurf des Propheten beginnen und an der rückwärtigen Schulter Josephs enden, wo gleich die Überleitung in den Ocker des fliegenden Engels erfolgt. Dazwischen brilliert er mit den tiefblauen Pfauenflügeln eines Engels vor dem warmbraunen Fell des Ochsen. Im linken Teil der Mittelgruppe spielt er eine ganze Skala von Blau durch, das sich in den Engeln allmählich zu Violett abschwächt. Die vorderen Propheten trumpfen noch einmal mit dem alten Hyperrealismus auf, und der Goldbrokat wirkt wie ein echtes Gewandstück. Die Figuren im Bildinnern sind dagegen in der Modellierung so herabgestimmt, daß sie eine andere Realität besetzen. Die malerische Technik unterstützt mit ihrem dynamischen Duktus die dramatische Bildsprache des Meisters, in welcher Schraffuren von der Unterzeichnung in die fertige Malerei übertragen werden. Auch die Pinselführung ähnelt einer persönlichen Niederschrift der Vision, die sie in Malerei umsetzt.

Die beiden Propheten tragen weder den Realismus in den Hirtengesichtern noch den Idealismus in den Gesichtern der heiligen Personen und Engel zur Schau. Sie sind gleichsam urweltliche, mythische Charaktere, deren Vorbilder in den Einsiedlern und Pilgern des Genter Altars zu suchen sind. Der rechte nimmt uns mit seinen Augen wahr, als wäre das Gesetz der Zeit aufgehoben, und der linke schaut ekstatisch in Richtung der Krippe, aber auf ein inneres Bild, als wäre das Gesetz des Raumes aufgehoben, der ihn ebenso vom Ereignis wie von uns trennt. Die Gesichter sind erfunden, aber mit solchem Wissen um Persönlichkeit und Lebensalter, auch um den Ausdruck der Gefühle, daß sie die Wahrheit von Schauspielern annehmen, die in ihrer Bühnenrolle über sich selbst hinauswachsen. Der Maler ist paradoxerweise gerade in der Darstellung eines heroischen Bühnenparts dem Geheimnis des Individuums nahe gekommen, das damals noch kein Philosoph definieren konnte.

Der Einzelgänger Hugo van der Goes war ein wahrer Antipode des Altersgenossen Hans Memling in Brügge, der klug jede Krise vermied und das Metier mit sicherem Gespür für den Erfolg und die Vollendung des Werks betrieb. Beide begannen, so schien es, eine ähnliche Laufbahn, doch bald wählte Hugo van der Goes, im Leben wie in der Kunst, den Weg des Außenseiters, der ihn aus den Grenzen des Zunftlebens und des Zeitstils herausführte. Die Religion stellte, wenn man ihre Abgründe entdeckte, den Pakt von bürgerlicher Sitte und kirchlicher Institution bald in Frage, und dabei verlor der Mensch den Boden, auf dem er sich als Bürger bewegte. Die Malerei war damals auch für den, der sie betrieb, ein Spiegel des Selbst, denn sie fing ebenso bereitwillig die Ordnung in der Welt ein, wie sie, im Falle unseres Malers, das Geheimnis in der menschlichen Seele aufspürte.

15 Hieronymus Bosch: Die Krise des Gemäldes

Vielleicht begann die Krise des Gemäldes schon bei Hugo van der Goes, der zwischen der Schönheit seiner Motive und dem religiösen Sinn seiner Themen einen Ausgleich suchte und darüber in Schwermut verfiel. Aber sie tritt erst bei Bosch offen an den Tag, als er die Konsequenzen daraus zog und das Gemälde Eyckscher Prägung anders definierte. Es ging aus dieser Krise in einer neuen Gestalt hervor, welcher die Zukunft gehörte. Bosch war kein Ketzer, der die kirchlichen Wahrheiten verriet, sondern ein großer Erfinder, dessen gemalte Ideen ihm Ruhm und Anerkennung bei der gesellschaftlichen Elite einbrachten. Der doppelte Blick, von dem die Rede war, ließ sich nicht mehr von einem einzigen Bild repräsentieren, sondern verlangte nach der Unterscheidung einer doppelten Gattung von Bildern: solchen mit einem eigentlich religiösen Thema und solchen, die sich rigoros auf die irdische Welt beschränkten. Die zweite Gattung konnte auf keine Themen in der Geschichte der Malerei zurückgreifen, aber sie fand sie in der weltlichen Literatur, mit der Bosch denn auch den Wettstreit aufnahm, um sein Medium zu erneuern.

Immer wieder verwendet Bosch Bildzeichen, welche die Welt in ihrer Ganzheit ins Spiel bringen, statt sie nur im schönen Ausschnitt zu erfassen: die Welt als Lebensraum des Menschen, in dem denn auch die Dinge geschehen, die der Mensch in der Welt tut. Die Welt ist bewohnt und mißbraucht. Die Heiligen, die eher Opfer als Helden sind, widerstehen in der Welt alle den Versuchungen zum Bösen, denen die anderen in der gleichen

Welt erliegen. Die Rundform, die Boschs Gemälde oft haben, verweist auch auf die Gestalt der Welt. Zugleich sind sie darin als Spiegel gemeint, aber Spiegel welcher Art? Der Schein, der immer in einem Spiegel liegt, hatte bislang von einem Sein gelebt: von der Welt außerhalb des Spiegels.

In Boschs Blick schleicht sich aber der Zweifel ein, ob die Welt sich weiterhin in dem Eyckschen Spiegel abbilden ließ. Wenn man die Welt an sich betrachtete – nicht in der Gestalt, in der sie Gott geschaffen, sondern in dem Zustand, den ihr der Mensch gegeben hatte –, enthüllte sich ihre Schönheit als bloßer Schein, hinter dem der Tod und das Böse lauerten. Wenn ihre Realität, in der irdischen Kontingenz, aber nichts als Schein war, dann wollte Bosch gerade diesen Schein auch aufdecken. Der Spiegel wurde dabei zum Ort der Wahrheit, weil er als Schein entlarvte, was außerhalb des Spiegels wie Realität aussah. Diesen Spiegel mußte Bosch erst erfinden, indem er sich von den unschuldigen Abbildern abkehrte. Die Welt des Menschen, wenn man sie auf ihren irdischen Sinn reduzierte, war verderbt und böse, und auch die Natur, mit ihren sterblichen Lebewesen und dem Zyklus der gegenseitigen Gewalt, zeigte sich im Zustand nach dem Sündenfall. Die Welt erschien Bosch nicht als Paradies, sondern, wenn man sie schon mit der Ewigkeit vergleichen wollte, als die antizipierte Hölle.

Hierbei bot das Medium des Gemäldes, dessen Repertoire sich in zwei Generationen schon nahezu erschöpft hatte, Bosch ganz neue Wege an. Die im Entstehen begriffene weltliche Kultur, die selbst an den Höfen keine im engeren Sinne höfischen Interessen mehr verfolgte und sich eher an den Humanisten orientierte, machte am Vorabend der Reformation die verderbte Gesellschaft und die wankelmütige Menschennatur zu ihrem wichtigsten Thema. Hier fand die volkssprachliche Literatur in Bosch selbst, der, abseits aller persönlichen Phantasien, ein geschärftes Bewußtsein für sein Medium entwickelte, einen malenden Interpreten und Fortsetzer. Wieder ist es sinnvoll, nicht allein auf das einzelne Thema zu starren oder von dem Exzentriker Bosch zu träumen, sondern auf die Medienmerkmale der Gattung zu achten, die er so virtuos erneuerte.

Schon in den frühesten Werken, die man ihm zuschreibt, ist die Idee des Spiegels, den er kritisch der törichten Welt vorhält, fertig ausgebildet. Das Bild des Steinschneidens, bei dem der Stein der Torheit aus dem Kopf des Narren herausoperiert wird, verhehlt nicht die Herkunft im Wortbild, das sich in der Malerei zum Emblem entwickeln wird, und wartet mit volkssprachlichen Leseanweisungen auf.[45] Die runde Form, in welcher die Welt und der Spiegel wechselseitig aufeinander verweisen, kehrt auf der sogenannten Tischplatte mit den Todsünden im Prado wieder, die schon Siguenza, der Bibliothekar im Escorial, einen Spiegel genannt hat.[46] Die sieben Todsünden spielen sich vor dem Auge Gottes im Zentrum ab, unter dem eine Inschrift den Betrachter mit der Warnung überfällt: «Gib acht, der Herr sieht alles.» Die aufschlußreichste Darstellung gilt der Ursünde des Hochmuts (*superbia*), mit welcher schon Luzifer von Gott abfiel. Eine eitle Ehefrau betrachtet ihre neue Haube in einem Spiegel, den ihr ein listiger Teufel vorhält, der übrigens mit der gleichen Haube herausgeputzt ist. Die Inschriften reden von dem «Volk ohne Plan und Verstand. Daß sie doch weise wären und die letzten Dinge voraussähen, die ihnen widerfahren werden» (Moses 5,32). Die letzten Dinge sind Tod, Gericht sowie Hölle und Paradies, die auf der «Tischplatte» außerhalb des geschlossenen Kreises der Welt in den vier Ecken erscheinen. Der Weise, als Gegenbegriff des Toren, ist nicht mehr allein religiös definiert, sondern verrät sich auch in seinem Weltbezug. Damit sind alle späteren Themen Boschs programmiert.

Unter den religiösen Themen sind die Gerichtsbilder, welche dem Weltenlauf einen Spiegel vorhalten, deutlich in der Mehrzahl. In den Weihnachtsbildern wird die Armut des neugeborenen Jesus mit der Pracht der Könige konfrontiert, und in den Passionsszenen stellt Pilatus den geschundenen Jesus mit dem Ausspruch vor: «Seht, was ein Mensch!», wobei in dem Frankfurter Gemälde der Ausbruch des Hasses, der Jesus entgegenschlägt, obwohl er bereits gefoltert wurde, die Oberstimme erhält. In der Dornenkrönung in London und in ihrem spiegelrunden Pendant im Escorial stehen wir, die Betrachter, anstelle der alten Juden, vor dem gefolterten und verspotteten Jesus, wobei die Folterknechte in ihrer grinsenden Niedertracht uns ein Spiegelbild des Menschen vorhalten, in dem Bosch dem biblischen Thema einen neuen Sinn gibt: «Seht, was für Menschen!»

Das sogenannte Heuwagenbild macht eine Wortmetapher zum Bildthema, indem es den Lauf der Welt, die einmal im Paradies entstand, aber in der Hölle enden wird, nacherzählt.[47] Damit ist das Schema der dreiteiligen Gemäldeform auf eine überraschend konkrete Weise verzeitlicht. Auf den Außenflügeln wird der Mensch im Emblem des Landstreichers auf seinem Gang durch die Welt wie im Standbild eines unaufhaltsam ablaufenden Films festgehalten. Das Werk kam offenbar früh in den Besitz von Diego de Guevara, der als Vertrauensmann des spanischen Hofes die habsburgischen Regenten in den Niederlanden beriet. Einer von ihnen, Philipp der Schöne, gab 1504 bei Bosch einen Gerichtsaltar *pour son très noble plaisir* in Auftrag. Der sogenannte Garten der Lüste, der die Welt als Paradies vor dem Sündenfall darstellt, ist schon ein Jahr nach Boschs Tod im Brüsseler Stadthaus der Grafen von Nassau nachgewiesen.[48] Das Werk zeigt auf den Außenflügeln noch einmal die Welt als Sphäre, in der die Erdscheibe eingeschlossen ist, im Zustand der Schöpfung vor der Erschaffung des Menschen. Die Welt, die uns der Maler vorführt, sieht anders aus als im Werk seiner Vorgänger und ist auf die Bühne des Bösen reduziert, über die der moralische Diskurs handelt, den er im Bild vorträgt.

Wenn man, wie ich es hier tue, das Gemälde als Kunstform auf seine Gattungsmerkmale untersucht, kann man sich nur wundern über die Art und Weise, wie Bosch mit dieser Gattung verfährt. Er benutzt die Gestalt des mehrflügeligen Altars, um Embleme, Satiren oder Bilderzählungen zu malen, also Themen abzuhandeln, die mit den herkömmlichen Funktionen des Bildes unvereinbar waren und zum Bereich der Sprache und der Textillustration gehörten. Auch wenn er Altäre schuf, so ist ihre Medienform kaum wiederzuerkennen und nehmen etwa die Versuchungen des hl. Antonius mehr Raum ein als dieser selbst, den man nur mit Mühe in der Menge ausfindig machen kann, oder wirken die Figuren des Weltenrichters wie hilflose Randglossen zu einer breiten Vorführung des Sündenbabels der Welt. Wenn er ein Literat gewesen wäre, würde man ihm gern bestätigen, daß er alle bekannten Stilarten und Werkformen, von der lyrischen Poesie bis zum großen Epos, vom dramatischen Bühnenversuch bis zur ätzenden Zeitsatire sicher beherrschte. Deshalb fand er auch soviel Nachahmer und, schon in seiner eigenen Zeit, Fälscher, wie wir von Felipe de Guevara, dem Sohn von Boschs Sammler, erfahren. Viele Maler hatten «in Flandern gesehen, wie erfolgreich seine Malerei war. So entstanden zahlreiche Bilder, die mit seinem Namen signiert sind, aber in Wahrheit auf Betrug beruhen und, um alt auszusehen, in den Rauchfang gehängt wurden.» Dieser verbürgte Erfolg Boschs ist Anlaß genug, uns nach seinem Publikum umzusehen und auf die Strategien zu achten, mit denen er es neu auf das Gemälde einschwor.

An einem technischen Merkmal verrät sich der skeptische Umgang Boschs mit der Gattung Gemälde indessen am deutlichsten. Er verwendet auf den Außenflügeln seiner Gemälde weiterhin die unfarbige Technik der Grisaille, deren graphische Möglichkeiten des freien Pinselduktus er sogar mit einer gewissen Leidenschaft ausspielt. Aber er hält sich nicht mehr an die Spielregeln, die hier nur unbelebte Statuen vor einer geschlossenen

Wand zuließen, und erzählt zum Beispiel auf den Außenflügeln des Antonius-Triptychons in Lissabon die Passion Christi inmitten von Landschaften, die ebenfalls unfarbig bleiben und jeden Gedanken an Skulptur abweisen.[49] Das Spiel mit dem Schein ist nicht mehr auf die Situation eines *Trompe l'œil* beschränkt, sondern ergreift das ganze Werk. Wenn hierbei ein Kunstzitat auftaucht, so stammt es nicht mehr aus der Skulptur, sondern jetzt aus der Graphik, die Bosch als treffsicherer Zeichner und Karikaturist beherrschte (Abb. 58). Vielleicht liegt eine wichtige Einsicht darin, daß Bosch manche seiner Motive im verbreiteten und kostengünstigen Medium der Druckgraphik vorfand und sie auf seine Gemälde übertrug, deren Repertoire er auf diese Weise ohne Rücksicht auf bestehende Konventionen drastisch erweiterte.

Wichtiger noch ist aber die Einsicht, daß er die Malerei wie eine persönliche Sprache benutzt, um damit frei zu argumentieren. Das hatten seine Vorgänger in aller Unschuld nur dann getan, wenn sie eine Geschichte erzählen wollten. Bosch erzählt nicht nur die alten Geschichten auf eine andere Weise und erfindet nicht nur neue, in der Malerei nie erzählte Geschichten, sondern, und vor allem, versprachlicht alle seine Bilder, auch solche, die auf den ersten Blick gar keine Handlung enthalten. Die Bildmotive sind Mittel der Kommunikation, mit denen sich Bosch «zu Wort meldet», um Stellung zu beziehen. Das beginnt mit der Entdeckung des Häßlichen und der Wahl der Karikatur. Warum sollte man Häßlichkeit bildwürdig machen, wenn nicht zu dem Zweck, damit Aussagen zu treffen: persönliche Aussagen des Zeitkritikers Bosch. Das Gemälde ist unversehens zu einer Textform geworden, in der Bosch sein subjektives Weltbild formuliert, statt die physische Welt, die van Eyck in ihrem optischen Eindruck nachbilden wollte, zu objektivieren.

Dabei handelt es sich nicht um eine Episode, sondern um den Beginn einer neuen Ära, in welcher ein Bild die persönliche Sicht seines Erfinders, in unserem Falle seine böse Meinung von

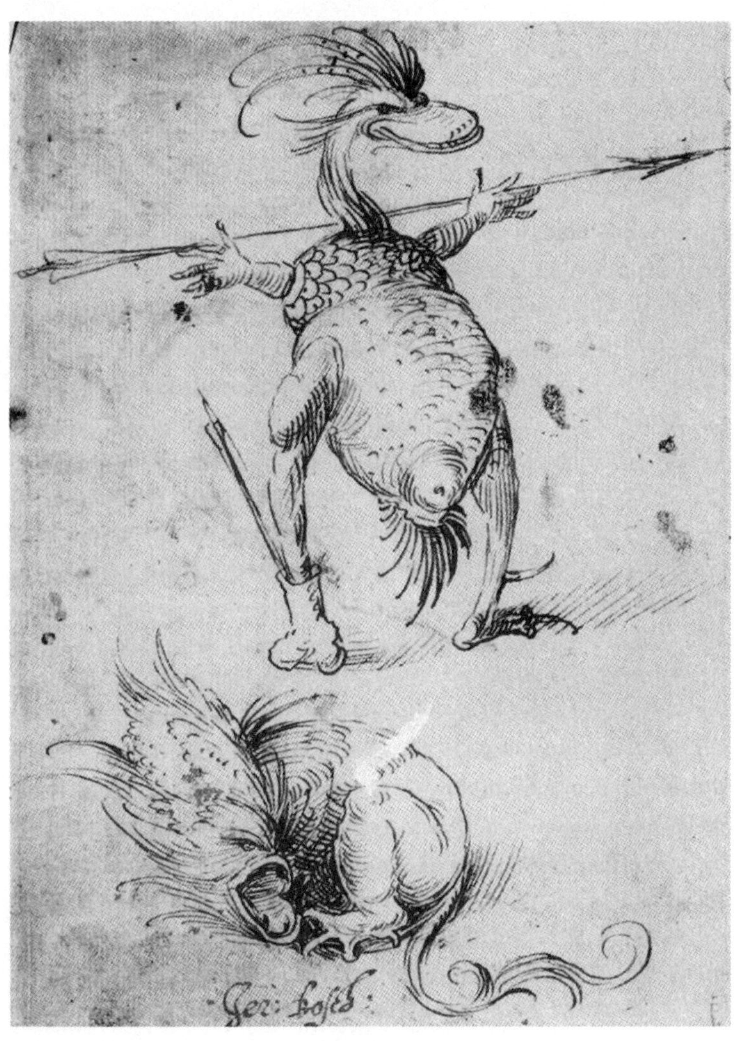

Abb. 58 Hieronymus Bosch, Zwei Monstren, Berlin, Kupferstichkabinett

der Welt, wiedergibt. Das ist uns längst so geläufig, daß wir kaum mehr zugeben wollen, daß es einmal anders war. Der Maler nimmt sein Medium in eigene Regie, so wie es bis dahin nur der literarische Autor getan hatte. Worin anders äußert sich ein Autor, wenn nicht in einer Sprache, die nur Medium ist und als Medium *über* Realität handelt, aber nicht Realität *ist*? Bilder aber wurden damals immer noch mit der gläubigen Bereitschaft betrachtet, sie für wahr zu halten und sie deshalb auch zu verehren, wie man Sprache allein, ein Mittel zum Zweck, nie verehren könnte. Nun werden sie von einem Kenner neuer Art beurteilt, der die originelle Erfindung und, lieber noch, eine Schönheit bewundern will, welche die Schönheit des poetischen Ausdrucks ist.

Literarische Motive, die Bosch neu einführt, verändern das eingebürgerte Konzept des Gemäldes in einer Radikalität, die kaum zu überbieten ist. Das kleine Bild des «Narrenschiffs» im Louvre benutzt ein *Sprachbild*, dem überhaupt keine sichtbare Realität entsprach, womit es die Grenzen des gemalten Abbilds sprengt (Abb. 59). Ein Denkinhalt, der aus der Allegorie stammte, verselbständigt sich jetzt zu einem Gemälde, welches das Treiben der Welt in die Metapher des Narrentreibens faßt. Möglicherweise war Jacop van Oestvorens Gedicht «Blaue Schuit» von 1414 die Textvorlage, und möglicherweise ist das Faschingstreiben einer Spottgilde auf einem Schiffskarren im Symbol des Haselnußstrauches angedeutet. Dennoch ist das Gemälde weder die Illustration eines Textes noch das Protokoll eines Volksfestes, sondern ein gemalter Diskurs, der mit der Dichtung rivalisiert. In diesem Sinne ist sein wirkliches Pendant Sebastian Brants Reimwerk «Das Narrenschiff», das seit seinem Erscheinen im Jahr 1494, übrigens in Verbindung mit einem berühmten Graphikzyklus, zu einem überwältigenden Erfolg wurde und bald auch in niederländischer Übersetzung herauskam.

In Boschs Gemälde erfüllt sich die radikale Weltlichkeit in einem genauen Antibild zum «Schiff der Kirche», das den Chri-

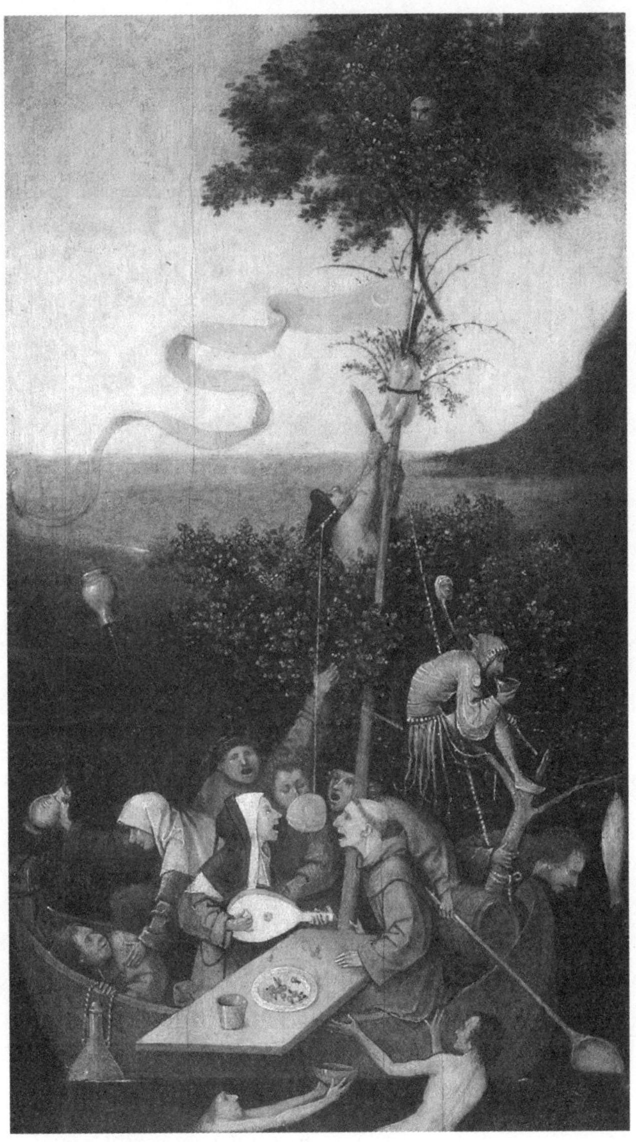

Abb. 59 Hieronymus Bosch, Das Narrenschiff, Paris, Louvre

sten sicher über das «Meer der Welt» fährt, während er im «Narrenschiff» hilflos seinem sicheren Untergang entgegentreibt. Das eine Wortbild hat das andere im Gegensinn hervorgebracht. Allerdings ist die Narretei auch in den Todsünden repräsentiert, in die hier selbst Mönche und Nonnen verwickelt sind. Sie deuten sich in der Völlerei ebenso an wie in der Wollust, auf welche die Kirschen, die man bei dem Gelage ißt, hinweisen. Im übrigen ist die gemalte Allegorie montiert aus Zitaten, die der weltlichen Literatur in der Umgangssprache entstammen. Schon die Sprichwörter boten sich von nun an zu einer «Verhaltens-Ikonographie» an, wie D. Bax nachgewiesen hat. Das Gemälde besteht aus zahlreichen Redefiguren, die den Betrachter zu einem Leseverhalten einladen. Dennoch zerfällt es nicht in einzelne Topoi, sondern stellt, wie ein gemalter Text, zugleich die Welt als Lebensraum der Toren in ihrer Einheit dar.

Der Textautor Sebastian Brant kommt erst spät in seinem Text auf die Metapher des «Narrenschiffs» zu sprechen, aber führt sein Werk schon gleich zu Anfang als einen «Narrenspiegel» ein. Damit bietet er uns auch für die Werke Boschs einen Zugang, auch wenn ein direkter Einfluß Brants nicht bewiesen werden kann und nicht bewiesen werden muß. Auch Boschs Gemälde lassen sich als moralisierende «Narrenspiegel» verstehen, während der unnütze «Spiegel der Eitelkeit» auf der «Tischplatte» im Prado als Blendwerk des Hochmuts erscheint. Auch Brant vergleicht den Toren mit jener «Närrin, die sich vor dem Spiegel putzt», und wirft dem studierten Toren, «der sich allein in der Welt spiegelt», Eitelkeit und Geldgier vor. «Wer recht genau in den Narrenspiegel blickt ..., der lernet wohl, daß er sich nicht für weise halten soll.» Wer sich dagegen «selbst gefällt», der will immerzu in den Spiegel schauen und «doch nicht bemerken, daß er einen Narren sieht». Es ist in diesem Zusammenhang bemerkenswert, daß im Œuvre Boschs kein einziges Porträt überliefert ist.

Der Erfolg von Brants illustriertem Volksbuch war so groß, daß der berühmte Prediger Johann Geiler von Kaisersberg das Werk 1498 ein ganzes Jahr lang im Straßburger Münster zum Thema wählte. Wiederum steht die Metapher des Spiegels im Zentrum seiner Predigten. Es ist nicht der Spiegel, der «in jedem Zimmer eines Bürgerhauses und nicht nur in der guten Stube hängt, damit man überall und jederzeit einen Blick auf sein Gesicht werfen kann». Vielmehr rede Brant von einem ganz anderen, dem «Spiegel der moralischen Wahrheit, die sich in Redefiguren und Gleichnissen (*in figuris et similitudinibus*) abbilde, so wie man eine bittere Arznei in süßem Sirup verabreiche». Auch der «Erfinder (*fictor*) dieses Spiegels», also Sebastian Brant, sei gegen Torheit nicht gefeit, doch nehme er sie wenigstens wahr und könne deshalb über sie reden. Den Narren dagegen zerbreche der Spiegel, den sie so nötig hätten, unter der Hand. Die Weisen allein wüßten sich im Spiegel selbst zu erkennen und auch die Flecken im Spiegel zu entdecken.

Es ist der «Spiegel der moralischen Wahrheit», in dem uns der Straßburger Prediger den Schlüsselbegriff für Boschs Œuvre liefert. Bosch, der Exponent der jungen Laienkultur, malte allerdings für eine Elite, die sich den Luxus von Gemälden erlauben konnte, die keinem religiösen Zweck mehr gehorchen und die Anfänge der Kunstsammlung erahnen lassen. Der «Erfinder» dieser neuen Malerei wuchs rasch in die Geltung eines literarischen Autors hinein, der mehr an seinen Themen und an seinem originellen Diskurs gemessen wurde als an der maltechnischen Ausführung allein, die in manchen Werken Boschs denn auch eher bescheiden ausfällt, so poetisch er auch in anderen Werken die Farbe anwendet.

Wir kommen hier zu Erwägungen, die wir gewöhnlich nur in der Poesie, mit ihrem besonderen Verhältnis zwischen Inhalt und Form, anstellen. Auch Boschs Bilder, die als persönliche Erfindungen ihres Malers entstehen, leben als Poesien von ihrer poetischen Freiheit und legen ihren Inhalt nicht didaktisch fest, sondern öffnen ihn der Phantasie. Der Dunkelsinn ist, wie in der Poesie, ihr wahrer Inhalt und die originelle Formulierung ihr formales Gesetz. Damit erwirbt die einzelne Bildform eine Autonomie, die sonst nur der Poesie offenstand. Man muß also vom Werk und seiner künstlerischen Struktur ausgehen, wenn man sich Bosch nähern will.

Dabei tritt eine verwirrende Einheit zwischen der Welt- und der Werkauffassung auf, die zum Versuch einer Klarstellung einlädt. Verwirrend ist die betörende Schönheit der Malerei bei gleichzeitigem Verständnis der Motive als negativer Wahrheiten. Der schier unerschöpfliche Motivreichtum schafft eine Kontingenz von Welt und Natur, in welcher die empirische Einheit des Bildraums durch die Einheit der Bilderzählung erweitert ist: Die Erzählung von der Welt ist der immer gleiche Text, den Bosch malt. Zugleich aber sind alle Motive verrätselt oder von ungewisser Substanz, so daß sich die Welt als Irrealität des Realen zeigt, ebenso wie sie der hl. Antonius in Boschs großem Triptychon in Lissabon erfährt: die Welt als Versuchung.[50] Das Subjekt erlebt die Welt als Schein, aber kann ihr, anders als das moderne Subjekt, immer wieder die Wahrheit der Religion entgegensetzen. Der Schein in der Welt verbindet sich bei Bosch immer wieder mit dem Schein in seiner eigenen Malerei: Der eine Schein spiegelt sich im anderen. Gerade deshalb kann Bosch, der scharfe Beobachter, seiner dichterischen Phantasie freien Lauf lassen. Die Welt, die er malt, ist der Stoff seiner persönlichen Welterfahrung, so sehr er sie auch immer wieder an das Gerüst kirchlicher Wahrheiten bindet. Nicht die kirchlichen Wahrheiten sind ungewiß geworden, sondern die Fähigkeiten des Menschen, sich damit vor der Welt zu retten.

Mit dem späten Rundbild des «Landloopers» in Rotterdam überschreitet Bosch die Epochengrenze zum Humanismus, wenn er das Leben des Menschen in eine rein weltliche Metapher

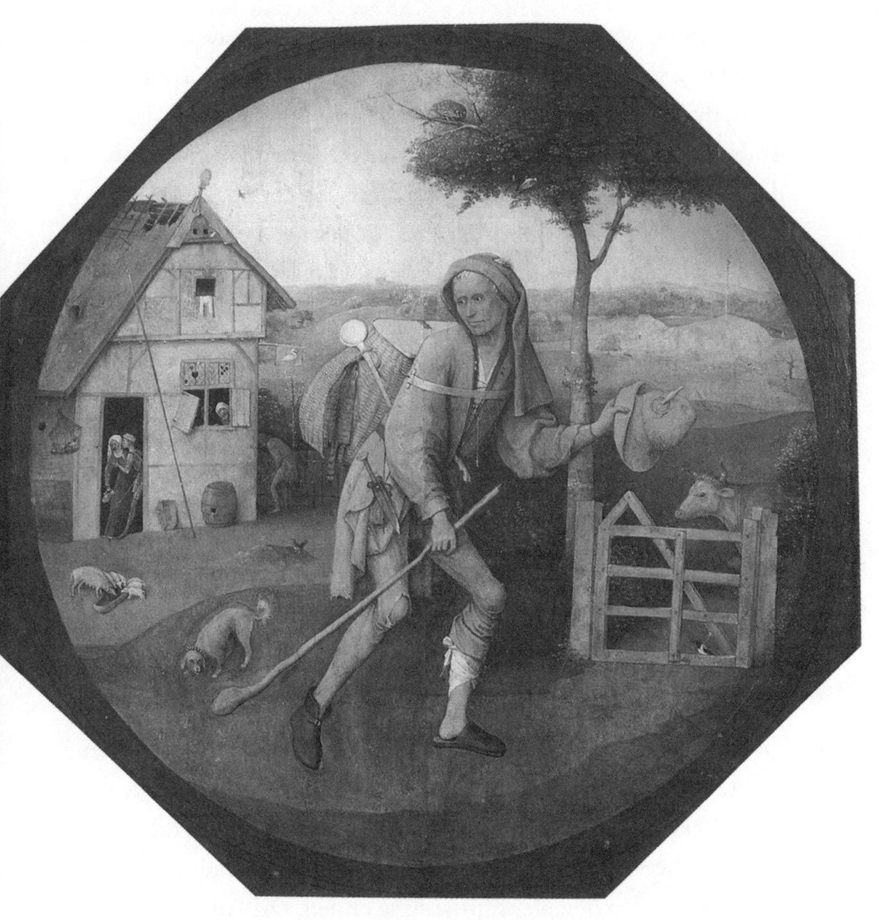

Abb. 60 Hieronymus Bosch, Der Landlooper,
Rotterdam, Museum Boymans-van Beuningen

faßt, hinter welcher der Gedanke an das Jenseits zurücktritt (Abb. 60). Auch das «Narrenschiff» zeigt uns das Treiben der Welt, doch liegt seine Moral in der Warnung vor den Folgen der Todsünden. Der «Landstreicher», der ziellos und verachtet durch die Welt irrt, ist nicht mehr der Sünder, sondern das Opfer. Vielleicht spielt er auf das biblische Gleichnis vom «Verlorenen Sohn» an, der in der Fremde das väterliche Vermögen leichtfertig verspielt. Aber schon diese Erzählung aus dem Munde Jesu gibt keine wirkliche Begebenheit wieder, sondern legt in eine Allegorie des Menschen das Motto einer Heimkehr in das Vaterhaus. Bosch behält davon nur den einen Gedanken bei, daß der Mensch in der Welt nicht zu Hause ist und hier aus Torheit in sein selbstverschuldetes Unglück gerät.

Hier erhalten wir einmal unmittelbaren Einblick in den bildnerischen Prozeß bei Bosch, der das Thema schon auf den Außenflügeln des Heuwagen-Triptychons abhandelte, es jetzt aber in einer neuen Variante aufgriff. Auch dort ist die Hauptfigur ein negativer Held, eine verhärmte und weißhaarige Gestalt, die hinter sich einen bissigen Hund mit einer langen Keule abwehrt. Auch dort ist die Figur ein Sinnbild, das an ein allegorisches Verständnis appelliert. Um so erstaunlicher sind die Unterschiede, die in der Schilderung des Weges, im Inhaltlichen also, beginnen und in der Werkauffassung enden. Die Außenflügel des Heuwagenbildes wirken flach und etwas leer im Vergleich mit der dichten Tonmalerei und dem Stimmungszauber im Rundbild, das offensichtlich als selbständiges Werk von einer anderen Ausarbeitung lebt. In beiden Bildern ist der Bildraum aber nicht mit einer realen Umgebung zu verwechseln, sondern schon durch die stark verkleinerten Nebenmotive als ein Kommentar aufgefaßt, in welchem sich die Idee der Hauptfigur erst entfaltet.

Auf dem Heuwagenbild verläuft der unsichere Weg des Menschen zwischen Szenen der Gewalt (Leben) auf der einen Seite und einer Schädelstätte (Tod) auf der anderen Seite einem brüchigen Steg entgegen, der eine Brücke symbolisiert, aber dabei offenläßt, wohin sie führt. Auf dem Rundbild schleppt sich der Landstreicher, der mit dem Korb auch als Hausierer gekennzeichnet ist, von einem Gasthaus fort, wo er nicht erwünscht ist. Vielleicht ist es auch ein Bordell, wenn man die Szene am Eingang richtig deutet. Sein Aushängeschild ist eine Fahne mit dem Zeichen des Schwans, unter welcher ein Gast an der Hausecke uriniert. Ein Schwan wird in Boschs Bild der Hochzeit zu Kana aufgetragen, und die Bruderschaft, der Bosch angehörte, veranstaltete mehrmals im Jahr Schwanen-Mahlzeiten, die gelegentlich in Boschs eigenem Haus stattfanden. Im Bereich des zerfallenen Gasthauses, auf dessen Dachfirst ein Krug wirbt, sammeln sich viele Details, die sich dem Betrachter wohl über Sprichwörter entschlüsselten. Dazu gehören der Schweinetrog und der Hahn auf dem Misthaufen ebenso wie die Elster im Käfig neben dem Eingang. Der Hofhund verfolgt den Landstreicher, dessen Weg hinter dem Hofgatter im Ungewissen endet, mit seinem Gebell, und eine Eule hat ihn, direkt über seinem Kopf, im Geäst eines Baums unverwandt im Blick.

Der Wanderer muß den Hof verlassen, und die Welt ist ein Gasthaus, das niemanden auf Dauer aufnimmt. Hinter dem Fenster sehen ihm eine Frau und ein Mönch (?) nach. Sein gehetzter Blick aus weit aufgerissenen Augen wird von der Körperhaltung sekundiert, in der sich Angst und Gier mischen. Vor dem schmalen Geldbeutel an der Hüfte leuchtet das Messer mit scharfer Spitze auf. Der Hofhund, gegen den er sich mit einer langen Keule verteidigt, weist vielleicht auf die Herkunft der Wunde hin, die an dem entblößten Bein verbunden ist. Der Blick geht zum Gasthaus zurück, während die Füße schon wieder nach vorn laufen.

Von einer ganz eigenen Suggestion ist das runde Bildfeld, das im achteckigen Gemälde wie die Spiegelfläche in einem Spiegelobjekt ausgegrenzt ist und auch im Format einem großen

Spiegel ähnelt. In ihm klingt der Umriß des Spiegels mit dem Umriß der Welt zusammen. Die Formen tauchen alle in dem einheitlich fahlen Licht auf, das sie in einem Spiegel besitzen. Nur die gerötete Haut der Hauptfigur, neben dem vereinzelten Weiß, fällt aus dieser eigentümlich blassen und unfarbigen Tonmalerei heraus, die auch den weißlichen Himmel erfaßt. Das neuartige Gemälde, mit seinem symbolischen Weltbezug und seiner autonomen Ästhetik, ist hier in einer besonderen poetischen Dichte verwirklicht. Trotz seines metaphorischen Inhalts wirkt es unmittelbar, mit seiner leisen und melancholischen Farbpoesie, auf das Gemüt des Betrachters.

Darin äußert sich ein sensibler Künstler, der, jenseits des charakteristischen Pessimismus seiner eigenen Zeit, ein zeitloses Emblem des irdischen Lebens erfand. Zwar fordert sein «Spiegel der moralischen Wahrheit», um den Begriff des Straßburger Predigers zu wiederholen, zur Selbsterkenntnis im Sinnbild des Landstreichers auf, der zugleich der «Verlorene Sohn» der Bibel ist. Zwar bekennt sich der kritische Realist hier zum Elend der Welt, ohne uns die Erlösung als den Ausweg des Glaubens anzubieten. Aber diese Aussage rechtfertigt sich nur in der Freiheit und Schönheit einer poetischen Fiktion, in der sich die Autonomie der neuen Gattung, befreit vom Gesetz des bloßen Augenscheins, erfüllt. Es dauerte denn auch nicht mehr lange, bis Calvin die Malerei überhaupt aus den Aufgaben der Religion verbannte und ihr nur mehr die Bedeutung der Kunst überließ, in welcher er allerdings nichts als Unterhaltung und Schmuck erkannte. Das Wort Gottes, so lautete sein Fazit, ist auf Erden «der einzige Spiegel, in dem unser Glaube Gott schauen kann».

Nachwort zur Neuausgabe

Der Text ist die Neuauflage einer Abhandlung, die aus dem Band «Die Erfindung des Gemäldes» stammt, welchen ich gemeinsam mit Christiane Kruse verfaßt habe. Er erscheint hier unter einem veränderten Titel, der das Thema in einen neuen Fokus rückt und das Gemälde als «Spiegel der Welt» vorstellt. In einer Zeit, in der das Gemälde für das breite Publikum noch ungewohnt war, führte es sich als ein gemalter Spiegel ein, denn Spiegel waren dem Betrachter vertrauter als das neu erfundene Gemälde. Es geht mir also nicht um Malerei ganz allgemein, sondern um das gerahmte Tafelbild, das im Aussehen dem Spiegel als einem ebenfalls beweglichen und gerahmten Objekt glich und sogar angeglichen wurde. Zwar waren die damaligen Spiegel meist konvex vorgewölbt und die Gemälde flach, aber damit beginnen schon die Vergleiche, die das Thema reizvoll machen. Ebensooft stellte sich das Gemälde aber als Fenster dar, das den Blick auf die Welt öffnet, während ein Spiegel unseren Blick zurückwirft. In diesen beiden Metaphern darf man eine Selbstanzeige des Gemäldes sehen, das gleichsam von sich behauptet, ein gemalter Spiegel oder ein gemaltes Fenster zu sein.

Es mag etwas vollmundig klingen, von «Erfindung» zu reden, wo es Tafelbilder doch schon vorher gab. Jedoch stellt sich das Gemälde in der Generation um 1430 mit einem so radikal neuen Aussehen vor, daß man von einer regelrechten «Neuerfindung» sprechen kann, nämlich eben als gemalter «Spiegel der Welt». Um diese Wende zu verstehen, ist es sinnvoll, die höfische

Vorgeschichte einzubeziehen, in der kostbare Goldschmiede-Objekte und illuminierte Handschriften eine gänzlich andere Ästhetik aufwiesen, eine Materialästhetik statt einer Darstellungsästhetik der mimetischen Abbildung. In Italien vollzog sich die Wende um etwa die gleiche Zeit, allerdings in einer anderen Spielart. Hier gab es auch eine Kunstliteratur, die in den Niederlanden erst später entstand.

Aber auch im Norden gibt sich in den Werken der Maler der Renaissance-Gedanke einer «wiedergeborenen» Kunst zu erkennen. Auch hier ist in Verträgen oder Inschriften der neue Kunstbegriff bezeugt. Um dies verstehen zu können, muß man aber erst einmal eine Begriffsklärung vornehmen. Wenn von «Kunst» oder auf französisch von «art» die Rede ist, so ist damit das Handwerk oder der Beruf des Malers gemeint. Davon wird der Begriff «science» unterschieden, der soviel wie Wissenschaft bedeutet, aber in unserem Zusammenhang die Kunst im Werk des Malers beschreibt. Es ist eine Kunst, die über das Handwerk hinausweist, aber mit dem Handwerk ausgeführt wird. In diesem Sinne gewinnt «Erfindung» erst ihre wirkliche Bedeutung. Jan van Eyck stellt sich folgerichtig als Erfinder der Kunst dar, wenn er in der Signatur seiner Werke oder im Wahlspruch «so gut ich kann» auf sich als Künstler und auf seine Idee von Kunst verweist.

Es bedurfte jedoch auch eines neuen Betrachters, der diese Kunst bewundern konnte und sich als ein Subjekt, das die Welt wahrnimmt, damals überhaupt erst entdeckte. In diesem Sinne bildete das neue Gemälde seinen Blick ab und machte ihn damit zum Individuum. Es lud den Betrachter dazu ein, die Spiegelung des eigenen Blicks im Bild im wörtlichen Sinne (für-) ‹wahr-zu-nehmen›. So bot das niederländische Gemälde bald eine «gemalte Anthropologie des Blicks», der ein eigenes Kapitel gewidmet ist. Dazu gehört, daß die Maler den Blick als einen doppelten begriffen und nach innen wie nach außen lenkten. Sie erkannten damit die Doppelnatur des Menschen an, als eines Wesens mit Leib und Seele, mit Wahrnehmung und Vorstellung.

Aber die Niederländer haben auch das Porträt erfunden, wie wir es noch heute verstehen. Es war eine von mehreren Gattungen, doch in ihm läßt sich die Erfindung des Gemäldes in ihrer Tragweite mühelos begreifen. Im Porträt liegt auch eine soziale Aussage, denn es löste den Konflikt zwischen dem höfischen Ideal und der bürgerlichen Realität durch das Bindeglied eines übergreifenden Menschenbildes. Ein Porträt war das gemalte Dokument eines Menschen, das der Maler mit Namen und Datum beglaubigte und das auch einen Rechtstitel besaß, das Recht auf Repräsentation. Ähnlichkeit ist nicht Ursache, sondern Folge der Repräsentation als Aufgabe. Aber Ähnlichkeit war eine Konvention, die auf Maler angewiesen war, die sie formulierten. Der Anspruch auf Ähnlichkeit wuchs, als im Ehebild Arnolfini auch ein Vertrag festgehalten wurde, bei welchem der Maler im Spiegel als Zeuge auftrat und beurkundete, dabeigewesen zu sein.

Der Text schließt mit einer Überlegung über die «Krise des Gemäldes», die der «Erfindung des Gemäldes» am anderen Ende gegenübergestellt ist. Es ist eine erste Krise, doch ist sie mit dem Namen Bosch fest verbunden. Der Blick verändert sich sofort, wenn man Bosch einmal nicht an den (angeblich ketzerischen) Inhalten faßt, sondern im Umgang mit der Werkgattung Gemälde beobachtet, die er radikal umdeutete. Hier bahnte sich ein Wettstreit mit der Literatur seiner Zeit an, in der es nicht um Realismus ging, sondern um Erfindungsgabe. In der Welt, die Boschs Vorgänger so lebensecht nachgebildet hatten, wurde nun der Schein entlarvt. Die Krise des Gemäldes wurde durch eine Krise in Boschs Lebenswelt ausgelöst. Der «Spiegel der Welt», mit dem andere geprunkt hatten, wird in seinen Händen zum Zerrspiegel oder, besser, zu ihrem wahren Spiegel, in dem Bosch die Lügen entdeckt.

Der vorliegende Text ist darin eigenständig, daß er von der Erfindung eines Mediums handelt. Dagegen ist das Buch, in dem er zuerst veröffentlicht wurde, eine Geschichte des «ersten Jahrhunderts der niederländischen Malerei», wie es dort im Untertitel lautete. Albert Hirmer hat auf 262 ganzseitigen Farbtafeln ein einzigartiges Corpus dieser Kunst herausgebracht, das seine Bedeutung gar nicht verlieren kann und zum Beispiel als einzige Veröffentlichung alle erhaltenen alten Bildrahmen abbildet. Das Buch kam aber nur durch eine wunderbare Zusammenarbeit zustande. Christiane Kruse hat dabei in einem großen dritten Teil den Forschungsstand definiert und im kritischen Apparat ein ebenfalls einzigartiges Arbeitsmaterial geschaffen, auf dem die internationale Forschung seither basiert. Der Band wurde eingeleitet mit einer Skizze, welche auch die Umwelt der Künstler darstellte, inklusive ihrer Bindung an Zunftzwang, Hofamt und Markt. Dieser Text fehlt hier. Stattdessen konzentriert sich das vorliegende Buch auf eine Phänomenologie des Gemäldes. Sein Text ist im großen und ganzen unverändert geblieben, bis auf wenige Eingriffe, die zum Teil auf die Entdeckung von Nils Büttner reagieren, daß die Malerinschrift des Genter Altars erst aus einem späteren Jahrhundert stammt. Ich selbst habe das Thema von Bildnis und Wappentafel 2001 in dem Band «Bild-Anthropologie» wiederaufgenommen und über Boschs «Garten der Lüste» 2003 ein eigenes Buch veröffentlicht. Daher wurde in dieser Neuausgabe auf das Kapitel zu diesem Altar, ebenso wie auf zwei andere kürzere Kapitel, verzichtet.

Wenn man den wuchtigen Hirmer-Band einmal in der Hand gehalten hat, wird man es hoffentlich begrüßen, daß es den vorliegenden Text jetzt in einer eigenen Ausgabe als Lesebuch gibt. Doch läßt sich dafür auch ein inhaltlicher Grund benennen. Denn das Thema der «Entstehung des Gemäldes» in den Niederlanden hat sowohl eine Vorgeschichte wie eine Folgegeschichte, die ich in zwei anderen Büchern abgehandelt habe: in «Bild und

Kult» die «Geschichte des Bildes vor dem Zeitalter der Kunst» (1990) und in «Das unsichtbare Meisterwerk» die Werkgeschichte und Werkkrise der modernen Kunst (1998). Zeitlich ist der vorliegende Text zwischen den beiden anderen Abhandlungen entstanden, die ebenfalls im Beck-Verlag erschienen sind. Im Rückblick könnte man von einer gemeinsamen Perspektive sprechen, aus der etappenweise die Entstehungsgeschichte des heutigen Kunstbegriffs nachgezeichnet wird. Im vorliegenden Band ist es das «Zeitalter der Kunst», dessen Entstehung hier am Beispiel der niederländischen Malerei erläutert wird. Ich bin den beiden Verlagen Hirmer und C.H.Beck und vor allem Stefanie Hölscher, meiner bewährten Lektorin, zutiefst für ihr Engagement verpflichtet, diesen Text in einem eigenen Buch zugänglich zu machen.

Hans Belting

Anmerkungen

Die Anmerkungen wurden für die Neuausgabe zusammengestellt. Sie verzeichnen Werke, die nur in der Originalausgabe dieses Textes (Belting/Kruse 1994) abgebildet werden konnten, sofern im Text auf sie Bezug genommen wird. Nachweise von Zitaten und Forschungsliteratur finden sich in den Literaturhinweisen zu den einzelnen Kapiteln.

1 Très Belles Heures, Jean de Berry mit Heiligen, Thronende Maria mit Kind, Brüssel, Bibliothèque Royale Albert 1er, Ms. 11 060–61, fol. 10v und 11r (Belting/Kruse 1994, Taf. 2–3).

2 Elfenbeinstatuette (Ende 14. Jh.), Paris, Louvre (Belting/Kruse 1994, Abb. 69).

3 Krönungsbuch Karls V. von Frankreich, London, British Library, Ms. Cotton Tiberius B VIII (Belting/Kruse 1994, Abb. 18: fol. 90r).

4 Robert Campin, Porträt eines fetten Mannes, Madrid, Museum Thyssen-Bornemisza (Taf. 78) und Berlin, Staatliche Museen, Gemäldegalerie (Belting/Kruse 1994, Abb. 85).

5 Vgl. auch Jan van Eyck, Mann mit Ring, Bukarest, Rumänisches Nationalmuseum (Belting/Kruse 1994, Taf. 40) und Jan van Eyck, Margareta van Eyck, Brügge, Groeningemuseum (ebenda, Taf. 42).

6 Porträt einer Fürstin, Washington, National Gallery of Art (Belting/Kruse 1994, Taf. 11).

7 Jan van Eyck, Margareta van Eyck, Brügge, Groeningemuseum (Belting/Kruse 1994, Taf. 42).

8 Rogier van der Weyden, Weltgerichtsaltar, Beaune, Hôtel-Dieu (Belting/Kruse 1994, Taf. 112–115).

9 Dieric Bouts, Gerechtigkeitsbilder, Brüssel, Musées Royaux des Beaux-Arts (Belting/Kruse 1994, Taf. 156, 157).

10 Das Detail ist abgebildet in Belting/Kruse 1994, Taf. 51 c.

11 Petrus Christus, Porträt eines Kartäusers, New York, Metropolitan Museum of Art (Belting/Kruse 1994, Taf. 124, Abb. 23).

12 August Sander, Auge eines Mannes (1925) (Belting/Kruse 1994, Abb. 25).

13 Vgl. Belting/Kruse 1994, Abb. 27: Nach Jan van Eyck, Christusporträt von 1440, Brügge, Groeningemuseum.
14 Diptychon für Christian de Hondt (1499), Antwerpen, Koninklijk Museum voor Schone Kunsten (Belting/Kruse 1994, Abb. 31).
15 Der zweite Altar: Robert Campin, Kreuzabnahme-Triptychon, Außenflügel: Johannes der Täufer (Fragment), Frankfurt, Städelsches Kunstinstitut (Belting/Kruse 1994, Abb. 59).
16 Jan van Eyck, Dresdner Altar, Außenflügel, Dresden, Staatliche Kunstsammlungen, Gemäldegalerie Alte Meister (Belting/Kruse 1994, Taf. 56).
17 Rogier van der Weyden, Braque-Triptychon, Paris, Louvre (Belting/Kruse 1994, Taf. 106–107).
18 Hans Memling, Johannes-und-Veronika-Diptychon, Außenseite des linken Flügels, München, Alte Pinakothek (Belting/Kruse 1994, Taf. 223).
19 Vgl. Hans Memling, Blumenstilleben, Madrid, Museum Thyssen-Bornemisza (Belting/Kruse 1994, Taf. 247).
20 Hans Memling, Sankt-Ursula-Schrein, Brügge, Memlingmuseum (Belting/Kruse 1994, Taf. 234–239).
21 Vgl. Anm. 10.
22 Jan van Eyck, Springbrunnenmadonna, Antwerpen, Koninklijk Museum voor Schone Kunsten (Belting/Kruse 1994, Taf. 59).
23 Jan van Eyck, Dresdner Altar, Mitteltafel: Thronende Maria mit Kind, Dresden, Staatliche Kunstsammlungen, Gemäldegalerie Alte Meister (Belting/Kruse 1994, Taf. 55).
24 Rogier van der Weyden, Jean Wauquelin überreicht Herzog Philipp dem Guten seine Übersetzung der Hennegau-Chronik (1446–1448), Brüssel, Bibliothèque Royale Albert 1er, Ms. 9242, fol. 1r (Belting/Kruse 1994, Abb. 8, 34).
25 Abgebildet bei Belting/Kruse 1994, Taf. 22, 23.
26 Jan van Eyck und Petrus Christus, Rothschild-Madonna, New York, Frick Collection (Belting/Kruse 1994, Taf. 64–65).
27 Hans Memling, Bathseba und König David (vorläufige Rekonstruktion), Stuttgart, Staatsgalerie (Belting/Kruse 1994, Taf. 218).
28 Stundenbuch der Juana de Loca (Ende 15. Jh.), Speculum Conscientiae mit Totenschädel, London, British Library, Add. ms. 18852, fol. 15r (Belting/Kruse 1994, Abb. 37).
29 Stundenbuch des Engelbert von Nassau, Totenoffizium, Oxford, Bodleian Library, Ms. Douce 219–220, fol. 214 (Belting/Kruse 1994, Abb. 38).
30 Altartafel aus Boulbon (Südfrankreich, Mitte 15. Jh.), Paris, Louvre (Detail: Belting/Kruse 1994, Abb. 39).
31 Dieric Bouts, Maria mit Kind, London, National Gallery (Belting/Kruse 1994, Taf. 152).

32 Das Detail ist abgebildet in Belting/Kruse 1994, Taf. 51 b.
33 Robert Campin, Segnender Christus und fürbittende Maria, Philadelphia, Philadelphia Museum of Art, John G. Johnson Collection (Belting/Kruse 1994, Taf. 66–67).
34 Schule Robert Campin, Tondo mit Maria und Kind (Ende 15. Jh.), Cleveland, John G. Johnson Collection (Belting/Kruse 1994, Abb. 40).
35 Robert Campin, Maria mit Kind vor dem Ofenschirm, London, National Gallery (Belting/Kruse 1994, Taf. 69).
36 Jan van Eyck, Lucca-Madonna, Frankfurt, Städel Museum (Belting/Kruse 1994, Taf. 54).
37 Robert Campin, Maria mit Kind am Kamin, London, National Gallery (Belting/Kruse 1994, Taf. 68).
38 Maria mit Kind, Heiligen und Stiftern (Zeichnung nach einem Werk Robert Campins), Paris, Louvre, Cabinet des Dessins (Belting/Kruse 1994, Abb. 43).
39 Rogier van der Weyden, Maria mit Kind in der Nische, Wien, Kunsthistorisches Museum (Belting/Kruse 1994, Taf. 86 b).
40 Rogier van der Weyden, Maria mit Kind in der Nische, Madrid, Museum Thyssen-Bornemisza (Belting/Kruse 1994, Taf. 86 a).
41 Rogier van der Weyden, Marienaltar (gen. Miraflores), Berlin, Staatliche Museen, Gemäldegalerie (Belting/Kruse 1994, Taf. 90–91).
42 Rogier van der Weyden, Altar der Sieben Sakramente, Antwerpen, Koninklijk Museum voor Schone Kunsten (Belting/Kruse 1994, Taf. 108).
43 Vgl. M. Sittow (zugeschrieben), Kopie nach Hugo van der Goes, Christnacht, Wien, Kunsthistorisches Museum (Belting/Kruse 1994, Abb. 67).
44 Rogier van der Weyden, Bladelin-Altar, Berlin, Staatliche Museen, Gemäldegalerie (Belting/Kruse 1994, Taf. 96–97).
45 Hieronymus Bosch, Das Steinschneiden, Madrid, Prado (Belting/Kruse 1994, Abb. 49).
46 Hieronymus Bosch, Die sieben Todsünden und die vier letzten Dinge, Madrid, Prado (Belting/Kruse 1994, Taf. 254).
47 Hieronymus Bosch, Heuwagen-Triptychon, Madrid, Prado (Belting/Kruse 1994, Abb. 54, 135).
48 Hieronymus Bosch, Der Garten der Lüste, Madrid, Prado (Belting/Kruse 1994, Taf. 256–261).
49 Hieronymus Bosch, Antonius-Triptychon, Außenflügel, Lissabon, Museu Nacional de Arte Antiga (Detail: Belting/Kruse 1994, Abb. 53).
50 Hieronymus Bosch, Antonius-Triptychon, Außenflügel, Lissabon, Museu Nacional de Arte Antiga (Detail: Belting/Kruse 1994, Abb. 136).

Literatur

I. Allgemein

Diese Auswahlbibliographie berücksichtigt nur die Forschung, auf die der Text aufbauen konnte. Später erschienene Literatur wurde nicht aufgenommen.

Adhémar, H., Sur La Vierge du chancelier Rolin de Van Eyck, in: Bulletin de l'Institut Royal du patrimoine artistique, XV, 1975, 9–17

Asperen de Boer, J. R. J. van, A Scientific Re-examination of the Ghent Altarpiece, in: Oud Holland, XLIII, 1979, 141–214

Asperen de Boer, J. R. J. van/Faries, M., La Vierge au chancelier Rolin de van Eyck: examen au moyen de la réflectographie à l'infrarouge, in: La Revue du Louvre et des Musées de France, XL, 1990, 37–49

Bauch, K., Die Bildnisse des Jan van Eyck, in: ders., Studien zur Kunstgeschichte, Berlin 1967, 79–112

Bedaux, B., The Reality of Symbols: The Question of Disguised Symbolism in Jan van Eyck's Arnolfini portrait, in: Simiolus, XVI, 1986, 5–28

Belting, H., Das Bild und sein Publikum im Mittelalter. Form und Funktion früher Bildtafeln der Passion, Berlin 1981

Belting, H./Eichberger, D., Jan van Eyck als Erzähler, Worms 1983

Belting, H./Kruse, C., Die Erfindung des Gemäldes. Das erste Jahrhundert der niederländischen Malerei, München 1994

Berger, R., Nicolas Rolin. Kanzler der Zeitwende im burgundisch-französischen Konflikt, Fribourg 1971

Białostocki, J., Man and Mirror in Painting. Reality and Transience, in: Studies in late Medieval and Renaissance Painting in Honor of Milliard Meiss, hrsg. von I. Lavin und J. Plummer, Bd. I, New York 1977, 61–72

Blum, S. N., Early Netherlandish Triptychs. A Study in Patronage, Los Angeles 1969

Campbell, L., The Art Market in the Southern Netherlands in the 15th Century, in: The Burlington Magazine, CXVIII, 1976, 188–198

Chailley, J., Jérôme Bosch et ses symboles. Essai de décryptage. Mémoires de l'Académie Royale de Belgique, Classe des beaux-arts, in-4°, 2e série, XV-I, Brüssel 1978

Chastellain – Georges Chastellain. Œuvres, hrsg. von K. de Lettenhove, Bd. 1–8, Brüssel 1863–1868

Châtelet, A., Hugo van der Goes et la Dévotion moderne, in: Publication du centre européen d'etudes bourguignonnes (XIVe-XVIe siècle), XXIX, 1989, 129–138

Commynes – Philippe de Commynes, hrsg. von A. Pauphilet, Paris 1938

Commynes – Philippe de Comines, Memoiren. Europa in der Krise zwischen Mittelalter und Neuzeit, hrsg. von F. Ernst, Stuttgart 1952

Coremans, P., L'Agneau mystique au laboratoire. Examen et traitement, Antwerpen 1953 (Les Primitifs flamands. III. Contributions à l'étude des Primitifs Flamands, 2)

Delenda, O., Rogier van der Weyden. Das Gesamtwerk des Malers, Stuttgart und Zürich 1988

Delepierre, J.-O., Précis des annales de Bruges, Brügge 1835

Dhanens, E., Het retabel van het Lam Gods in de Sint-Baafskathedraal te Gent, Gent 1965 (Inventaries van het Kunstpatrimonium van Oostvlaanderen, 4)

Dülberg, A., Privatporträts. Geschichte der Ikonologie einer Gattung im 15. und 16. Jahrhundert, Berlin 1990

Eichberger, D., Bildkonzeption und Weltdeutung im New Yorker Diptychon des Jan van Eyck, Wiesbaden 1987

Eichberger, D., The Tableau-vivant – an Ephemeral Art Form in Burgundian Civic Festivities, in: Parergon, VIa, 1988, 37–64

Fraenger, W., Hieronymus Bosch. Mit einem Beitrag von P. Reuterswärd, Dresden 1975

Frinta, M. S., The Genius of Robert Campin, Den Haag und Paris 1966

Gottlieb, C., The Window in Art. From the Window of God to the Vanity of Man, New York 1981

Hammer-Tugendhat, D., Hieronymus Bosch. Eine historische Interpretation seiner Gestaltungsprinzipien, München 1981

Harbison, C., Jan van Eyck. The Play of Realism, London 1991

Heller, E., Das altniederländische Stifterbild, München 1976

Hunter, J., Who is Jan van Eyck's «Cardinal Nicolo Albergati»?, in: The Art Bulletin, LXXV, 1993, 207–218

Jansen, D., Similitudo. Untersuchungen zu den Bildnissen Jan van Eycks, Köln und Wien 1988

Kantorowicz, E., The Este Portrait by Roger van der Weyden, in: Journal of the Warburg and Courtauld Institutes, III, 1939/40, 165–180

Kermer, W., Studien zum Diptychon in der sakralen Malerei. Von den Anfängen bis zur Mitte des sechzehnten Jahrhunderts, Düsseldorf 1967

Kluckert, E., Die Erzählformen des spätmittelalterlichen Simultanbildes, Tübingen 1974

Kraut, G., Lukas malt die Madonna. Zeugnisse zum künstlerischen Selbstverständnis in der Malerei, Worms 1986

Künstler, G., Vom Entstehen des Einzelbildnisses in der flämischen Malerei, in: Wiener Jahrbuch für Kunstgeschichte, XVII, 1974, 20–64

Kues – Nikolaus von Kues, De visione Dei, in: Philosophisch-theologische Schriften, Bd. 3, hrsg. von L. Gabriel, Wien 1967

Laborde, A. de, Les ducs de Bourgogne. Étude sur les lettres, les arts et l'industrie pendant le XVe siècle et plus particulièrement dans les Pays-Bas et le douché de Bourgogne, 2 Bde., Paris 1849–1851

Lane, B. G., «Ecce Panis Angelorum»: The Manger as Altar in Hugo's Berlin Nativity, in: The Art Bulletin, LVII, 1975, 476–486

Lane, B. G., The Altar and the Altarpiece. Sacramental Themes in Early Netherlandish Painting, New York u. a. 1984

Marche – Olivier de la Marche, Mémoires, hrsg. von H. Beaune und J. D'Arbaumont, 4 Bde., Paris 1883–1888

Marijnissen, R. H./Blockx, K./Gerlach, P./Piron, H.-P./Plokker, J.-H./Bauer, V. H., Jheronimus Bosch, Genf 1972

Marijnissen, R. H./Voorde, G. van de, Een onverklaarde werkwijze van de Vlaamse Primitieven. Aantekeningen bij het werk van Joos van Wassenhove, Hugo van der Goes, Rogier van der Weyden en Hans Memling, in: Academica Analecta. Mededelingen van de Koninklijk Vlaamse Academie voor Wetenschappen, Letteren en Schone Kunsten van Belgie. Klasse der Schonen Kunsten, XLIV, 1983, 42–51

Marrow, J. H., Symbol and meaning in northern european art, in: Simiolus, XVI, 1986, 150–172

McCloy, W. A., The Ofhuys Chronicle and Hugo van der Goes, Phil. Diss. State University of Iowa 1958, Ann Arbor 1967

Meiss, M., French Painting in the Time of Jean de Berry. The late fourteenth Century and the Patronage of the Duke, 2 Bde., London 1967

Meiss, M., French Painting in the Time of Jean de Berry. The Limbourgs and their Contemporaries, 2 Bde., New York 1974

Moffitt, J. F., The Veiled Metaphor in Hugo van der Goes' Berlin Nativity: Isaiah and Jeremiah, or Mark and Paul?, in: Oud Holland, C, 1986, 157–164

Oresme – Maistre Nicole Oresme. Le livre de Yconomique d'Aristote, hrsg. von D. Menut, Transactions of the American Philos. Society NS 47.5, Philadelphia 1957

Pächt, O., Van Eyck. Die Begründer der altniederländischen Malerei, hrsg. von M. Schmidt-Dengler, München 1989

Pächt, O./Thoss, D., Die illuminierten Handschriften und Inkunabeln der österreichischen Nationalbibliothek. Flämische Schule II, 2 Bde., Wien 1990 (Österreichische Akademie der Wissenschaften. Philosophisch-historische Klasse. Denkschriften, 212)

Panofsky, E., Early Netherlandish Painting. Its Origins and Character, Cambridge/Mass. 1953

Perier, A., Un chancelier au XVe siècle: Nicolas Rolin 1380–1461, Paris 1904

Pieper, P., Zum Werl-Altar des Meisters von Flémalle, in: Wallraf-Richartz-Jahrbuch, XVI, 1954, 87–103

Purtle, C. J., The Marian Paintings of Jan van Eyck, Princeton 1982

Quarré, P., Le triptyque des Sept Sacraments de Rogier van der Weyden, en Bourgogne, in: Publication du centre européen d'études burgundo-médianes, XVII, 1976, 85–94

Ridderbos, B., Die Geburt Christi des Hugo van der Goes – Form, Inhalt, Funktion, in: Jahrbuch der Berliner Museen, XXXII, 1990, 137–152

Ridderbos, B., De melancholie van de kunstenaar. Hugo van der Goes en de oudnederlandse schilderkunst, s'-Gravenhage 1991

Rogier van der Weyden – Rogier de la Pasture. Stadtmaler von Brüssel – Porträtist des burgundischen Hofes, Ausst. Stadtmuseum Brüssel, Maison du Roi, Brüssel 1979

Roosen-Runge, H., Die Rolin-Madonna des Jan van Eyck, Wiesbaden 1972

Sander, J., Hugo van der Goes. Stilentwicklung und Chronologie, Mainz 1992

Sander, J., Niederländische Gemälde im Städel. 1400–1500, Mainz 1993

Schabacker, P. H., Petrus Christus, Utrecht 1974

Scheller, R. W., ‹*ALS ICH CAN*›, in: Oud Holland, LXXXVII, 1968, 135–139

Seidel, L., Jan van Eyck's Arnolfini Portrait. Stories of an Icon, Cambridge/Mass. 1993

Snyder, J. E., Bosch in Perspective, Engelwood Cliffs/New Jersey 1973

Sterling, C., La peinture de portrait à la cour de Bourgogne au début du XVe siècle, in: Critica d'arte, VI, 1959, 289–312

Thürlemann, F., Die Madrider Kreuzabnahme und die Pariser Grabtragung: das malerische und das zeichnerische Hauptwerk Robert Campins, in: Pantheon, LI, 1993, 18–45

Thürlemann, F., Robert Campin – der Meister von Flémalle. Das Mérode-Triptychon: ein Hochzeitsbild für Peter Engelbrecht und Gretchen Schrinmechers 1994

Tolnay, C. de, Hieronymus Bosch. Einführung in das Werk (1. Aufl. Basel 1937), Baden-Baden 1965

Unterkircher, F./De Schryver, A., Gebetbuch Karls des Kühnen vel potius Stundenbuch der Maria von Burgund. Kommentarband zur Faksimile-Ausgabe, Graz 1969 (Codices selecti, XIV)

Warnke, M., Hofkünstler. Zur Vorgeschichte des modernen Künstlers, Köln 1985

Weiss, R., Jan van Eyck's «Albergati Portrait», in: The Burlington Magazine, XCVII, 1955, 3–34

Winkler, F., Die Vermählung der hl. Katharina im Germanischen Nationalmuseum, in: Anzeiger des Germanischen Nationalmuseums, 1964, 24–31

Seit der Erstveröffentlichung des Textes in Belting/Kruse 1994 sind vom Verfasser erschienen:

Belting, H., Bild-Anthropologie. Entwürfe für eine Bildwissenschaft, München 2001 (S. 115–142: Wappen und Porträt: zwei Medien des Körpers)

Belting, H., Hieronymus Bosch, Garten der Lüste, München und Berlin 2002

II. Literaturhinweise zu den einzelnen Kapiteln

1. Die Erfindung des Gemäldes

Zum Tableau vgl. V. J. Stoichita, L'instauration du tableau. Métapeinture à l'aube des temps modernes, Paris 1993, 7 f., sowie Encyclopédie ou Dictionnaire raisonné des sciences, des arts et des métiers XV, Neufchastel 1765, 804 ff. Zu den burgundischen Inventaren: G. Troescher, Burgundische Malerei. Maler und Malwerke um 1400 in Burgund, dem Berry mit der Auvergne und in Savoyen mit ihren Quellen und Ausstrahlungen, 2 Bde., Berlin 1966, 147 ff. Zum Gemälde siehe Deutsches Wörterbuch von J. und W. Grimm, Bd. 5, Leipzig 1897, Sp. 3160 ff. (dort auch die Luther-Zitate). Zum Fenster siehe V. J. Stoichita, L'instauration du tableau. Métapeinture à l'aube des temps modernes, Paris 1993, 47 ff. Zum Tafelbild: H. Belting, Bild und Kult. Eine Geschichte des Bildes vor dem Zeitalter der Kunst, München 1990, und ders. in: W. Busch (Hrsg.), Funkkolleg Kunst, Bd. 1, München 1987, 155 ff. Zu Alberti vgl. die neuen Ausgaben von C. Grayson (Hrsg.), L. B. Alberti, De pictura. De statua. On Painting and on Sculpture, London 1972, und S. Deswarte-Rosa, Leon Battista Alberti, Paris 1992.

2. Die höfische Vorgeschichte

Zum Andachtsbild Belting 1981; Europäische Kunst um 1400, Ausst., Wien 1962; G. Troescher, Burgundische Malerei. Maler und Malwerke um 1400 in Burgund, dem Berry mit der Auvergne und in Savoyen mit ihren Quellen und Ausstrahlungen, 2 Bde., Berlin 1966; Meiss 1967. Zur internationalen Gotik: H. Belting, Bild und Kult. Eine Geschichte des Bildes vor dem Zeitalter der Kunst, München 1990, 471. Zu Malouel, dem Tondo in Baltimore, den Très Belles Heures, dem Diptychon Carrand und dem Norfolk Triptychon siehe Kat. 10, 7, 2–3, 6 und 5. Zum Stundenbuch: F. Unterkircher, Das Stundenbuch des Mittelalters, Graz 1985. Zu den Tabernakel-Altären: G. Troescher, Burgundische Malerei. Maler und Malwerke um 1400 in Burgund, dem Berry mit der Auvergne und in Savoyen mit ihren Quellen und Ausstrahlungen, 2 Bde., Berlin 1966, Abb. 100–102, und den neuen Katalog des Museums Mayer van den Bergh in Antwerpen. Zum Diptychon Carrand: Panofsky 1953, 83.

3. Das Porträt im Konflikt zwischen Hof und Bürgertum

C. Richter Sherman, The portraits of Charles V. of France (1338–1380), New York 1969; im übrigen Literatur in Auswahl bei Bauch 1967; Meiss 1967, 75 ff.; Kat. 38; E. Dhanens, Hubert und Jan van Eyck, Königstein/Taunus 1980, 131 ff. und passim; Warnke 1985, 270 ff.; Jansen 1988, passim; A. Legner, Ikon und Porträt, in: Die Parler und der Schöne Stil, Bd. 3, Köln 1978, 216 ff.; J. van Asperen de Boer, B. Ridderbos, M. Zeldenrust, Portrait of a Man with a Ring by Jan van Eyck, in: Bulletin van het Rijksmuseum, XXXIX, 1991, 8–35; Sterling 1959 (auch zu Ludwig von Anjou); Künstler 1974; Dülberg 1990; J. Smith, Jean de Maisoncelles' portrait of Philippe le Bon for the Chartreuse de Champmol, in: Gazette des Beaux-Arts, IC, 1982, 7 ff. Zum Orden vom Goldenen Vlies mit den Namen der Mitglieder: E. Bourrassin, Philippe le Bon, Paris 1983, 391 f. Zur Familie Lannoy: B. de Lannoy, Hugues de Lannoy, Brüssel 1957; P. de Ghellineck Vaernewyck, Les seigneurs de Molembaix, Brüssel 1971; A. Bertrand, Guillebert de Lannoy, Paris 1991. Zum Bankett siehe Olivier de la Marche, Bd. 2, 83 ff. (Kap. 15). Zur Brautwerbung: E. Dhanens, Hubert und Jan van Eyck, Königstein/Taunus 1980, 39. Zum Bild von Jans Ehefrau: Kat. 42 und E. Dhanens, Hubert und Jan van Eyck, Königstein/Taunus 1980, 302, Abb. 189. Zum Mann mit dem Turban und zu Rogiers hl. Ivo: Kat. 39 und 79. Zur Taufe des Herzogssohnes siehe Laborde 1849–1851, I, XCII und Nr. 1301 ff. Zu Vijd siehe E. Dhanens, Hubert und Jan van Eyck, Königstein/Taunus 1980, 79 ff.; Jansen 1988 und vor allem D. Goodgal, Joos Vijd, in: Le dessin sous-jacent dans la peinture, Colloque 5, Löwen 1985, 25 ff. Zum Weltgerichtsaltar in Beaune: Kat. 112–115. Zur Rhetorikerkammer siehe G. Doutrepont, La littérature française à la cour des ducs de Bourgogne, Paris 1909, 350 ff., und A. M. Janssen, The Guilds of the Rhetoric, Chicago 1957. Zum Konflikt mit den Städten: E. Fairon (Hrsg.), Chartres confisquées aux bonnes villes du Pays de Liège, Brüssel 1937; J A. van Houtte, Bruges. Essai d'histoire urbaine, Brüssel 1967; M. Boone, Gent en de bourgondische herzogen 1384–1453, Gent 1987. Zum Text des Philippe de Commynes siehe Commynes 1952, 219 (Buch V.17). Zum Porträt Albergati: Kat. 34 und 35. Zum Verfahren der Literatur siehe J. Dufournet, La déstruction des mythes dans les mémoires de Philippe de Commynes, Genf 1966; J. C. Delclos, Le témoignage de Georges Chastellain, Genf 1980. Vgl. Olivier de la Marche, Bd. 1, 1883, 184 und 186; Commynes 1952, 1 f. (Buch 1.1) und 220 (Buch 5.17); Commynes in: Pauphilet 1938, 689 f. Zum Porträt Philipps des Guten bei Chastellain siehe Chastellain, Bd. 7, 1865, 219 f. und 228 f. Zu Rogiers Porträts: Davies 1972, 24 ff., und L. Campbell, Rogier van der Weyden als Bildnismaler, in: Rogier van der Weyden – Rogier de la Pasture. Stadtmaler von Brüssel – Porträtist des burgundischen Hofes, Ausst. Stadtmuseum Brüssel, Maison du Roi, Brüssel 1979, 56–67, sowie Rogier van der Weyden 1979, Nr. 13 zum Bildnis im Palacio Real in Madrid. Vgl. als Reaktion auf Friedländers Rogier-Band in der Edition der «Altniederländischen Malerei» J. Huizinga, La physionomie morale de Philippe le Bon (1932), in: Gesammelte Werke, Bd. 2, 1953, 210 ff. Zum Individuumbegriff in der Renaissance: J. Burckhardt, Die Kultur der Renaissance in Italien, 1859, und die von ihm erzeugte Diskussion in der Forschung. Zu den Positionen von W. Dilthey, Th. Adorno, H. Blumenberg siehe die weiterführenden Bemerkungen bei G. Böhm, Bildnis und Individuum. Über den Ursprung der Porträtmalerei in der italienischen Renaissance, München 1985, 15 ff. Bei Böhm auch eine breite Diskussion des italienischen Porträts und seiner komplexen Voraussetzungen.

4. Bildnistafel und Wappenschild

Zum Stifterwesen gibt es eine große Literatur, desgleichen zum Thema der Repräsentation, aber selten eine konkrete Verknüpfung mit dem frühen Porträt. Vgl. Heller 1976; Jansen 1988; Dülberg 1990. E. Kantorowicz, The King's Two Bodies, Princeton, New Jersey 1957, und W. Brückner, Bildnis und Brauch, Berlin 1966, haben das Thema der Repräsentation vor allem an höfischen Beispielen untersucht. Zur Repräsentation jetzt auch C. Ginzburg, in: Freibeuter, LIII, 1992, 2 ff. Die Schilderung des Ordensfestes in Gent bei Olivier de la Marche, Bd. 2, 1884, 83 ff. (dort auch S. 270 zu Cornilles Grab). Zu Nicole Oresme siehe Oresme 1957, 814. Zu Schilderei etc. siehe L. de Pauw-de-Veen, De Begrippen Schilder, Schilderij en Schilderen in de 17e eeuw, Brüssel 1969. Zum Wappenschild: Deutsches Wörterbuch von J. und W. Grimm. Zu Campin siehe Campbell 1974.

5. «Leal Souvenir». Das Bildnis als Erinnerung

Zur Anthropologie im niederländischen Bereich ist außerhalb der Theologie wenig gearbeitet worden. Zur Weltanschauung siehe R. Stadelman, Vom Geist des ausgehenden Mittelalters. Studien zur Geschichte der Weltanschauung, Halle 1929, und J. Huizinga, Herbst des Mittelalters (dt. Erstausgabe 1924), hrsg. von K. Köster, Stuttgart 1965 umfassend zu Mensch und Welt der Zeit. Vgl. auch C. Dericum, Das Bild der Städte in der burgundischen Geschichtsschreibung des 15. Jahrhunderts, Heidelberg 1961. Zum Timotheos siehe E. Panofsky, Who is Jan van Eyck's Timotheos, in: Journal of the Warburg and Courtauld Institutes,

XII, 1949, 80 ff., und Jansen 1988, 101 ff.; der an ein Selbstbildnis denkt. Vgl. Scheller 1968, 139, und Chastellain, Bd. 4, 1864, 200 ff. und 209 f. zur Sohnesliebe (Kap. 62 und 66). Zu Léal siehe W. Meyer-Lübke, Romanisches etymologisches Wörterbuch (Heidelberg 1935 und 1992) unter: legalis (von der wet, wettelijk); A. Tobler (Hrsg. E. Lommatzsch), Altfranzösisches Wörterbuch, Bd. 5, 1963, 281 ff. (léal mariage, léal jugement, deslealer), sowie W. von Wartburg, Französisches etymologisches Wörterbuch, Bd. 5, 1963, 281 ff. Zum Porträt des Petrus Christus siehe Kat. 124; Commynes 1952, 2. Zum Porträt des Jan de Leeuw: Kat. 41.

6. Eine gemalte Anthropologie des Blicks

F. Tulou (Hrsg.), Les Quinze Joyes de Mariage, Paris o. J. und zahlreiche andere Ausgaben des Textes, dessen Autorschaft noch umstritten ist. F. M. Hübner (Hrsg.), Jan van Ruusbroec, Die Zierde der geistlichen Hochzeit, Leipzig 1924, vor allem Buch 2, Kap. 5 und 7 (siehe auch die französische Übersetzung von M. Maeterlinck (Hrsg. J. Brosse), L'ornement des noces spirituelles de Ruysbroeck l'Admirabel, Brüssel 1990). Zur Devotion moderna siehe außer J. Huizinga, Herbst des Mittelalters (dt. Erstausgabe 1924), hrsg. von K. Köster, Stuttgart 1965; R. R. Post, The modern devotion, Leiden 1968; Jansen 1988, 183 ff.; H. Hembuche de Langenstein, Le miroir de l'âme, hrsg. von E. Mistiaen, Löwen 1923, 43 ff. und 71 f., auf den mich C. Kruse aufmerksam gemacht hat. Zum Stifterbild Paele: Kat. 44–45. Zur Andachtsliteratur: Belting 1981. Zum Porträt von Bouts: Kat. 153. Zur zeitgenössischen Diskussion des Auges: Jansen 1988, 125 ff. Die Photographie von A. Sander siehe in The Waking Dream, Ausst. New York, 1993, Nr. 224. Zu den Christusporträts von van Eyck: Belting/Eichberger 1983, 96 f.; H. Belting, Bild und Kult. Eine Geschichte des Bildes vor dem Zeitalter der Kunst, München 1990, 480. Zum Text des Nikolaus von Kues, Libellus iconae (1453), siehe H. Pfeiffer, Nikolaus von Kues. Das Sehen Gottes, Trier 1985; H. Belting, Bild und Kult. Eine Geschichte des Bildes vor dem Zeitalter der Kunst, München 1990, 605 f. Nr. 38. Zur Miniatur der Maria von Burgund: Kat. 164–165. Zur Gebetsloge der Familie Gruuthuse siehe Recherches sur Louis de Bruges, Seigneur de la Gruuthuyse, Paris 1831, mit Zeichnung. Zur Person siehe Lodewijk de Gruuthuse, Ausst., Brügge 1972. Zur Ste. Chapelle siehe J. d'Arbaumont, Essai historique sur la Ste. Chapelle ..., Dijon 1862, 63 ff. Zu den übrigen Anlagen dieser Art, vor allem zu Autun, H. Kamp, Memoria und Selbstdarstellung. Die Stiftungen des burgundischen Kanzlers Rolin, Sigmaringen 1993, 266 ff. Zum einstigen Diptychon der Madonna in der Kirche: Kat. 17; Belting/Eichberger 1983, 164 f. Zu Groote siehe G. Groote, Il trattato «De quattuor generibus meditabilium», lat.-ital., hrsg. von I. Tolomio, Padua 1975, 66, 100, 108, 116, auf den B. Ridderbos 1990 hingewiesen hat.

7. Der Doppelblick auf Innen und Außen

Zu den Grisaillen siehe P. Philippot, Les grisailles et le degré de réalité, in: Bulletin des Musées Royaux des Beaux-Arts, XV, 1966, 225 ff.; M. T. Smith, The use of grisaille as a lenten observance, in: Marsyas, VIII, 1959, 43 ff.; D. Coekelberghs, Les grisailles et le trompe-l'œil dans l'œuvre de van Eyck et de van der Weyden, in: Mélanges d'Archéologie et d'histoire de l'art offerts à J. Lavalleye, Löwen 1970, 21 ff.; Blum 1969, 1 ff.; Harbison 1991, 129 ff. Zum Trompe-l'œil: V. J. Stoichita, L'instauration du tableau. Métapeinture à l'aube des temps modernes, Paris 1993, 29 ff. mit weiterer Literatur. Zum Braque-Triptychon: Kat. 106–107 und zum Diptychon von Memling: C. Kruse, Ein Diptychon von Hans Memling: Johannes der Täufer und die hl. Veronika in einer paradiesischen Landschaft, unveröff. Magisterarbeit, München 1989, und Kat. 222–225. Zum Meister der Verkündigung von Aix-en-Provence (Bartholomäus van Eyck?) und seinen Grisaillen siehe E. Dhanens, Hubert und Jan van Eyck, Königstein/Taunus 1980, 62 ff., und Le Roi René en son temps, Ausst., Aix-en-Provence 1981, 185 ff. Zum Stilleben in Rotterdam siehe den Katalog des Museums: Old paintings 1400–1900, Rotterdam 1972, 13. Zum Text von Groote siehe G. Groote, Il trattato «De quattuor generibus meditabilium», lat.-ital., hrsg. von I. Tolomio, Padua 1975 (wie unter II.5) und 58: «ad extra assumimus imagines ligneas ad lucrum meditationum nostrarum quibus praesentalius gesta ostenditur.»

8. Die Entstehung des Kunstbegriffs

Zur Biographie Eycks mit den entsprechenden Quellen E. Dhanens, Hubert und Jan van Eyck, Königstein/Taunus 1980, 43 und 47 ff. Zu Olivier de la Marche siehe Bd. 1, 1883, 184 (Kap. 1); zum Vertrag von 1453, in dem auch die «fines couleures d'huiles» als Bedingung genannt werden: C. Sterling, Enguerrand Quarton. Le Peintre de la Pietà d'Avignon, Paris 1983, 202. Zum handwerklichen Status der Maler siehe meine Einleitung sowie Jansen 1988, 8 f. Zu Alberti vgl. dessen Lehrbuch «Über die Malerei»: L. B. Alberti, Della pittura, hrsg. von H. Janitschek, Leone Battista Alberti's kleinere kunsttheoretische Schriften, Wien 1877 (Quellenschriften für Kunstgeschichte und Kunsttechnik des Mittelalters und der Renaissance, hrsg. von R. Eitelberger von Edelberg, Bd. 11). Zum Schrein der hl. Ursula und zum Stifterbild van der Paele Kat. 234–239 und 44–45. Zu van der Paele im besonderen R. de Keyser, in: Spiegel Historiae, VI, 1971, 336 ff.; ders. in: Nationaal biografisch Woordenboek, Bd. 5, Brüssel 1972, 673 ff., und Jansen 1988, 67 ff. Zur Warenästhetik: A. Warburg, Flandrische Kunst und florentinische Frührenaissance, in: Jahrbuch der Königlich Preußischen Kunstsammlungen XXIII, 1902, 247–266. Zu den Statuten des Nicolas Rolin siehe H. Kamp, Memoria und Selbstdarstellung. Die Stiftungen des burgundischen

Kanzlers Rolin, Sigmaringen 1993, 44 und 338 ff. Zur Spiegelung auf der Rüstung des hl. Georg siehe D. G. Carter, Reflections in Armour in the van der Paele Madonna, in: The Art Bulletin, XXXVI, 1954, 61 ff., und R. Preimesberger, Zu Jan van Eycks Diptychon in der Sammlung Thyssen-Bornemisza, in: Zeitschrift für Kunstgeschichte, LX, 1991, 459, 489, hier 483. Zum Motto van Eycks siehe Scheller 1968 und G. Künstler, Jan van Eycks Wahlwort «als ich can» und das Flügelaltärchen in Dresden, in: Wiener Jahrbuch für Kunstgeschichte, XXV, 1972, 107 ff. Zur Kunstliteratur in Italien siehe M. Baxandall, Giotto and the Orators, Oxford 1971, 14 ff., und zu dem Text von Fazio ebd., 103 ff., 163 ff. Zu Oresme vgl. die Ausgabe von Menut 1957. Zur Künstlerinschrift auf dem Genter Altar siehe S. 117 ff. und D. Goodgal, in: Le dessin sous-jacent dans la peinture, Colloque 4, Löwen 1982, 74 ff. Zum Diptychon der Sammlung Thyssen siehe R. Preimesberger, Zu Jan van Eycks Diptychon in der Sammlung Thyssen-Bornemisza, in: Zeitschrift für Kunstgeschichte, LX, 1991, 459, 489 und Kat. 57.

9. Realraum und symbolischer Raum

Zur Rolin-Madonna siehe Kat. 60. Die Quellenlage zum Bild und zu den Stiftungen Rolins in Autun jetzt am besten bei H. Kamp, Memoria und Selbstdarstellung. Die Stiftungen des burgundischen Kanzlers Rolin, Sigmaringen 1993, 154 ff. (Rolin-Madonna), 234 ff. (Stiftungen), 256 f. (Kleidung und getilgte Geldbörse). Zur Marienliteratur und -symbolik siehe Purtle 1982 und vorher Roosen-Runge 1972. Zu den «Highlands in the Lowlands» M. Meiss, in: Gazette des Beaux-Arts, n. s. 6, LVII, 1961, 273 ff. Zum Seelenspiegel die Angaben zu Hembuche unter II. 5.

10. Ein Notar im Spiegel

Zum Bild: Kat. 49. Die ständig anschwellende Literatur, die meist den Inhalt der Trauungszeremonie und die einzelnen Motive zum Thema hat, beginnt mit E. Panofsky, Jan van Eycks Arnolfini-Porträt, in: The Burlington Magazine, LXIV, 1934, 117 ff. Zu Arnolfini selber L. Mirot, E. Lazzareschi, Un mercante di Lucca in Fiandra, Giovanni Arnolfini, in: Bolletino Storico Lucchese, XII, 1940, 81–105. Neuerdings zum Bild, das auch bei Harbison 1991 und E. Dhanens, Hubert und Jan van Eyck, Königstein/Taunus 1980, eine große Rolle spielt, speziell u. a.: P. Schabacker, in: Art Quarterly, XXXV, 1972, 375 ff.; R. Baldwin, in: Oud Holland, IIC, 1984, 57 ff.; Bedaux 1986; L. Seidel, Jan van Eyck's Arnolfini Portrait. Stories of an Icon, Cambridge/Masss. 1993; B. Ridderbos, In de suizende stilte van de binnenkamer. Interpreaties van het Arnolfiniportret, in: Nederlands Kunsthistorisch Jaarboek, XLIV, 1993, 35–74, v. a. 35 ff. Zu Oresme und dessen

Bezug zu Ovids Ars Amatoria (II.13) Oresme 1957, 812 ff. Die Verhältnisse des häuslichen Lebens sind am Beispiel Gents untersucht von D. Nicholas, The domestic life of a medieval city, London 1985. Eine satirische Schilderung des Ehelebens bei A. de la Salle (?), Les Quinze Joyes de Mariage, hrsg. von F. Tulou, Paris o. J. L. Gruuthuse besaß den Traktat des Aristoteles in der Bearbeitung von Laurent de Premierfait: vgl. die Publikation Recherches sur Louis de Bruges, Seigneur de la Gruuthuyse, Paris 1831, 137 Nr. 32. Zu Albertis «Libri di Famiglia» vgl. die Ausgabe von C. Grayson, L. B. Alberti, Opere volgari, Bari 1960, und die deutsche Ausgabe L. B. Alberti, Vom Hauswesen, Zürich 1962 und München 1986 (2. Buch). Die Deutungen des Spiegels und der ihn einrahmenden Passionsszenen sind inzwischen Legion. Zur Definition von A. Gide siehe ders., Journal 1889–1939, Paris 1948, 41, und dazu L. Dällenbach, Le recit spéculaire, Paris 1977. Zum Bild des Petrus Christus: Kat. 52 und die Studie von Schabacker 1972. Zum einstigen Triptychon Werl: Kat. 80–81 und D. Jansen, Der Kölner Provinzial des Minoritenordens Heinrich von Werl, der Werl-Altar von Robert Campin, in: Wallraf-Richartz-Jahrbuch, XLV, 1984, 7–40.

11. Das Gemälde als Fenster und Spiegel

Die zahllos gewordene Literatur über den Spiegel zuletzt in H. Nibbig, Spiegelschrift. Spekulation über Malerei und Literatur, Frankfurt 1987, und R. Haubel, Unter lauter Spiegelbildern. Zur Kulturgeschichte des Spiegels, Bd. 1–2, Frankfurt 1991. Zur Badestube (stufa) siehe den Text von Fazio bei M. Baxandall, Giotto and the Orators, Oxford 1971, 106 f. und 166.; G. Vasari, Le opere, hrsg. v. G. Milanesi (1. Aufl. Florenz 1906), Florenz 1973, Bd. 2, 565 ff. Zur Deutung siehe E. Dhanens, Hubert und Jan van Eyck, Königstein/Taunus 1980, und L. Seidel, Jan van Eyck's Arnolfini Portrait. Stories of an Icon, Cambridge/Mass. 1993 mit den Verweisen auf die Arbeiten von Schabacker 1974–75 und J. S. Held, Artis pictoriae amator. An Antwerp Art Patron and his Collection, in: Gazette des beaux-arts, L, 1957, 53–84. Zur Kennzeichnung Ottaviano Della Carda siehe Vespasiano di Bisticci, Lebensbeschreibungen berühmter Männer, hrsg. von P. Schubring, Jena 1913, 192 und 209. Zum Paele-Bild und zum Diptychon Thyssen siehe unter II.7. Zum magischen Gebrauch und auch zum Umgang mit dem Spiegel allgemein: H. Schwarz, The mirror in art and the mirror of the devout, in: Festschrift W. E. Suida, London 1959, 20. Zum Spiegel als Begriff in der Literatur, der bis auf Augustinus (Ad virgines) zurückgeht, siehe R. Bradey, Backgrounds of the title speculum in medieval literature, in: Speculum, IXXX, 1954, 102 ff. Zur Miniatur im Stundenbuch des Engelbert von Nassau siehe J. J. G. Alexander, The Master of Mary of Burgundy. A Book of Hours for Engelbert of Nassau, London 1970, Abb. 101. Zum moralisierenden Spiegel in der Buchmalerei: J. H. Marrow, In desen Spiegell: a new form of memento mori in

15th century Netherlandish art, in: Festschrift E. Haverkamp-Begemann, Doornspijk 1983, 154 ff. Zur Formulierung bei Leonardo siehe Paragone, Nr. 529 (B.N. 2038, 246), hrsg. von J. P. Richter, London 1970, 320. Zum Gemälde als Fenster siehe mit weiterer Literatur V. J. Stoichita, L'instauration du tableau. Métapeinture à l'aube des temps modernes, Paris 1993, 47 ff.; P. Georgel, A. M. Lecoq, A. Moussligne, D'un éspace à l'autre: la fenêtre, Saint-Tropez 1978; Gottlieb 1981. Zum Retabel aus Boulbon siehe Peinture Française au Louvre, Ausst., Paris 1965, Taf. 96, und C. Sterling, Enguerrand Quarton, Paris 1983 mit weiterer Literatur. Zum Marienbild von Bouts: Kat. 153, zum Diptychon von Memling: Kat. 230–231, zum Geldwechsler von Massys: S. Sulzberger, in: Bulletin des Musées Royaux des Beaux-Arts, 1965, 27 ff.; A. de Bosque, Quentin Massys, Brüssel 1975, 190 ff.; Kat. 53. Das Kaufmannsbild von Jan van Eyck siehe Marcanton Michiel, 54 ff. Zum Doppelbild Campins: Kat. 66–67.

12. Orte im Bild und das Bild als Ort

Zu den Erfindungen des jungen Eyck siehe C. Sterling, Jan van Eyck avant 1432, in: Revue de l'Art, XXXIII, 1976, 1–26, und Belting/Eichberger 1983. Zur Raumauffassung Campins: F. Thürlemann, Der Blick hinaus auf die Welt. Zum Raumkonzept des Mérode-Triptychons von Robert Campin, in: Espaces du texte. Spazi testuali – Texträume. Recueil d'hommages pour Jacques Geninasca, Neuchâtel 1990, 383–396. Die inzwischen uferlose Literatur zum Mérode-Triptychon begann mit M. Schapiro, «Muscipula diaboli», the Symbolism of the Mérode Altarpiece, in: The Art Bulletin, XXVII, 1945, 182–187, und Panofsky 1953. Vgl. jetzt die neuen Ergebnisse von H. Installé, Le triptyque Merode: évocation mnémonique d'une famille de marchands colonais, réfugiée à Malines, in: Handelingen van de Koninklijke Kring voor Oudheidkunde, Letteren en Kunsten van Mechelen, 1992, 55–154, und Thürlemann (1994), dem die Autoren für die Überlassung seines Manuskripts danken. Zum Vertrag mit dem Bildschnitzer Ricquart aus Valenciennes: Campbell 1976, 192. Zu den beiden Marienbildern von Campin und van Eycks Lucca-Madonna Kat. 68, 69 und 54. Zur Zeichnung Campins im Louvre: M. Comblen-Sonkes, in: Rogier van der Weyden 1979, Nr. 25. Die Autorschaft Rogiers wird für die Madrider Kreuzabnahme von Thürlemann 1993 mit guten Gründen, die einer ernsten Diskussion bedürfen, bestritten: siehe auch S. 103 ff. und Kat. 82–85. Zu Rogiers Marienbildern: Kat. 86 a, b und 87. Zum Miraflores-Altar: Kat. 91–92 und zum Bogenmotiv K. M. Birkmeyer, The Arch Motif in Netherlandish Painting of the Fifteenth Century, in: The Art Bulletin, XLIII, 1961, 1–20. Zu Rogiers Sakramenten-Altar: Kat. 108–111 und zur Kreuzigung in Philadelphia: Kat. 104–105.

13. Jan van Eyck: Ein Panorama der Malerei

Belting/Kruse 1994; Kat. 18–33; Volker Herzner, Jan van Eyck und der Genter Altar, Worms 1995 (mit weiterer Literatur); Nils Büttner, Johannes arte secundus? Oder: Wer signierte den Genter Altar?, in: Thomas Schilp (Hrsg.), Dortmund und Conrad von Soest, Bielefeld 2004, 179–200.

14. Hugo van der Goes: Ein gemaltes Schauspiel

Belting/Kruse 1994, 226–241 (bes. 240).

15. Hieronymus Bosch: Die Krise des Gemäldes

Eine kritische Sicht der unerschöpflichen Bosch-Literatur bei G. Unverfehrt, Hieronymus Bosch. Die Rezeption seiner Kunst im frühen 16. Jahrhundert, Berlin 1980; Hammer-Tugendhat 1981; Marijnissen u. a. 1972; P. Vandenbroeck, Jheronimus Bosch. Tussen Volksleven en Stadscultuur, Berchem 1987. Vgl. auch L. von Baldass, Hieronymus Bosch, 2. veränd. Aufl., Wien 1959, und de Tolnay 1965. Zur Biographie und den Quellen S. 267 f. Zum Steinschneiden und den sieben Todsünden siehe Hammer-Tugendhat 1981, 12 ff. und 49 ff.; G. Schüßler, Das göttliche Sonnenauge über den Sünden. Zur Bedeutug der «mesa de los pecados mortales» des Hieronymus Bosch, in: Münchner Jahrbuch der bildenden Kunst, 3. F, XLIV, 1993, 119–150, hier 119 ff.; Kat. 254. Der Literaturnachweis zu den einzelnen Werken ist angesichts der bestehenden Kontroversen in der Forschung nicht in der üblichen Neutralität möglich, so daß auf ihn hier verzichtet wird. Zu Boschs Zeichnungen siehe G. Unverfehrt, Hieronymus Bosch. Die Rezeption seiner Kunst im frühen 16. Jahrhundert, Berlin 1980, 39 ff., und Marijnissen u. a. 1972. Zum Narrenschiff: Kat. 255. Zum Narrenschiff Sebastian Brants vgl. die Ausgabe von Zarncke 1854 mit den Übersetzungen und Bearbeitungen. Zu Dürers Illustrationen: F. Winkler, Dürer und die Illustrationen zum Narrenschiff, Berlin 1951. Zu den Sprichwörtern siehe D. Bax, Ontcijfering van Jeroen Bosch, Den Haag 1949, und P. Vandenbroeck, Jheronimus Bosch. Tussen Volksleven en Stadscultuur, Berchem 1987. Die Predigten von Geiler von Kaisersberg bei Zarncke 1854, 250 ff. Zum Antonius- und Heuwagen-Triptychon vgl. die Literatur bei G. Unverfehrt, Hieronymus Bosch. Die Rezeption seiner Kunst im frühen 16. Jahrhundert, Berlin 1980, 18 f. Das Zitat von Calvin bei H. Belting, Bild und Kult. Eine Geschichte des Bildes vor dem Zeitalter der Kunst, München 1990, 612 f.

Bildnachweis

Antwerpen, Koninklijk Museum voor Schone Kunsten: 27; Rubenshuis: 34; **Baltimore,** Walters Art Gallery: 6; **Berlin,** akg-images: 35; Staatliche Museen, Gemäldegalerie/bpk: 3, 8, 20, 54, 56, 57 (Foto: Jörg P. Anders); bpk/Louvre: 5, 38, 59; bpk/BNF: 9; bpk/Dresden, Staatl. Kunstsammlungen: 12; bpk/RMN: 28; **Brügge,** Groeningemuseum: 18; Memlingmuseum: 36, 37; Service photographique de la ville: 22; **Florenz,** Alinari/Bridgeman: 25; Bargello: 7 (Foto: L. Artini, Florenz); Scala Art Archives: 47; Uffizien: 53, 55 (Foto: Scala, Antella-Bagno a Ripoli); **Frankfurt,** Städel Museum/Artothek: 23 (Foto: Ursula Edelmann); **Gent,** St. Bavo: 48–52 (Foto: Paul M.R. Maeyaert, Mont de l'Enclus-Orroir); **London,** British Library: 29; National Gallery: 10, 16, 19, 30, 31 (Bridgeman Berlin); **Madrid,** Museum Thyssen-Bornemisza: 26; Prado: 33, 40, 41, 43; **New York,** Metropolitan Museum of Art: 14 (Bequest of Michael Friedsam, 1931, The Friedsam Collection), 32 (The Robert Lehmann Collection), 39; **Philadelphia,** Philadelphia Museum of Art: 44, 45 (John G. Johnson Collection); **Rotterdam,** Museum Boymans-van Beuningen: 60; **Turin,** Museo Civico: 2; **Voorburg,** Frequin-Photos: 24; **Wien,** Kunsthistorisches Museum: 11, 17; Österreichische Nationalbibliothek: 21 (Cod. 1857, fol. 14v).

Namenregister

Kursive Seitenzahlen verweisen auf Abbildungen.

Aus dem Verlagsprogramm

Kunstepochen in C.H.Beck Wissen

Tonio Hölscher
Die griechische Kunst
2., durchgesehene Auflage. 2015. 127 Seiten mit 84 Abbildungen, davon 11 in Farbe. Paperback
C.H.Beck Wissen Band 2551

Paul Zanker
Die römische Kunst
2., durchgesehene Auflage. 2015. 127 Seiten mit 82 Abbildungen, davon 5 in Farbe. Paperback
C.H.Beck Wissen Band 2552

Johannes G. Deckers
Die frühchristliche und byzantinische Kunst
2., durchgesehene Auflage. 2016. 128 Seiten mit 70 Abbildungen, davon 21 in Farbe. Paperback
C.H.Beck Wissen Band 2553

Bruno Reudenbach
Die Kunst des Mittelalters.
Band 1: 800 bis 1200
2008. 128 Seiten mit 46 Abbildungen, davon 20 in Farbe. Paperback
C.H.Beck Wissen Band 2554

Klaus Niehr
Die Kunst des Mittelalters.
Band 2: 1200 bis 1500
2009. 128 Seiten mit 49 Abbildungen, davon 16 in Farbe. Paperback
C.H.Beck Wissen Band 2555

Andreas Tönnesmann
Die Kunst der Renaissance
2007. 136 Seiten mit 42 Abbildungen, davon 16 in Farbe. Paperback
C.H.Beck Wissen Band 2556

Verlag C.H.Beck München

Kunstepochen in C.H.Beck Wissen

Dietrich Erben
Die Kunst des Barock
2., durchgesehene Auflage. 2019. 128 Seiten mit 43 Abbildungen, davon 14 in Farbe. Paperback
C.H.Beck Wissen Band 2557

Andreas Beyer
Die Kunst des Klassizismus und der Romantik
2011. 128 Seiten mit 52 Abbildungen, davon 17 in Farbe. Paperback
C.H.Beck Wissen Band 2558

Michael F. Zimmermann
Die Kunst des 19. Jahrhunderts
Realismus, Impressionismus, Symbolismus
2. Auflage. 2020. 128 Seiten mit 51 Abbildungen, davon 22 in Farbe. Paperback
C.H.Beck Wissen Band 2559

Uwe M. Schneede
Die Kunst der Klassischen Moderne
3., durchgesehene Auflage. 2020. 128 Seiten mit 46 Abbildungen, davon 18 in Farbe. Paperback
C.H.Beck Wissen Band 2560

Philip Ursprung
Die Kunst der Gegenwart
1960 bis heute
4., überarbeitete Auflage. 2019. 128 Seiten mit 43 Abbildungen, davon 17 in Farbe. Paperback
C.H.Beck Wissen Band 2561

Lorenz Korn
Geschichte der islamischen Kunst
2008. 142 Seiten mit 53 Abbildungen, davon 20 in Farbe. Paperback
C.H.Beck Wissen Band 2570

Alle Bände der Reihe sind auch zusammen in einer Kassette lieferbar:
Geschichte der Kunst in 12 Bänden
978 3 406 90250 5

Verlag C.H.Beck München

Aus der Reihe «Die 101 wichtigsten Fragen»

Andreas Platthaus
Die 101 wichtigsten Fragen: Comics und Manga
2008. 156 Seiten mit 10 Abbildungen. Paperback
Beck'sche Reihe Band 1862

Annette Kreutziger-Herr/Winfried Bönig
Die 101 wichtigsten Fragen: Klassische Musik
In Verbindung mit Tilmann Claus und Gerald Hambitzer
3., durchgesehene Auflage. 2018. 160 Seiten mit
16 Abbildungen. Paperback
Beck Paperback Band 7016

Claudia Märtl
Die 101 wichtigsten Fragen: Mittelalter
4. Auflage. 2013. 159 Seiten mit 20 Abbildungen. Paperback
Beck'sche Reihe Band 7002

Susanna Partsch
Die 101 wichtigsten Fragen: Moderne Kunst
3. Auflage. 2010. 160 Seiten mit 21 Abbildungen. Paperback
Beck'sche Reihe Band 1609

Ulrike Rüpke/Jörg Rüpke
Die 101 wichtigsten Fragen: Götter und Mythen der Antike
2010. 160 Seiten mit 20 Abbildungen. Paperback
Beck'sche Reihe Band 7028

Ulrich Sinn
Die 101 wichtigsten Fragen: Antike Kunst
2007. 160 Seiten mit 32 Abbildungen. Paperback
Beck'sche Reihe Band 1777

Verlag C.H.Beck München